中国商事制度改革丛书

中国营商环境报告

（2019）

徐现祥 林建浩 李小瑛 / 编著

社会科学文献出版社
SOCIAL SCIENCES ACADEMIC PRESS (CHINA)

前 言

商事制度改革是党中央、国务院做出的重大决策，核心是转变政府职能，重点是放宽市场准入、创新市场监管、优化政府服务，目标从方便政府管理转向方便群众办事。党的十八大以来，本届政府紧紧围绕处理好政府与市场关系，秉持市场在资源配置中起决定性作用的原则，按照更好发挥政府作用的要求，以商事制度改革为抓手，加快政府职能转变。自 2012 年深圳等地试点商事制度改革开始，至今已六年有余。

中山大学岭南学院徐现祥教授领衔的“深化商事制度改革研究”课题组，在研究阐释党的十九大精神国家社会科学基金专项课题“深化商事制度改革研究”资助下，组织近 200 人次，赴全国 16 个省份、84 个地市、182 个区县开展实地调研，力图深入基层，全景展示全国商事制度改革进展。

《中国营商环境报告（2019）》的编写工作得到了国家社科基金、广东省委全面深化改革委员会办公室、南方报业集团、中山大学社会科学调查中心、中山大学岭南学院的大力支持。“深化商事制度改革研究”（18VSJ069）是中山大学岭南（大学）学院徐现祥教授主持的研究阐释党的十九大精神国家社科基金专项课题。在广东省委全面深化改革委员会办公室、南方报业集团、中山大学社会科学调查中心的支持下，在中山大学校领导、岭南学院领导、院办的统一部署下，课题组组建了一支由 36 名岭南学院师生构成的调研队伍，在 2018 年 7～8 月暑假期间赴全国进行实地调研。本报告是“深化商事制度改革研究”课题组全体成员的成果，感谢所有成员在实地调研、报告撰写等工作中的出色表现。

报告章节安排如下：首先，在全国层面考察2019年营商环境概况。然后，继续对调研中16个省份营商环境的进展、成效、面临的问题及进一步深化改革的方向做研究。这16个省份分别为北京市、天津市、吉林省、浙江省、安徽省、福建省、山东省、河南省、湖南省、广东省、广西壮族自治区、贵州省、云南省、陕西省、甘肃省、宁夏回族自治区。报告最后为抽样方法、调研过程、数据等附录。

统筹：徐现祥、马晶、金奕彤。

调研：马晶、金奕彤、王鑫、钟子健、李淑宁、樊承耕、刘耀夫、张延凤、王璇、金泽楠、陈子怡、蔡麒、安聪杰、吴文青、付翀、马溢洲、苏逸宁、姜适染、姚维、梅子威、曾涵茹、吴昕帆、孙小童、廖忠圣、朱红豆、邓益萌、周荃、钟林延、王园园、熊童悦、颜枫、宁玉婷、郑秋实、贾天楚、胡俊杰。

目　录

第一部分　中国营商环境概况

第一章　中国营商环境概况 / 3

一　基本背景 / 4

二　全国营商环境建设的进展 / 4

三　全国各地营商环境建设进展 / 12

四　营商环境建设的效果 / 15

五　营商环境建设面临的主要问题 / 18

六　完善营商环境建设的方向 / 23

第二部分　16省份营商环境报告

第二章　北京市营商环境报告 / 27

一　北京市营商环境建设的进展 / 27

二　北京市营商环境建设的成效 / 32

三　北京市营商环境建设面临的问题 / 35

四　北京市完善营商环境建设的方向 / 39

第三章　天津市营商环境报告 / 42

一　天津市营商环境建设的进展 / 42

二　天津市营商环境建设的成效 / 49

三　天津市营商环境建设面临的问题 / 52

四　天津市完善营商环境建设的方向 / 57

第四章　吉林省营商环境报告 / 59

一　吉林省营商环境建设的进展 / 59

二　吉林省营商环境建设的成效 / 64

三　吉林省营商环境建设面临的问题 / 68

四　吉林省完善营商环境建设的方向 / 72

第五章　浙江省营商环境报告 / 74

一　浙江省营商环境建设的进展 / 74

二　浙江省营商环境建设的成效 / 80

三　浙江省营商环境建设面临的问题 / 83

四　浙江省完善营商环境建设的方向 / 89

第六章　安徽省营商环境报告 / 92

一　安徽省营商环境建设的进展 / 92

二　安徽省营商环境建设的成效 / 98

三　安徽省营商环境建设面临的问题 / 100

四　安徽省完善营商环境建设的方向 / 105

第七章　福建省营商环境报告 / 108

一　福建省营商环境建设的进展 / 108

二　福建省营商环境建设的成效 / 113

三 福建省营商环境建设面临的问题 / 116
四 福建省完善营商环境建设的方向 / 121

第八章 山东省营商环境报告 / 123
一 山东省营商环境建设的进展 / 123
二 山东省营商环境建设的成效 / 129
三 山东省营商环境建设面临的问题 / 132
四 山东省完善营商环境建设的方向 / 136

第九章 河南省营商环境报告 / 138
一 河南省营商环境建设的进展 / 138
二 河南省营商环境建设的成效 / 143
三 河南省营商环境建设面临的问题 / 146
四 河南省完善营商环境建设的方向 / 150

第十章 湖南省营商环境报告 / 152
一 湖南省营商环境建设的进展 / 152
二 湖南省营商环境建设的成效 / 157
三 湖南省营商环境建设面临的问题 / 160
四 湖南省完善营商环境建设的方向 / 166

第十一章 广东省营商环境报告 / 169
一 广东省营商环境建设的进展 / 169
二 广东省营商环境建设的成效 / 175
三 广东省营商环境建设面临的问题 / 177
四 广东省完善营商环境建设的方向 / 182

第十二章　广西壮族自治区营商环境报告 / 185
一　广西壮族自治区营商环境建设的进展 / 185
二　广西壮族自治区营商环境建设的成效 / 190
三　广西壮族自治区营商环境建设面临的问题 / 193
四　广西壮族自治区完善营商环境建设的方向 / 195

第十三章　贵州省营商环境报告 / 198
一　贵州省营商环境建设的进展 / 198
二　贵州省营商环境建设的成效 / 204
三　贵州省营商环境建设面临的问题 / 207
四　贵州省完善营商环境建设的方向 / 212

第十四章　云南省营商环境报告 / 214
一　云南省营商环境建设的进展 / 214
二　云南省营商环境建设的成效 / 219
三　云南省营商环境建设面临的问题 / 223
四　云南省完善营商环境建设的方向 / 228

第十五章　陕西省营商环境报告 / 230
一　陕西省营商环境建设的进展 / 230
二　陕西省营商环境建设的成效 / 236
三　陕西省营商环境建设面临的问题 / 238
四　陕西省完善营商环境建设的方向 / 243

第十六章　甘肃省营商环境报告 / 247
一　甘肃省营商环境建设的进展 / 247
二　甘肃省营商环境建设的成效 / 253

三　甘肃省营商环境建设面临的问题 / 257
四　甘肃省完善营商环境建设的方向 / 261

第十七章　宁夏回族自治区营商环境报告 / 263
一　宁夏回族自治区营商环境建设的进展 / 263
二　宁夏回族自治区营商环境建设的成效 / 269
三　宁夏回族自治区营商环境建设面临的问题 / 272
四　宁夏回族自治区完善营商环境建设的方向 / 275

第三部分　附录

附录一　抽样方法 / 279
附录二　调研过程 / 281

第一部分

中国营商环境概况

第一章
中国营商环境概况*

从市场主体的视角看，2018 年，全国商事制度改革的进展有三个特征。一是市场准入改革进展较大：全国平均而言，登记注册所需时间从商改前的 8.4 天下降至商改后的 7.0 天，交涉窗口数从商改前的 2.6 个下降至商改后的 1.9 个，办理许可证数量从商改前的 3.4 个下降至商改后的 2.0 个。二是“互联网 + 政务服务”进展一般：42% 的市场主体使用网上办事大厅（系统）。三是市场监管改革进展不大：约 80% 的市场主体有被上门检查的经历，约 70% 认为被检查的次数和事项没有变化，约 65% 使用全国信用信息系统。

从各地的进展看，3% 的地市进展良好，82% 进展中等和及格，15% 不及格。市场主体认为，全国营商环境较好的三个省份分别是上海、广东和北京。

从市场主体的视角看，2018 年，全国商事制度改革存在的主要问题有四个。一是部分改革进展慢，比如“最多跑一次”只实现了 30%；二是市场主体被上门检查比例高，信用监管尚未真正落地；三是“互联网 + 政务

---

* 本章执笔：陈婉、徐现祥、张莉、林建浩、李小瑛、贾帅帅。

2018 年 7 月 19 日至 8 月 20 日，中山大学徐现祥教授主持的“深化商事制度改革研究”课题组，在研究阐述党的十九大精神国家社科基金专项课题“深化商事制度改革研究”（18VSJ069）资助下，赴全国 16 个省份（省、自治区、直辖市）、84 个地市（地级市及副省级城市）、182 个区县的政务办事大厅，从工商营业执照、各类许可证、市场监管以及“互联网 + 政务服务”四个维度，随机访谈前来工商办事窗口办理业务的市场主体办事人员。在本次全国调研中，随机访谈成功率约为 85%，收集到有效调查问卷合计 4160 份。

服务”忽略了需求端，造成使用率低；四是市场主体面临的主要困难从“旧三难”转变为“新三难”。

深化商事制度改革的方向有三个。一是在短期，补短板，再创市场准入改革新优势。二是在中期，强化信用监管，确立竞争性政策的基础性地位，建设竞争中性的营商环境。三是在长期，深化国内市场开放，建设高质量的市场准入环境。

一　基本背景

商事制度改革是党中央、国务院做出的重大决策，核心是转变政府职能，重点是放宽市场准入、创新市场监管、优化政府服务，目标从方便政府管理转向方便群众办事。自 2012 年广东等地试点、2014 年全国实施商事制度改革以来，从中央到地方各级政府持续推进商事制度改革深化拓展，不断便捷市场准入，积极创新市场监管。中国营商环境明显优化，市场活力潜力得到进一步激发，市场主体超过了一亿。

本文从市场主体的视角出发，系统评价中国商事制度改革的进展情况。市场主体的获得感既是商事制度改革的出发点，也是商事制度改革的落脚点。“深化商事制度改革研究”课题组在 2018 年 7 ~ 8 月赴全国 16 个省份、84 个地市、182 个区县进行实地调研，从工商营业执照、各类许可证、市场监管以及“互联网 + 政务服务”四个维度，随机访谈前来工商办事窗口办理业务的市场主体。在本次全国调研中，随机访谈成功率约为 85%，有效调查问卷合计 4160 份。“深化商事制度改革研究”课题组对调研样本进行整理、分析，尝试从市场主体的视角勾勒出中国商事制度改革的全貌，现将主要发现报告如下。

二　全国营商环境建设的进展

（一）登记注册所需时间从商改前的8.4天降至2018年的7.0天

如图 1 – 1 所示，全国平均而言，在 2014 年以前，市场主体办理登记注册需要8.4天；商事制度改革后，办理登记注册所需时间逐年下降，到2018年已经下降为7.0天。就各省份的情况看，商事制度改革后，市场主体办理登记注册所需时间最短的省份从5.7天下降至2018年的2.7天，缩短了一半；所需时间最长的省份，2018年为13.1天，与商改前的12.1天相比，改善不明显。

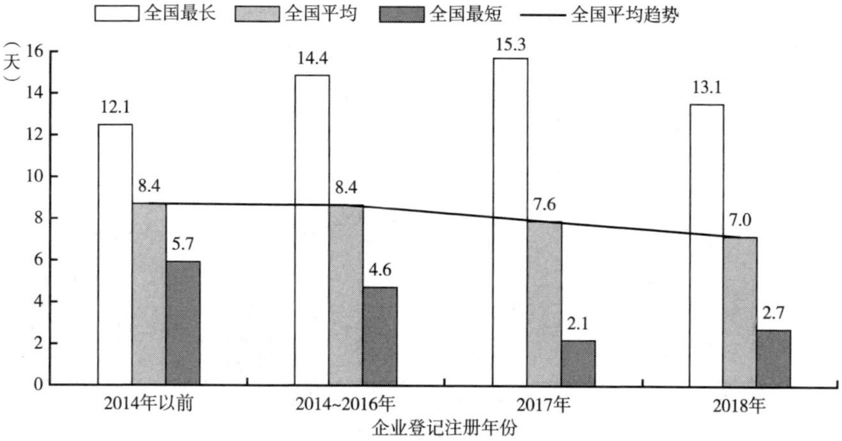

图1－1　历年全国市场主体登记注册所需时间

资料来源："深化商事制度改革研究"课题组。

就2018年登记注册的市场主体而言，19%的市场主体能够在1天内完成登记注册；61%的市场主体则需要超过3天才能完成登记注册。在此次调研的84个城市中，3.6%的地市（3个地市）"能够在1天内完成登记注册"的比例为100%；48.8%的地市（41个地市）"能够在1天内完成登记注册"的比例为0。

（二）登记注册所需交涉窗口数量从商改前的2.6个减少为2018年的1.9个

如图1－2所示，全国平均而言，2014年以前，登记注册一家企业平均需要与2.6个办事窗口打交道；商事制度改革后，登记注册所需交涉的窗口数量逐年减少：在2014年至2016年，需要交涉窗口数量减少至2.2个；2017年减少至2.0个；2018年减少至1.9个。分省份来看，全国范围内办理登记注册表现最好的省份由商事制度改革前平均需要与 1.6 个窗口交涉变为改革后只需要与 1.1 个窗口交涉，已接近实现一窗办理；全国范围内办理登记注册表现最差的省份也由商事制度改革前平均需要与 4.2 个窗口交涉变为改革后只需要与 3.2 个窗口交涉，也取得了明显的改善效果。

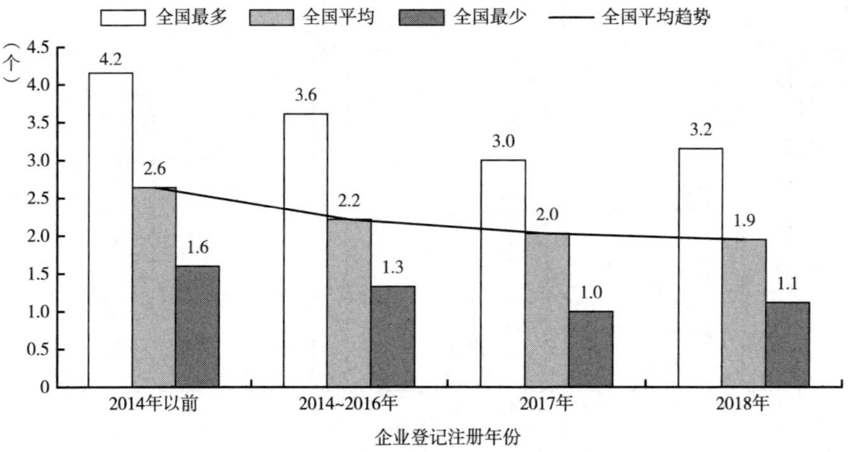

图 1－2　历年全国市场主体登记注册所需交涉窗口数量

资料来源："深化商事制度改革研究"课题组。

2018 年，平均而言，46% 的市场主体实现了一窗办理。其中，一窗办理率最高的省份是宁夏，为 92%；最低的省份是云南，为 13%。在此次调研的 84 个城市中，13.1% 的地市（11 个地市）100% 的受访市场主体实现一窗办理登记注册；19.0% 的地市（16 个地市）实现一窗办理登记注册的受访市场主体比例为 0。

（三）所需办理证件数量从商改前的3.4个降至2018年的2个

如图 1－3 所示，平均而言，2014 年前，市场主体所需办理证件数量为 3.4 个；商事制度改革后，所需办理证件的数量逐年下降：2014 年至 2016 年，迅速减少至 2.6 个；2017 年为 2.4 个；2018 年则减少至 2.0 个。分省份来看，全国范围内办理登记注册表现最好的省份由商事制度改革前平均需要办理 2.1 个证件变为改革后只需要办理 1.5 个证件；全国范围内办理登记注册表现最差的省份也由商事制度改革前平均需要办理 4.5 个证件变为改革后只需要办理 2.4 个证件，也取得了积极的进展。

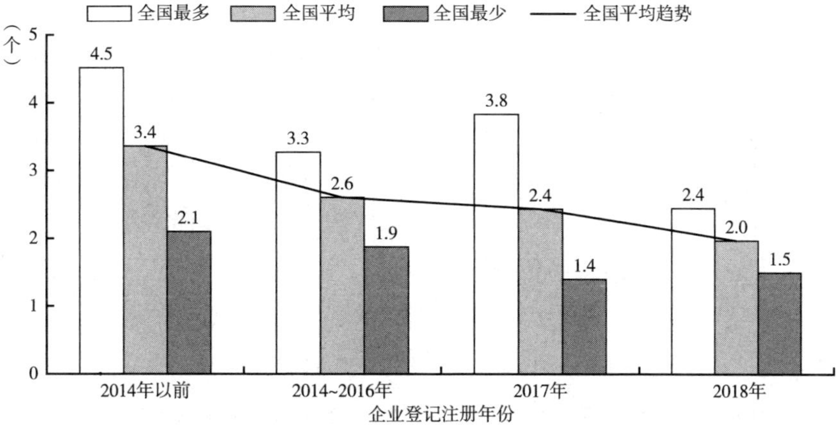

图 1－3 历年全国市场主体所需办理证件数量

资料来源："深化商事制度改革研究"课题组。

2018 年，全国平均而言，45% 的市场主体所需办理许可证数量为 1 个。其中，实现所需办理许可证数量为 1 个比例最高的省份是北京，为 75%；最低的是福建，为 29%。在此次调研的 84 个城市中，14.29% 的地市（12 个地市）100% 的受访市场主体实现所需办理许可证数量为 1 个；15.48% 的地市（13 个地市）实现所需办理许可证数量为 1 个的受访市场主体比例为 0。

（四）办理最耗时证件从商改前的45.5天降至2018年的27.9天

从市场主体的反馈看，最耗时的证件分别是与环保、消防、场地、税务、卫生、食品、外贸等相关的许可证，耗时从 3 个月到 1 个月不等，如图 1－4 所示。

如图 1－5 所示，办理最耗时许可证所需时间呈现明显的下行态势。平均而言，从 2014 年以前的 45.5 天下降到 2018 年的 27.9 天。就各省份的情况看，商事制度改革后，办理最耗时许可证所需时间最少的省份从 24.3 天降至 2018 年的 11.5 天；所需时间最长的省份从 68.9 天降至 2018 年的 60.9 天。

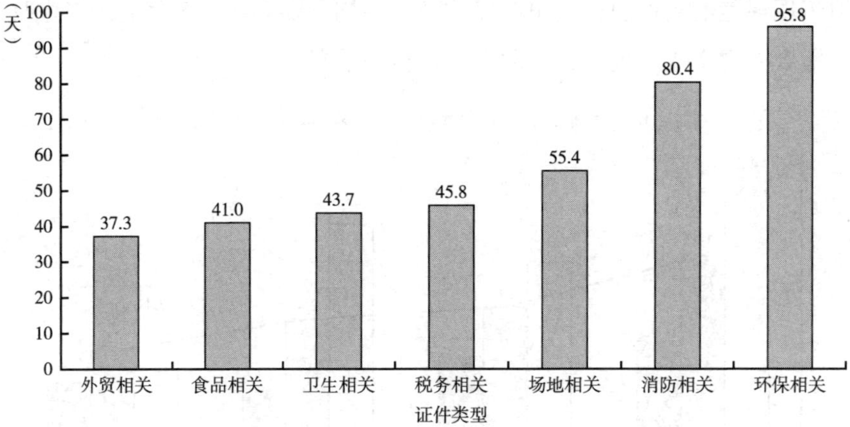

图 1－4　市场主体提及的各类最耗时许可证

资料来源："深化商事制度改革研究"课题组。"办理各类证件所需时间"来自本次调研样本。

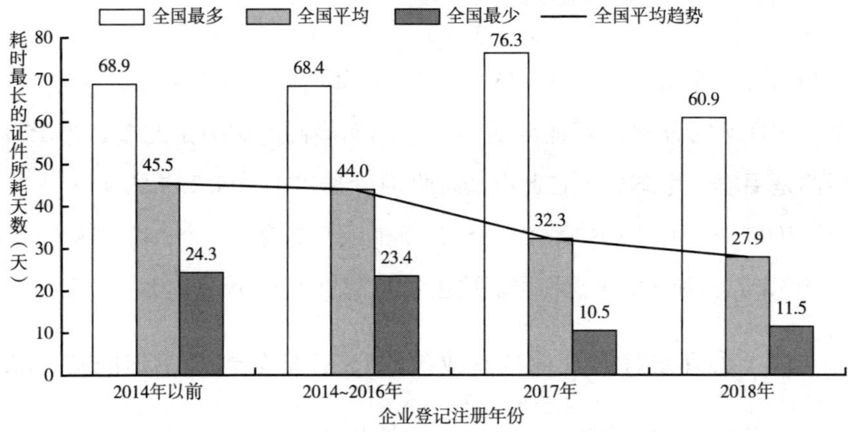

图 1－5　历年全国市场主体办理最耗时许可证所需时间

资料来源："深化商事制度改革研究"课题组。

（五）约80%的市场主体在过去一年有被上门检查的经历

如图 1－6 所示，整体而言，79% 的市场主体反馈，过去一年内有被政府部门上门检查的经历，即使是上门检查比例最低的省份，也达到 66%。

从不同年份成立的市场主体看，2017 年及以前成立的，平均而言，在过去一年内被上门检查的比例都超过了 80%。2018 年成立的市场主体被上门检查的比例是 56%，相对低些。这可能是因为，新近成立的市场主体，存在时间尚短，政府部门还没有上门检查，但不等同于不去检查。

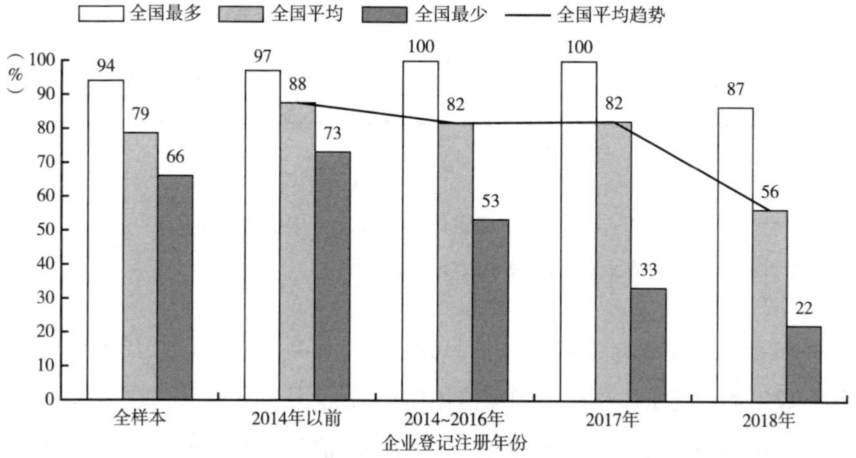

图 1－6　历年全国市场主体被上门检查的经历

资料来源："深化商事制度改革研究"课题组。

（六）68%的市场主体认为，过去一年检查次数与事项没有变化

就检查次数而言，如图 1－7 所示，全国 68% 的市场主体认为过去一年检查次数没有变化。就参与检查的部门数量而言，全国市场主体中认为过去一年该数量不变的比例也是 68%。从不同年份成立的市场主体反馈看，认为过去一年检查次数、参与检查部门数量没有变化的比例稳定在 65% ~79%，相差不大。这表明，全国约 70% 的市场主体认为，过去一年被检查的频率与事项没有变化。

（七）65%的市场主体使用网上信用信息系统

信用监管是商事制度改革的重要方面，国家为此建立了全国统一的企业信用信息公示系统。如图 1－8 所示，目前，65% 的市场主体会到国家信用

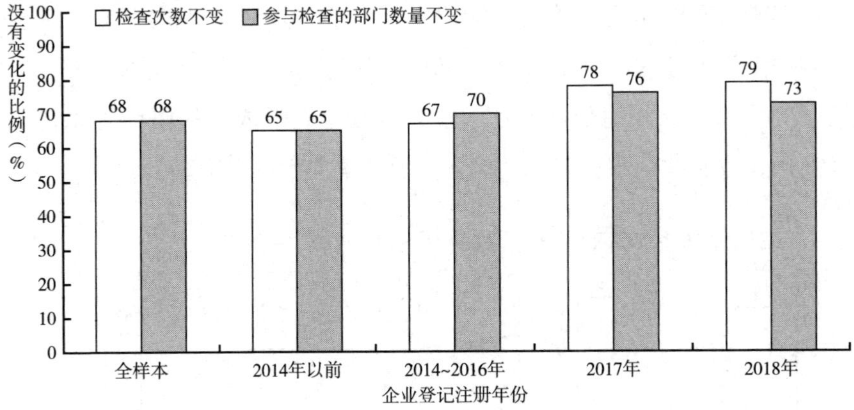

图 1－7　历年市场主体认为过去一年检查情况

资料来源：“深化商事制度改革研究” 课题组。

信息系统上查看交易对象的信用信息；18%的市场主体不使用国家信用信息系统；12%的市场主体不知道国家信用信息系统。从不同年份成立的市场主体反馈看，越是新近登记注册的企业，通过信用信息系统了解其他市场主体信用信息的可能性越小：2014 年前成立的市场主体，使用比例为 66%；2014 ~ 2016 年成立的是 68%；2017 年成立的是 62%；2018 年成立的则为 55%。

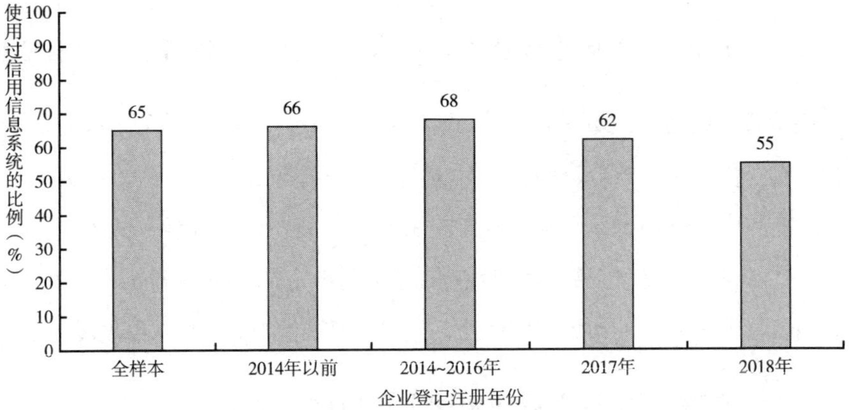

图 1－8　市场主体使用国家信用信息系统的比例

资料来源：“深化商事制度改革研究” 课题组。

这可能是因为部分市场主体认为这个信用信息系统还不够好用。被问到与其他公司做生意是否会提前到信用信息系统查看对方的信用信息时，福建省泉州市一位女士反馈：“那个网经常崩溃的，而且很多公司为了防止竞争对手或者中介的骚扰，几乎都只留一个名字和地址，信用信息没有很大的价值。”对于她来说，信用信息系统似乎还不够“好用”。

（八）约60%的市场主体知道网上办事大厅，其中28%的市场主体还不使用

“互联网 + 政务服务”是商事制度改革的重要内容。41%的市场主体明确反馈不知道其所在地有网上办事大厅（系统）；59%的市场主体反馈知道，其中，28%的市场主体反馈虽然知道却基本不使用（见图1－9）。

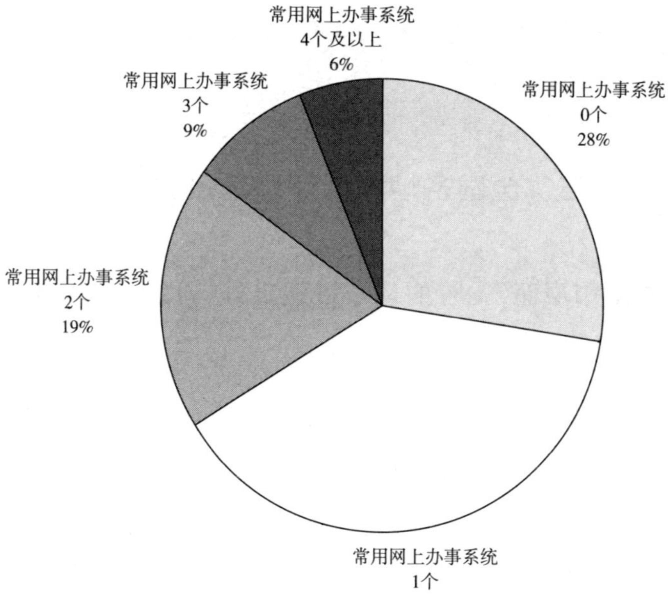

图1－9　市场主体对网上办事大厅的知晓情况

资料来源：“深化商事制度改革研究”课题组。

另外，图 1－9 还报告了常用网上办事系统的使用情况。39% 的市场主体常用 1 个办事系统；19% 的市场主体常用 2 个办事系统；15% 的市场主体常用 3 个及以上。这表明，在全国范围内，“一网通办”最多实现了 39%。

（九）全国商事制度改革进展小结

从市场主体的视角看，2018 年，全国商事制度改革的进展可以概括如下。

市场准入改革进展较大：全国平均而言，登记注册所需时间下降至 7 天，交涉窗口下降至 1.9 个，办理许可证数量下降至 2 个。

“互联网＋政务服务”进展一般：从供给端看，各地都有网上办事大厅；从需求端看，约 60% 的市场主体知晓，其中 28% 的市场主体虽知晓却不用。

市场监管改革进展不大：约 80% 的市场主体有被上门检查的经历；约 70% 的市场主体认为被检查的次数和事项没有变化；约 65% 的市场主体使用全国信用信息系统。

三　全国各地营商环境建设进展

（一）在地市层面，3% 的地市进展良好，15% 不及格，82% 中等和及格

课题组从市场准入、市场监管、“互联网＋政务服务”、改革效果四个维度，构建评价各地商事制度改革进展的指标体系，并采用前沿距离法测算了各地的进展得分，表 1－1 报告了各地的具体得分情况。

整体而言，如图 1－10 所示，在调研地市中，只有 3% 的地市商事制度改革进展处于良好水平；27% 的进展处于中等水平；55% 处于及格水平；15% 不及格。

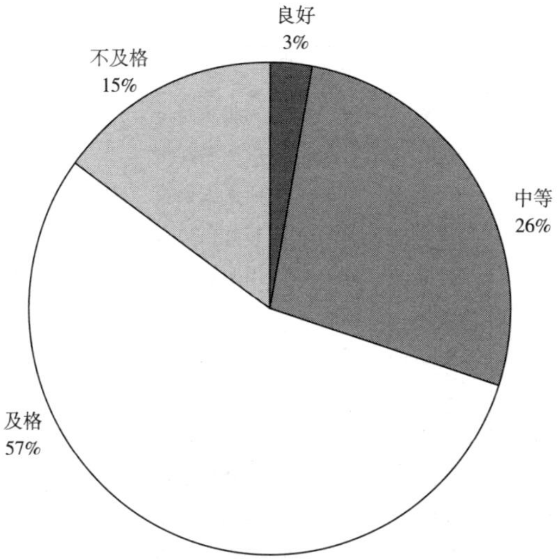

图 1－10　全国各地商事制度改革进展情况

资料来源："深化商事制度改革研究"课题组。

表 1－1　各地市商事制度改革进展的得分与排名

城市	得分	等级	排名	城市	得分	等级	排名
广东广州市	82	良好	1	云南昆明市	65	及格	38
安徽芜湖市	81	良好	2	云南普洱市	65	及格	38
北京市	78	中等	3	甘肃陇南市	65	及格	38
陕西榆林市	77	中等	4	河南郑州市	65	及格	38
广东江门市	76	中等	5	陕西铜川市	64	及格	42
贵州毕节市	75	中等	6	浙江衢州市	64	及格	42
安徽淮北市	74	中等	7	贵州贵阳市	63	及格	44
山东济南市	73	中等	8	浙江丽水市	63	及格	44
广东揭阳市	73	中等	8	福建三明市	63	及格	44
湖南长沙市	72	中等	10	广西贵港市	63	及格	44
陕西汉中市	72	中等	10	天津市	63	及格	44
甘肃嘉峪关市	72	中等	10	浙江舟山市	63	及格	44
陕西西安市	72	中等	10	广西防城港市	63	及格	44
安徽合肥市	72	中等	10	广西崇左市	63	及格	44
安徽阜阳市	72	中等	10	宁夏吴忠市	63	及格	44
广东潮州市	72	中等	10	河南信阳市	62	及格	53

续表

城市	得分	等级	排名	城市	得分	等级	排名
浙江杭州市	71	中等	17	福建泉州市	62	及格	53
浙江湖州市	71	中等	17	广东湛江市	62	及格	53
河南许昌市	71	中等	17	河南安阳市	61	及格	56
甘肃张掖市	70	中等	20	吉林白山市	61	及格	56
山东东营市	70	中等	20	山东滨州市	61	及格	56
山东莱芜市	69	及格	22	福建福州市	61	及格	56
湖南衡阳市	69	及格	22	宁夏银川市	60	及格	60
甘肃平凉市	69	及格	22	湖南怀化市	60	及格	60
浙江金华市	69	及格	22	福建莆田市	60	及格	60
湖南常德市	68	及格	26	吉林四平市	60	及格	60
甘肃酒泉市	68	及格	26	安徽蚌埠市	59	不及格	64
湖南岳阳市	68	及格	26	河南周口市	58	不及格	65
河南漯河市	67	及格	29	广西玉林市	56	不及格	66
广东阳江市	67	及格	29	广西钦州市	56	不及格	66
陕西安康市	67	及格	29	云南昭通市	55	不及格	68
贵州遵义市	67	及格	29	吉林长春市	54	不及格	69
湖南邵阳市	67	及格	29	安徽铜陵市	54	不及格	69
福建宁德市	67	及格	29	吉林松原市	53	不及格	71
山东枣庄市	67	及格	29	广西南宁市	53	不及格	71
甘肃兰州市	67	及格	29	云南玉溪市	53	不及格	71
山东淄博市	66	及格	37	宁夏固原市	53	不及格	71

资料来源：“深化商事制度改革研究”课题组构建。

（二）全国营商环境相对较好的三个省份分别是上海、广东和北京

市场主体的认可是对各地商事制度改革工作最大的肯定。在16个省份84个地市，每一位受访者给出了其所认为的“营商环境相对较好的三个省份”名单，图1－11报告了全国各省份的得票率。从图形上看，上海第一、广东第二、北京第三、浙江第四、江苏第五、福建第六。从具体的得票率看，全国34%的非上海市场主体认为上海的营商环境相对较好，领跑全国；全国31%的非广东市场主体认为广东的营商环境相对较好，紧随其后；前六名之外的省份，得票率均没有超过3%。

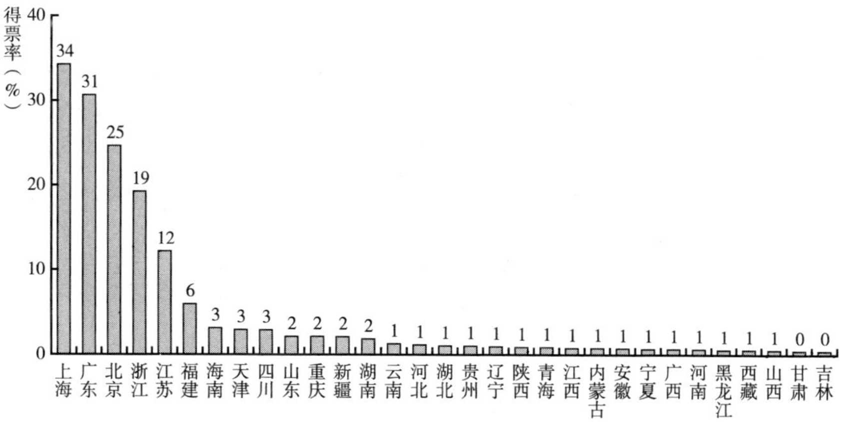

图 1-11　全国各省份营商环境排名

资料来源："深化商事制度改革研究"课题组。

四　营商环境建设的效果

（一）超75%的市场主体认为，办理业务更加方便、快捷

商改带来的影响如何？对于市场主体而言，最直观的感受莫过于办理业务是否更加方便快捷、与政府打交道的时间和费用是否得到削减。如图 1-12 所示，2018 年，全国超过 75% 的市场主体认为办理业务更加方便和快捷。

（二）86%的市场主体认为，商改减少了与政府打交道的时间

如图 1-13 所示，2018 年，全国 86% 的市场主体认为，商事制度改革减少了其与政府打交道的时间。在最佳的省份，这一比例是 93%；在最差的省份，这一比例也达到 77%。这表明，商事制度改革确实显著缩减了市场主体与政府打交道的时间成本。

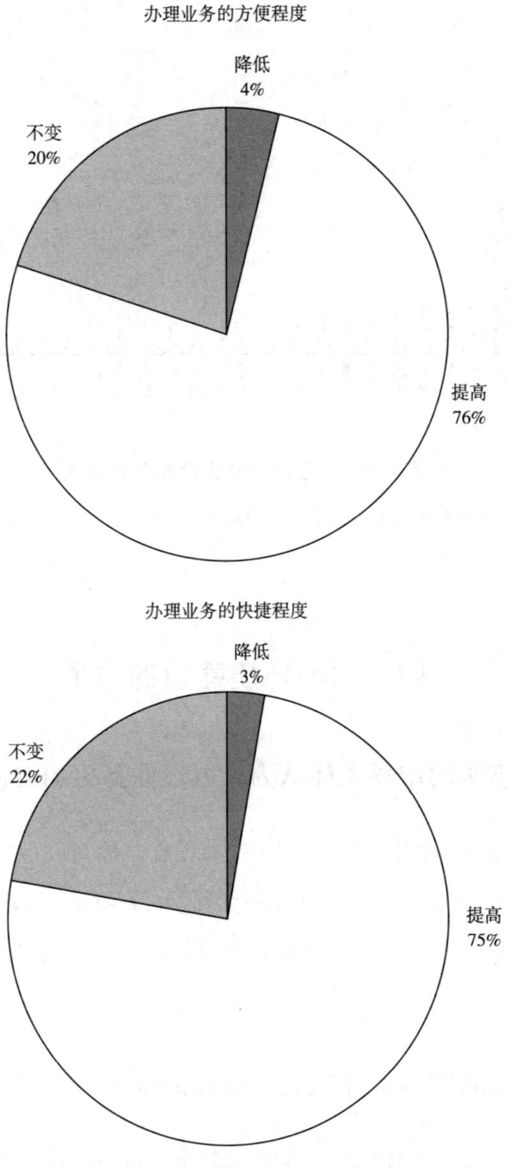

图 1－12　2018 年全国市场主体对办理业务的认知情况

资料来源："深化商事制度改革研究"课题组。

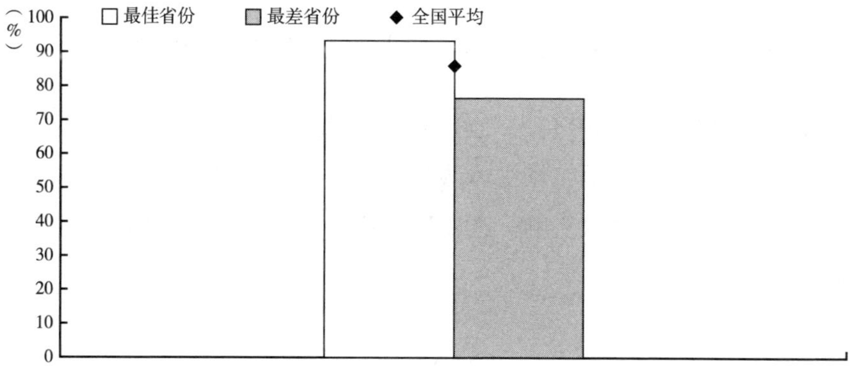

图 1－13　2018 年全国市场主体对商改减少与政府打交道时间的认知

（三）64%的市场主体认为，商改降低了其与政府打交道的费用

而对于商改是否降低了与政府打交道的费用，如图 1－14 所示，2018 年，全国 64% 的市场主体对此给出了肯定的回答。在最佳的省份，这一比例为 86%；不过，在最差的省份，这个比例仅 38%。这表明，尽管存在较大差异，但是商事制度改革还是在很大程度上降低了市场主体与政府打交道的财务成本。

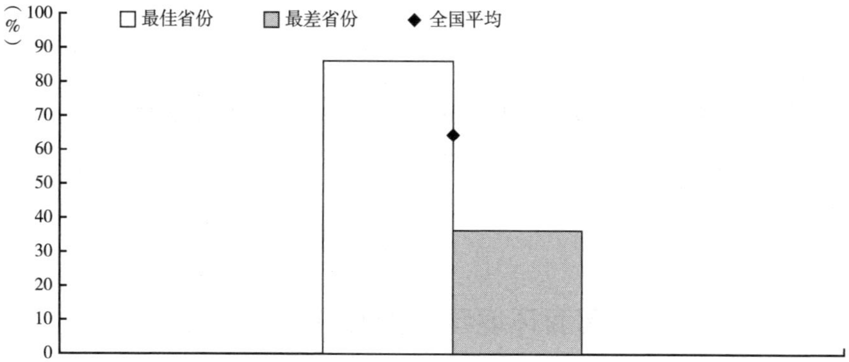

图 1－14　2018 年全国市场主体对商改降低与政府打交道费用的认知

资料来源："深化商事制度改革研究"课题组。

（四）60%的市场主体认为，商改对其经营具有积极影响

如图1－15所示，2018年，全国60%的市场主体认为商事制度改革对经营有积极影响，38%的市场主体认为商改对经营没有影响，2%的市场主体认为商改对经营有消极影响。这表明，多数市场主体认为，商事制度改革对经营具有积极影响。

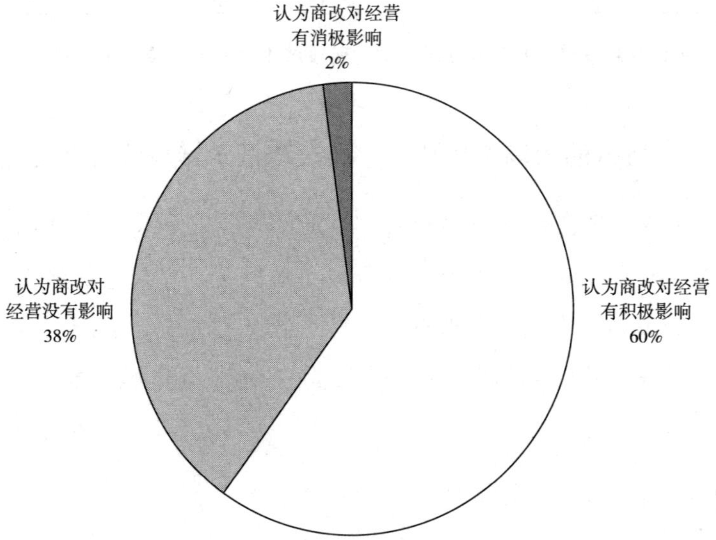

图1－15　2018年全国市场主体认为商改对其经营的影响

资料来源："深化商事制度改革研究"课题组。

五　营商环境建设面临的主要问题

（一）"最多跑一次"实现的比例约为30%，改革"还在路上"

2018年"两会"上，李克强总理明确提出"放管服"改革六个一的目标。2018年，全国市场主体中，办成一件事只需跑一次的比例只有31%。

在表现最佳的省份是 56%，在表现最差的省份只有 9%。目前，市场主体办成一件事情，如图 1－16 所示，全国平均需要跑 2.3 次，最佳省份平均需要跑 1.7 次，最差省份则平均需要跑 3.6 次。这表明，从市场主体的反馈看，全国各地“最多跑一次”改革“还在路上”。

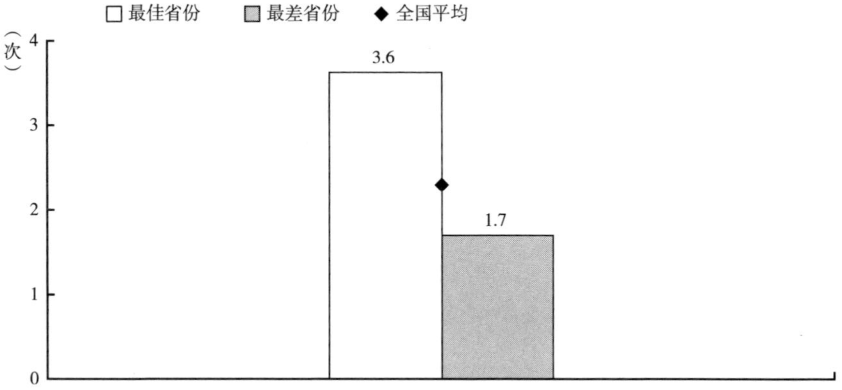

图 1－16　2018 年全国市场主体办成一件事需要跑几次

资料来源：“深化商事制度改革研究”课题组。

告知不到位是调研中最常听到的抱怨。从南到北，调研员都听到过群众对“最多跑一次”便民又规范的称赞。福建省福州市一位外贸公司代表的话，代表了多数认同者的心声：“过去办事情时工作人员不会每一次都告知完整的所需准备的材料，导致每次办事都需要跑好几次流程，费时费力。改革之后，许多流程都得到了简化，现在只要材料齐全，一般只需要跑 1～2 次就能把事情办完。”不过，类似“我都跑了好几次了”的抱怨也时常发生，一位受访者告诉我们：“只跑一次是有前提的，前提就是材料要齐全。但是由于工作人员并不是很熟悉新的改革规定，在办事中往往也没有办法说清楚相关规定以及需要的材料，材料不全，我们就得来来回回跑。”广东省广州市一位对办理工商业务比较熟悉的女士反映：“虽然现在好像可以一次性通过工商办事窗口搞定所有事项，但是在实践中并非如此，因为工商办事窗口将很多政府部门负责的业务都包揽在一起了，使得其工作业务一下子扩大了，同时也复杂了，窗口工作人员经验有限，很难兼顾多种业务，所以经常没有办法把需要准备的材料一次性告知清楚。”告知不到位，市场主体只能多次往返，无法实现一次办结。

（二）“一窗办理”实现的比例约为70%，改革“还在路上”

2018 年，全国市场主体中，办成一件事只需与 1 个窗口交涉的比例为 71%。在表现最佳的省份中占比为 95%；在表现最差的省份中占比为 50%。目前，全国平均而言，如图 1－17 所示，办一件事需要交涉的窗口数量是 1.4 个；最佳省份已经实现“一窗办理”，最差省份需要与 1.8 个窗口打交道。这表明，从市场主体的反馈看，全国各地“一窗办理”改革“还在路上”。

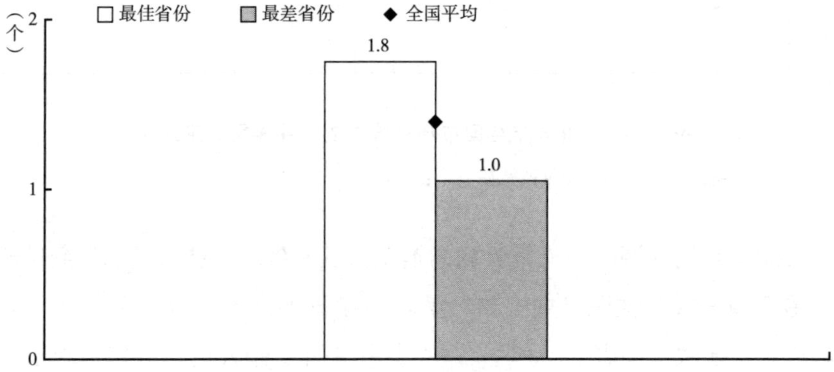

图 1－17　2018 年全国市场主体办成一件事要与几个窗口交涉

资料来源：“深化商事制度改革研究”课题组。

（三）市场主体被上门检查的比重过高

商事制度改革一直强调加强事中事后监管，建立健全以信用监管为核心的市场监管新机制。随机抽查理念逐步推广到整个市场监管领域，要求随机抽取检查对象、随机选派执法检查人员、抽查检查结果及时公开，强调要实现“双随机、一公开”全覆盖。然而，从市场主体的反馈看，在过去一年，高达 80% 的市场主体都有被政府部门上门检查的经历，即使在上门检查比例最低的省份，也达到了66%。同时，约70%的市场主体认为，在过去一年，无论是检查的次数还是事项，都没有发生明显变化。这表明，信用监管还没有真正落地，市场主体被上门检查的比重过高。

（四）“互联网+政务服务”使用率为42%，改革“还在路上”

“互联网+政务服务”是信息化时代的必然趋势，全国各地先后推出数字政府建设。然而，全国只有59%的市场主体明确反馈，知道其所在地有网上办事大厅（系统），其中，28%的市场主体虽然知道却不使用。这意味着，目前，只有42%的市场主体使用网上办事系统（59%×72%=42%），还有超过50%的市场主体尚未使用。

网上办事大厅使用率低至少有两个原因。一个是宣传不够，表现为各个年龄段的市场主体对此系统的知晓度普遍不高。如图1-18所示，在各年龄段的市场主体中，知道网上办事大厅的比例大约都只有60%。这表明，网上办事大厅使用率低并不是由某个年龄段的市场主体使用率低导致的，而是各个年龄段的使用率普遍较低。

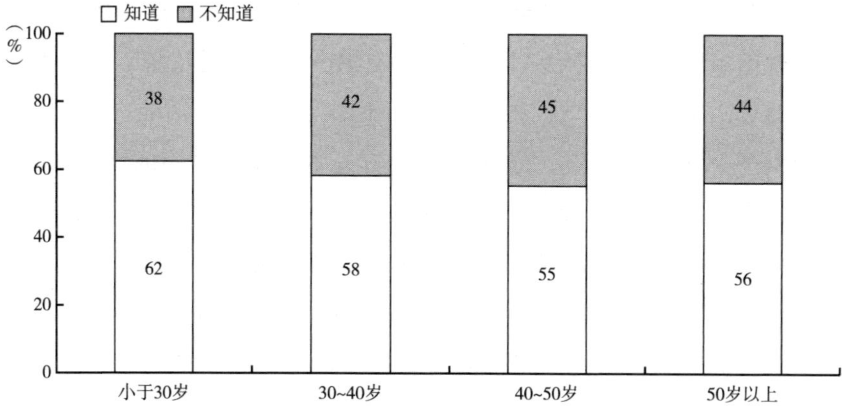

图1-18　各年龄段的市场主体对网上办事大厅的知晓度

资料来源：“深化商事制度改革研究”课题组。

另一个是系统不稳定，指引不清晰，不少材料仍需线下提交。在广东省江门市办事大厅，一位20多岁的女士与调研员提及，不怎么使用政府的网上办事软件，觉得系统不好用，网上申请之后还是得亲自去手递材料；而且网络系统容易崩溃，不如来现场办得快。在其他城市的调研过程中，再三求证后我们发现，事实上，很多地区早已推出线上办事服务，但功能不够完善，而且指引不够清晰，遇到问题也不知找谁咨询，不少民众觉得还不如干脆到现场咨询和办理更加方便与安心，导致很多人连网上办事大厅的存在都不知道。进一步地，我们询问了民众对网上办事大厅的潜在使用意愿如何，他们大多认为，如果功能完善了，系统稳定了，那自然很乐意使用网上办事大厅，有些基本的业务就可以不用跑来政务大厅了，方便很多。

（五）市场主体面临的主要困难从“旧三难”转向“新三难”

商事制度改革一直围绕着解决“办照难”“办证难”“退出难”等难点和痛点不断深化，不过，从市场主体最近的反馈看，这些问题已经不再是市场主体目前所面临的主要困难。如图 1－19 所示，对于“在本地做生意目前遇到的主要困难是什么”，从全国市场主体的反馈看，提及开办企业难、办理许可证难和退出市场难的市场主体比重分别只有 3%、7% 和 3%。这表明，“办照难”“办证难”“退出难”等难题不再是全国市场主体目前普遍面临的痛点和难点，已成为“旧三难”。全国市场主体提及频率最高的三个困难分别是，市场竞争激烈、成本高和招工困难。这三个困难被提及的比重分别为 26%、16% 和 12%，已经成为市场主体当下最普遍的难点和痛点，是“新三难”。

市场主体难点和痛点的转变，既反映了商事制度改革所取得的阶段性成就，也根植于商事制度改革所取得的阶段性成就。商事制度改革围绕着解决“办照难”“办证难”“退出难”等不断深化，现在这些难点，不再是市场主体所普遍面临的困难，成为“旧三难”，这显然反映了商事制度改革所取得的阶段性成就。同时，还需要明确指出的是，从经济学的逻辑看，“新三难”也是商事制度改革在短期内取得巨大成就后必然伴随的现象。不妨以广东商事制度改革为例，广东率先开展商事制度改革后，市场主体从 2012 年底的 515 万户增加到 2018 年底的 1097 万户，翻了一番。市场主体在短期

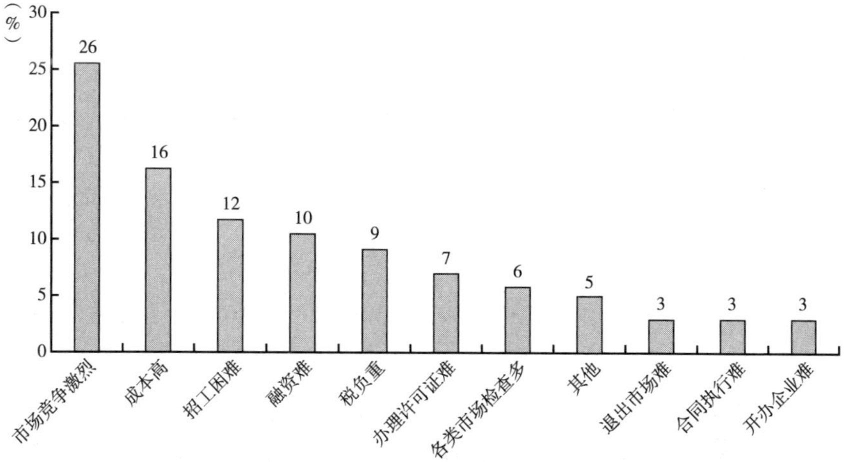

图 1－19　2018 年市场主体经营面临的主要困难

资料来源："深化商事制度改革研究"课题组。

内倍增，既是商事制度改革所取得的巨大成就，又对商事制度改革提出了新的挑战。因为市场主体在短期内倍增将带来两个效应：一个是产品市场上的供给增加。随着市场主体在短期内倍增，在产品市场上，产品供给可能也是倍增的，如果市场需求大致不变，必然导致产品市场上供给者间的竞争越来越激烈。另一个是生产要素市场上的需求增加。随着市场主体在短期内倍增，在生产要素市场上，市场需求增加，甚至是倍增的，如果生产要素市场供给大致不变，必然导致生产要素数量供不应求，生产要素价格不断上升，从而出现招工难、成本高等。因此，市场"准入""准营"越便利，新进入的市场主体数量越多，产品市场供给越多，竞争越激烈；生产要素市场上需求越多，生产要素价格越高，市场主体的成本越高。因此，市场主体的痛点和难点转向"新三难"，与商事制度改革所带来的市场主体数量短期内快速增长密切相关。

六　完善营商环境建设的方向

商事制度改革直面长期以来困扰"放管服"领域的突出问题与关键难

题，坚持以人民为中心的发展思想，深化改革，做到老百姓关心什么、期盼什么，改革就要抓住什么、推进什么，注定是一场攻坚战和持久战。根据中国商事制度改革面临的新问题，结合中国经济发展新形势，我们提出全面深化商事制度改革的三个方向。

在短期，补短板，再创市场准入改革新优势。目前，全国商事制度改革在市场准入便利度上取得了阶段性进展。这些成绩来之不易，既要强化已有的成功做法，又要补短板，在中华人民共和国成立70周年之际再创商事制度改革新优势。比如，“最多跑一次”目前只实现了30%，“一窗办理”目前实现了70%，需要继续推进、深化。再如，“互联网+政务服务”的使用率不到50%，需要“供给端”和“需求端”两端发力，再创中国营商环境建设新优势。

在中期，强化信用监管，确立竞争性政策的基础性地位，建设竞争中性的营商环境。人为地扶持某类市场主体都会出现道德风险问题，增加经济全局的风险，并不是一个可持续的、理想的营商环境。竞争是市场经济的常态，新的市场主体通过市场竞争替代旧的市场主体，是经济转型升级的常态。公平竞争的市场环境才是企业成长的长效机制。因此，需要深化市场监管改革，按照一视同仁的规则监管市场，建设中性的市场竞争环境，服务于市场主体的健康成长。

在长期，深化国内市场开放，建设高质量的市场准入环境。市场主体的“新三难”，不同于“旧三难”，不是政府所提供的公共服务本身，而是更多根植于市场供求和市场范围。因此，只有开放更多的市场领域，才可以从根本上解决市场竞争激烈和成本高的新困难，同时有利于中国经济转型升级、实现高质量发展。从现实来看，商事制度改革以来，77%的新增市场主体进入了服务业，内生地需要服务业领域更大范围的开放。中国改革开放40年的经验表明，农业领域向市场主体开放，解决了吃粮难问题；工业领域向市场主体开放，成就了中国经济的高速增长。同理，服务业领域向市场主体开放，有望成就中国的高质量发展。从这个意义上说，全面深化商事制度改革的长期方向是深化国内市场开放。

第二部分

16 省份营商环境报告

第二章
北京市营商环境报告*

课题组在北京市随机抽取了 6 个区，分别为大兴区、丰台区、海淀区、顺义区、通州区和西城区，随机访谈成功的有效问卷是 249 份。调研结束后，课题组清理、整理了有关全国和北京商事制度改革的第一手数据资料与舆情反馈，并从全国视野考察北京商事制度改革的新进展、新挑战以及新方向。现将主要情况报告如下。

一　北京市营商环境建设的进展

（一）市场主体登记注册所需交涉的窗口数量从商改前的2.2个下降至2018年的1.5个，接近全国最佳水平

如图 2－1 所示，2014 年以前，在北京登记注册一家市场主体平均需要与 2.2 个办事窗口打交道，领先于全国平均所需的 2.6 个，但落后于 1.6 个的全国最佳水平。商事制度改革后，在北京市登记注册所需交涉的窗口数量大幅下降：在 2014 年至 2016 年，需要交涉窗口数量下降至 1.9 个；2018 年则下降至 1.5 个。整体而言，商事制度改革以来，市场主体登记注册所需交涉的窗口数量下降了 32%。

* 本章执笔：李子君、林建浩、李小瑛、贾帅帅。

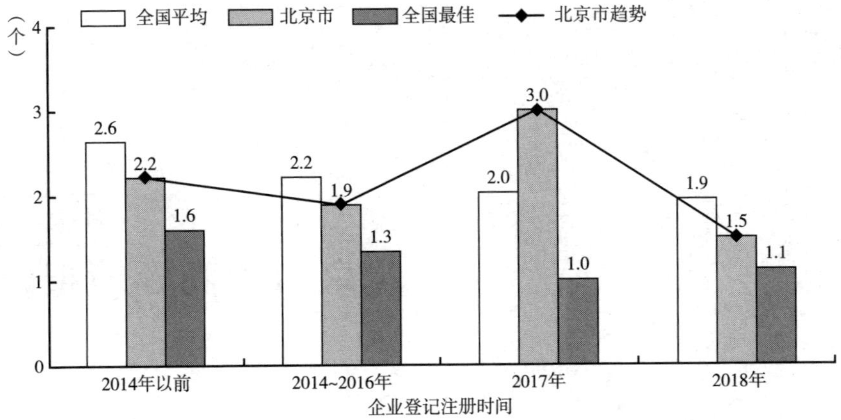

图 2－1　历年北京市场主体登记注册所需交涉的窗口数量

注：窗口数越少，代表商改成效越好。

2018 年，50% 的市场主体在北京实现了一窗登记，平均只需要跑 1.5 个窗口。从全国视野看，北京市优于全国的平均水平（1.9 个窗口），略差于全国的最佳水平（1.1 个窗口）。

（二）市场主体完成企业注册所需办理证件数从商改前的3.0个下降至2018年的1.5个，处于全国最佳水平

如图 2－2 所示，2014 年前，市场主体在北京市完成企业登记注册所需办理证件数平均为 3.0 个，比全国平均数 3.4 个少 0.4 个证件，领先于全国平均水平。商事制度改革后，在北京市登记注册所需办理证件的数量大幅下降。2014 年至 2016 年，减少至 2.8 个证件；2018 年则下降至 1.5 个。整体而言，商事制度改革以来，市场主体所需办理证件数下降了 50%。

2018 年，75% 的市场主体在北京完成企业注册只需办理一个证件，平均只需要办理 1.5 个证件。从全国视野看，北京市目前是全国最佳水平。

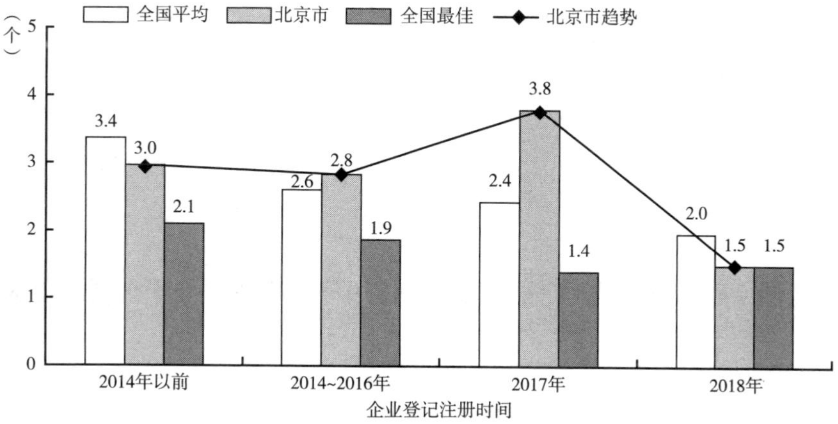

图 2－2　历年北京市场主体完成企业注册所需办理的证件数量

注：所需证件越少，代表商改成效越好。

（三）69%的市场主体在过去一年间有被上门检查的经历，低于全国平均水平

如图 2－3 所示，2018 年，69%的北京市场主体反馈在过去一年间有被上门检查的经历。从全国视野看，北京市场主体被上门检查的比例比全国平均水平低了 10 个百分点，比全国被上门检查最多的地方低了 25 个百分点。

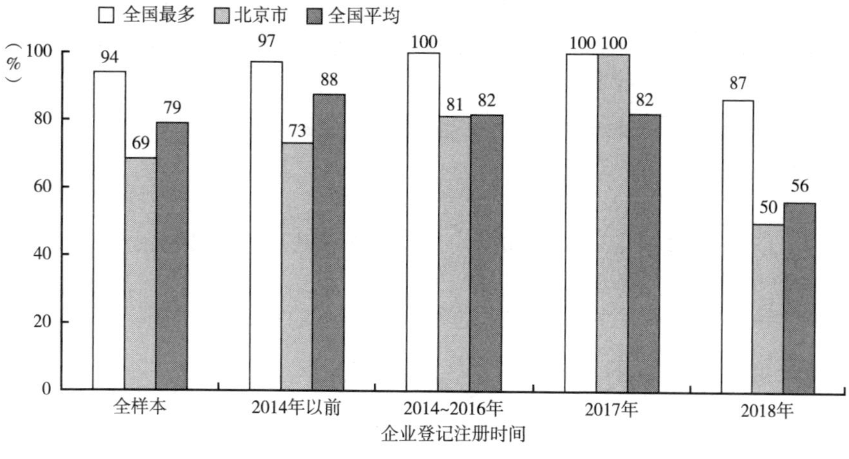

图 2－3　历年北京市场主体在过去一年被上门检查的经历

在北京市，2014 年之前成立的市场主体，73% 反馈有被检查，比全国平均水平低 15 个百分点；2014～2016 年成立的市场主体，81% 反馈有被检查，与全国平均水平基本持平；2017 年成立的市场主体，100% 反馈有被检查，高于全国平均水平；2018 年成立的市场主体，50% 反馈有被检查，比全国平均水平低 6 个百分点。

（四）80%的市场主体使用网上信用信息系统，处于全国最佳水平

信用监管的起点是市场主体到国家信用信息系统查看相关市场主体的信用信息。如图 2－4 所示，在北京市，80% 的市场主体选择到国家信用信息系统上查看交易对象的信用信息，比全国平均水平高了 15 个百分点。从全国视野看，北京处于全国最佳水平。

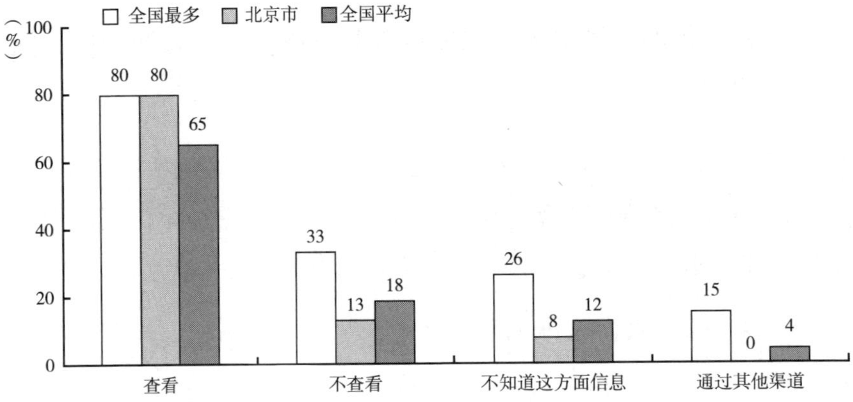

图 2－4　2018 年北京市场主体查看国家信用信息系统情况

（五）“互联网＋政务服务”的知晓率处于全国最佳水平

“互联网＋政务服务”是信息化时代的必然趋势，“互联网＋政务服务”是商事制度改革的主要内容之一。如图 2－5 所示，北京的“互联网＋政务服务”知晓率目前在全国最高，82% 的市场主体明确反馈知道其所在地有网上办事大厅（系统），大幅领先于 59% 的全国平均水平。

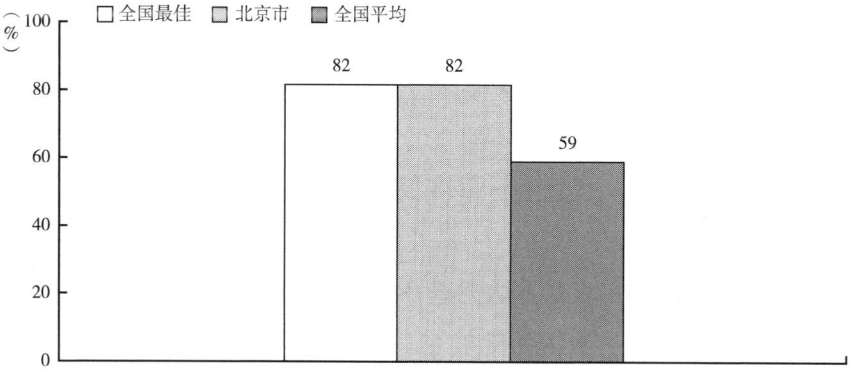

图 2－5　2018 年北京市场主体对网上办事大厅的知晓情况

注：知晓网上办事大厅的市场主体比例越大，代表商改成效越好。

与此同时，北京的“互联网＋政务服务”使用率也处于领先水平。如图 2－6 所示，在知道网上办事大厅（系统）的市场主体中，北京有 26% 的市场主体不使用，即常用网上办事系统个数为 0；通过简单计算可知，在北京市，有 61%（82%×74%）的市场主体会使用网上办事系统。从全国视野看，北京的“互联网＋政务服务”使用率比全国平均水平（42%＝59%×72%）高约 20 个百分点。

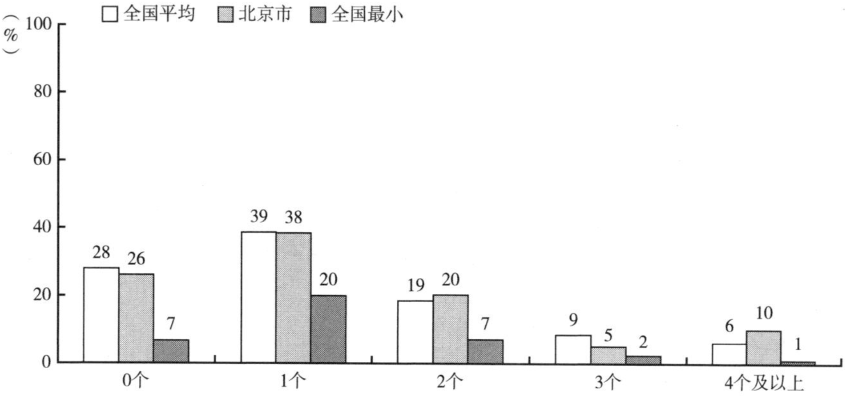

图 2－6　2018 年北京知道有网上办事系统的市场主体中不使用的情况

此外，在知道网上办事大厅（系统）的市场主体中，北京有38%的市场主体常用1个网上办事系统；20%常用2个办事系统，与全国平均水平大致相当。平均而言，北京市场主体常用的网上办事系统为1.9个。

二　北京市营商环境建设的成效

（一）83%的市场主体认为商事制度改革减少了与政府打交道的时间；63%的市场主体认为降低了与政府打交道的费用

如图2－7所示，在北京市，83%的市场主体认为商改措施能够减少市场主体与政府打交道的时间；63%的市场主体认为商改措施能够降低市场主体与政府打交道的费用。从全国视野看，两者均与全国平均水平基本持平，落后于全国最佳水平10个、23个百分点。

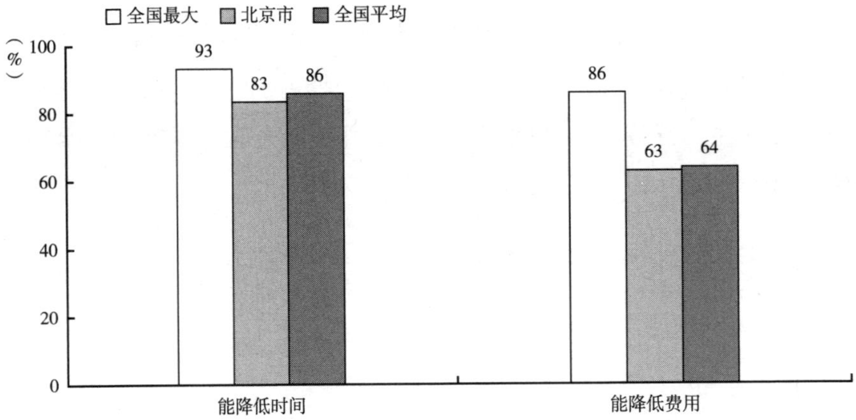

图2－7　商改对企业与政府打交道成本的影响

（二）66%的市场主体认为商改对其经营有积极影响，略高于全国平均水平

如图2－8所示，在北京，66%的市场主体认为，商事制度改革对经营

有积极影响。从全国视野看，北京比全国平均水平高 6 个百分点，比全国最佳水平低 14 个百分点。

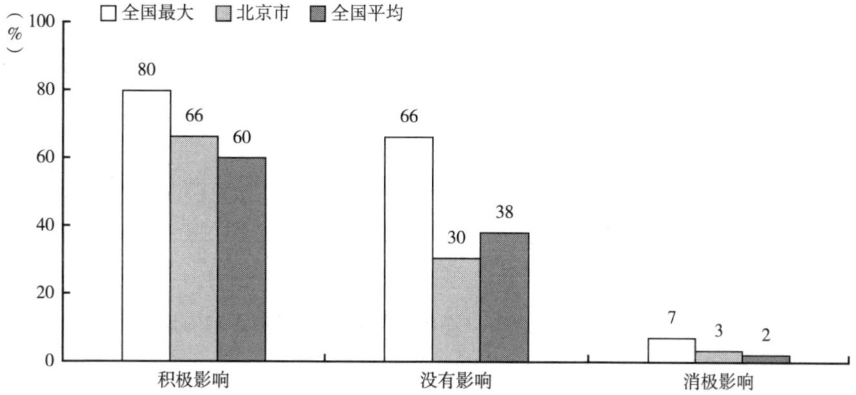

图 2-8　2018 年北京市场主体认为商改对经营的影响

从市场主体规模看，规模越大，认为商事制度改革对其经营有积极影响的比例越高。由图 2-9 可知，对于就业规模低于 10 人的市场主体，认为有积极影响的比重为 55%，与全国平均水平基本持平；对于就业人数在 10～20 人的市场主体，有 60% 认为有积极影响，比全国平均水平高了 4 个百分点；对于就业人数为 20～100 人的市场主体，有 71% 认为有积极影响，比全国平均水平高了 11 个百分点；对于就业人数为 100～500 人的市场主体，认为有积极影响的比重高达 85%，比全国平均水平高了 25 个百分点。

（三）北京市仅有36%的市场主体认为商事制度改革改善了营商环境

市场主体对商事制度改革是否改善了营商环境的看法不一。如图 2-10 所示，36% 的市场主体认为商事制度改革有利于营商环境建设，36% 认为不利于营商环境建设，28% 认为没有影响。从全国视野看，在北京，认为有积极影响的市场主体比重低于全国平均水平，认为有不利影响和没有影响的比重高于全国平均水平。这表明，从全国横向比较的角度看，北京的商事制度改革对其营商环境建设的作用相对较小。

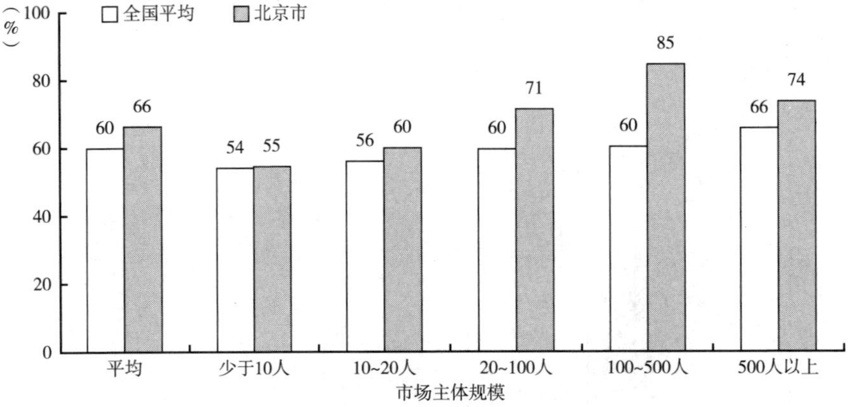

图 2－9　商事制度改革对市场主体经营有积极影响的比例

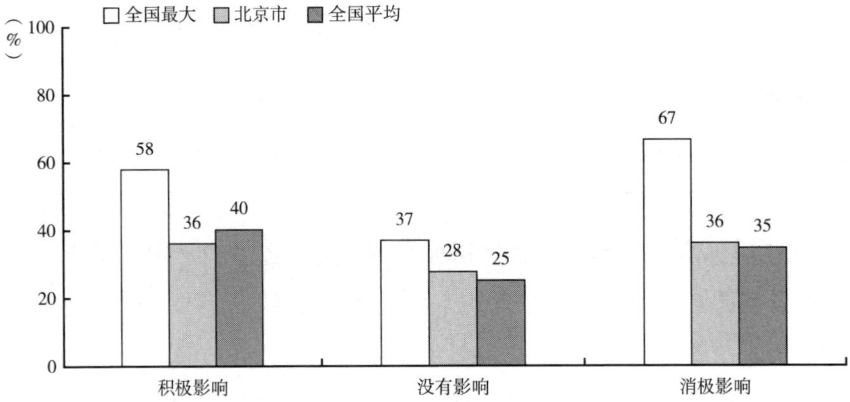

图 2－10　2018 年市场主体认为商改对当地营商环境的影响

（四）全国市场主体投票结果显示，北京营商环境位居全国第三

市场主体的认可是最大的肯定。在全国 16 个省份 84 个地市，每一位受访者都给出了其所认为的“做生意环境相对较好的三个省份”。图 2－11 报告了市场主体对全国各地营商环境的主观评价。从图中看出，上海第一、广东第二、北京第三、浙江第四。具体而言，全国约 25% 的非北京市场主体认为北京做生意的环境相对较好。这是全国市场主体对北京商事制度改革以及营商环境建设的充分肯定。

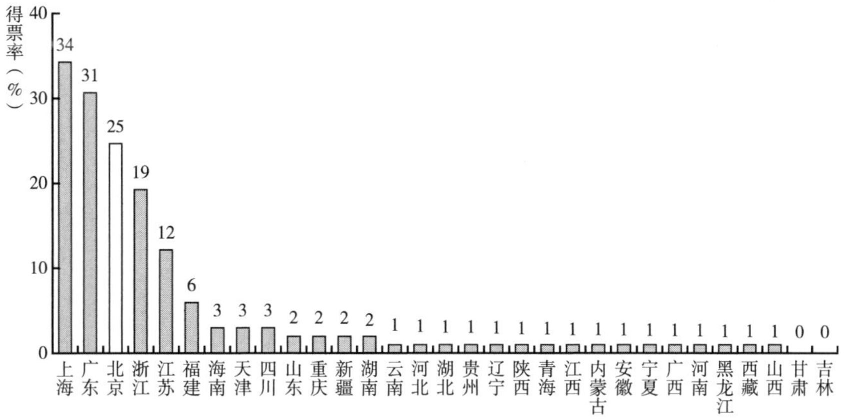

图 2－11　全国营商环境排名

三　北京市营商环境建设面临的问题

就全国范围来看，北京市商改成果斐然。不论是办理执照的效率、办理证件的数量、“互联网＋政务服务”使用情况、“最多跑一次”的进展，还是市场主体的获得感，北京多项指标领先全国平均水平，甚至达到全国最佳水平。但是，北京商改仍存在不足之处，如市内各区的改革发展不太平衡、市场主体仍面临着办证难的问题等。另外，北京作为首都，因其特殊区位而存在着成本高、竞争激烈等问题，市场主体还面临许多商改外的困难。

（一）2018年，北京的“最多跑一次”改革进程中，各区发展不平衡

虽然北京“最多跑一次”的改革已经有所进展，但办成一件事的耗时较长。北京办成一件事平均需要 1.4 小时，与全国平均水平持平，比全国最佳水平 0.9 小时多出了近一半。如图 2－12 所示，在 2018 年，66% 的市场主体办成一件事平均需要 1 小时，比全国平均水平低 5 个百分点，比全国最佳水平低 18 个百分点；28% 的市场主体办成一件事需要 2 小时，比全国平均水平高了 12 个百分点。

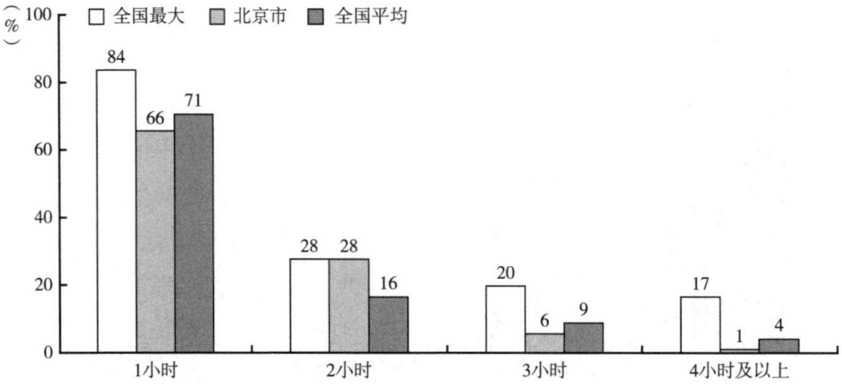

图 2－12　2018 年北京市场主体办成一件事需要时间

另外，仔细分析数据发现，北京在“最多跑一次”改革中领先全国平均水平是因为样本中顺义区在这项改革上有较大进展。如图 2－13 所示，2018 年，在调研的 6 个区中，顺义区的改革成效最好，62% 的市场主体可以实现“最多跑一次”，超过了全国平均水平（30%），也超过了全国各省份的最高值（55%）。海淀、通州、大兴与全国平均水平大致相当，其他 2 个区明显低于全国平均水平。比如西城区，只有 19% 的市场主体可以实现“最多跑一次”，只有全国平均水平的 2/3。北京各区改革不平衡是现在面临的主要问题。

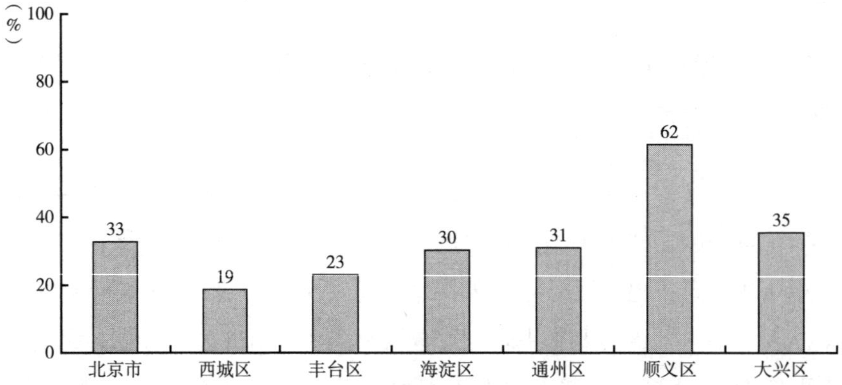

图 2－13　2018 年北京各区实现“最多跑一次”的比例

（二）北京市场仍面临着“办证难”“办照难”的问题

对于“在本地做生意目前遇到的主要困难是什么”，北京市场主体提及办理许可证难的比重为10%，超过全国平均水平7%，处于全国最差水平。

另外，分析“认为办理营业执照等业务的方便程度”和“认为办理营业执照等业务的快捷程度”两组数据，我们可以看到北京市场主体认为办理营业执照的方便程度有提高的比重占到80%，比全国平均水平高4个百分点；但认为办理营业执照的快捷程度有提高的比重是72%，比全国平均水平低3个百分点，认为办理营业执照的快捷程度有降低的比重为5%，比全国平均水平高2个百分点。这说明，在办理营业执照方面，北京的快捷程度有待提高。

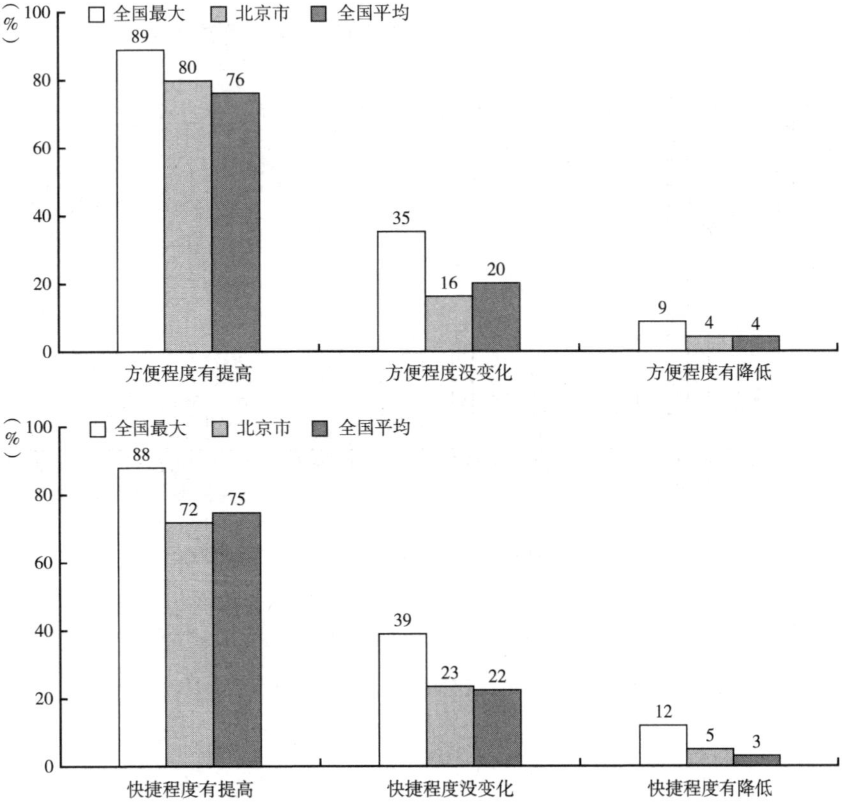

图2-14　2018年北京办理营业执照的快捷程度

（三）北京市场主体所面临的主要困难有一部分在商事制度改革范围之外

商事制度改革一直围绕着解决“办照难”“办证难”“退出难”等问题不断深化，不过，从市场主体反馈看，除这些问题外，北京仍面临着其他问题。

如图 2－15 所示，对于“在本地做生意目前遇到的主要困难是什么”的提问，北京市场主体反馈目前最主要的两个困难分别是成本高与市场竞争激烈，这两个困难被提及的比重分别为 24% 和 20%。虽然这两个困难也是全国市场主体所普遍面临的主要困难，但是北京的情况略微严重些。主要表现为，北京市场主体提及成本高的比例高于全国平均水平 8 个百分点。显然，这些主要困难不是目前的商事制度改革能够直接解决的。

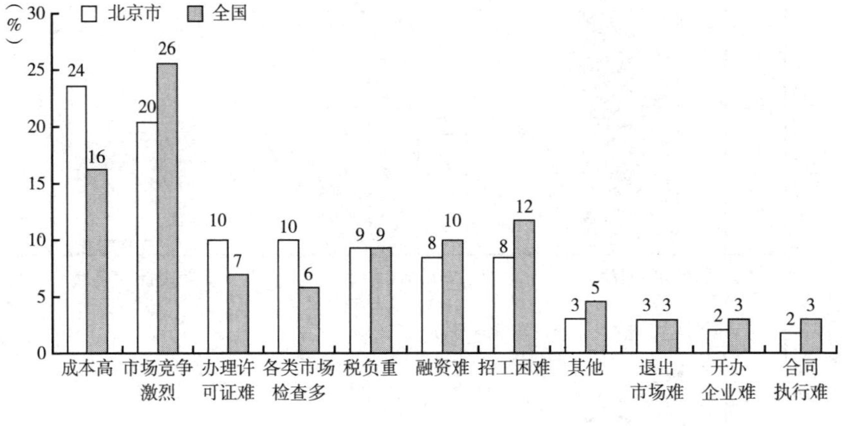

图 2－15　2018 年市场主体经营面临的主要困难

需要明确指出的是，这些新困难是商事制度改革不断取得巨大成效过程中所伴随的必然现象。北京市场主体在 2018 年突破了 210 万个，市场主体数量的快速增长，既是商事制度改革所取得的巨大成就，又对商事制度改革提出了新的挑战。因为市场主体的倍增意味着市场供给可能是倍增的，必然导致产品市场上竞争越来越激烈；在生产要素市场上，市场需求可能是倍增的，如果生产要素市场供给大致不变，必然导致招工越来越难，生产要素价格不断上升，企业成本不断上升。

因此，北京市场主体目前所面临的新困难，根植于商事制度改革带来的市场主体倍增。

四　北京市完善营商环境建设的方向

北京商事制度改革直面长期以来困扰“放管服”领域的突出问题与关键难题，坚持以人民为中心的发展思想，深化改革，做到老百姓关心什么、期盼什么，改革就要抓住什么、推进什么，注定是一场攻坚战和持久战。根据北京市商事制度改革面临的新问题，结合社会经济新形势，我们提出以下四点建议。

（一）保持首都商事改革现有成果，再创北京商事制度改革新优势

目前，北京商事制度改革在市场准入便利度、数字政府建设上，比如登记注册所需证件数、所需打交道窗口数量、使用网上办事大厅的数量等，处于或接近全国最佳水平；市场主体对商事制度改革的了解程度处于全国最佳水平；北京营商环境处于全国第三位，接近全国最佳水平。这些成绩来之不易，要强化已有的成功做法。自 2014 年 3 月 1 日商事制度改革以来，北京市工商局全面落实改革要求，渐次推出注册资本认缴制、“先照后证”、“多证合一”、全程电子化登记、名称自主申报等改革举措，工商注册便利化程度持续提升。在改革开放已满 40 周年之际，北京需要深化商事制度改革，再创北京商事制度改革新优势。

（二）深化“最多跑一次”改革，推广“全市通办”“容缺受理”，推动区域均衡发展，持续优化首都营商环境

在“最多跑一次”改革中，北京已经取得了不错的成绩。40% 的北京市场主体办成一件事只需要跑一次，比全国平均水平高了 9 个百分点。但首都作为改革的前沿地带，与全国最佳水平仍有一段距离，且区域发展不均

衡，需要进一步深化改革。北京市工商局已做出计划，要对接国际标准，聚焦企业开办效率，从企业开办流程、时间、费用等多个维度进一步减环节、提速度、降成本，推广“全市通办”“容缺受理”等服务措施，搭建多部门“一窗通”网上服务平台，着力打通企业开办“最后一公里”，将改革深化落到实处。在区域发展上，作为全国首批“双创”示范基地，海淀区推进创新链、服务链、产业链、资金链、政策链“五链”融合，营造了优良的双创生态环境，打造了“双创”全程服务体系，为创新创业厚培沃土，成果较为显著，其他市级区可借鉴优秀经验，促进区域均衡发展，持续优化首都营商环境。

（三）重视“数字政府”建设，深化商事制度改革，就解决“办证难”“办照难”问题持续思考，增创北京商事制度改革新优势

在大数据时代，智慧政务、信用监管是大势所趋。北京顺应时代，大力提升“互联网+政务服务”水平，开通涵盖企业开办各类事项的一窗式网上办事服务系统“e网通”，按照“一数一源、信息共享、协同办理”的原则统一部门间信息共享交换标准，打通不同层级、不同部门信息系统之间的共享通道，逐步实现企业开办事项网上办照、在线申领发票等环节协同并行办理。在改革成效上，仍有10%的市场主体反映办照难。自2018年11月9日起，北京推行电子营业执照，可通过微信小程序“工商电子营业执照”、支付宝小程序“电子营业执照管理”下载和使用电子营业执照（与纸质营业执照具有同等法律效力）。利用大数据时代及首都的信息优势，继续建设数字政府，提升“互联网+政务服务”水平，从而有利于北京走在改革前列，为其他省份做出良好表率。

（四）转向“市场开放”，开拓北京商事制度改革的新领域

随着商事制度改革的不断深入，公众投资创业热情得到了充分激发，市场主体数量呈现“井喷式”增长。商改4年来（2014年3月1日至2017年底），北京市场主体突破210万个，这些新增市场主体夯实了经济发展的微

观基础。倍增的市场主体既是北京商事制度改革所取得的成绩，也对商事制度改革提出了更高的要求。因为，短期内倍增的市场主体必然带来市场竞争激烈、招工难和成本高的问题。这已经成为包括北京在内的全国市场主体所面临的主要困难。这些新困难，不同于“办照难”“办证难”“退出难”，更多根植于市场供求和市场范围，要深化市场改革开放，才能解决市场竞争激烈和成本高的新困难，同时有利于北京经济进一步转型升级、率先实现高质量发展。

第三章 天津市营商环境报告*

课题组在天津市随机抽取了6个区，它们分别为武清区、河西区、河北区、河东区、津南区和南开区，随机访谈成功的有效问卷是153份。调研结束后，课题组清理、整理了有关全国和天津商事制度改革的第一手数据资料与舆情反馈，并从全国视野考察天津商事制度改革的新进展、新挑战以及新方向。现将主要情况报告如下。

一　天津市营商环境建设的进展

（一）注册营业执照的效率

1. 在天津，市场主体登记注册所需时间从商改前的6.6天波动上升，增加到2018年的9.6天，目前高于全国平均水平

如图3－1所示，在2014年前（商事制度改革前），市场主体在天津市登记注册平均需要6.6天，优于全国平均水平（8.4天）。商事制度改革至今，天津市在登记注册所需天数上呈现波动上升的变化趋势，相对于全国平均水平也时高时低。

---

* 本章执笔：姜适染、贾帅帅、李小瑛。

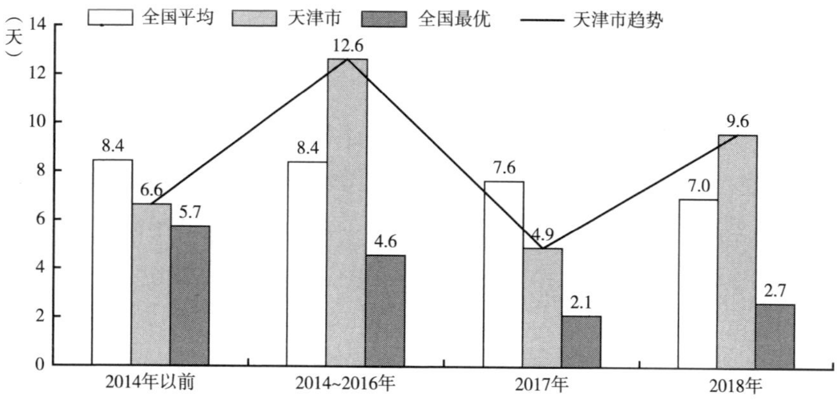

图 3-1 历年在天津登记注册所需时间

注：时间越短商改成效越好。

2018 年，天津市市场主体登记注册平均需要 9.6 天，落后于全国平均所需的 7.0 天；与天津商改前的 6.6 天相比，上升了接近一半（45.5%）。如图 3-2 所示，新登记注册的市场主体只有 13% 在一天内完成登记注册，低于全国平均水平，与全国最优水平差距较大。

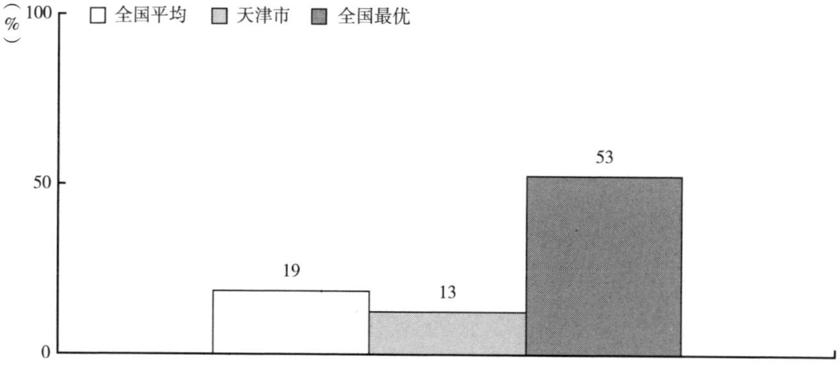

图 3-2 2018 年天津市新登记注册的市场主体在一天内完成注册的比例

注：占比越高商改成效越好。

2. 在天津，市场主体登记注册所需交涉的窗口数量从商改前的2.1个增加至2018年的2.3个，高于全国平均水平

如图3－3所示，2014年以前，在天津登记注册一家市场主体平均需要与2.1个办事窗口打交道，优于全国平均所需的2.6个，处于中上水平。商事制度改革后，在天津市登记注册所需交涉的窗口数量在改革初期有所降低，但之后整体呈现持续小幅增加趋势：在2014年至2016年，需要交涉窗口数量小幅下降至1.7个，优于全国平均水平；2017年上升至2.0个，与全国平均水平持平；2018年上升至2.3个，落后于全国平均水平（1.9个）。

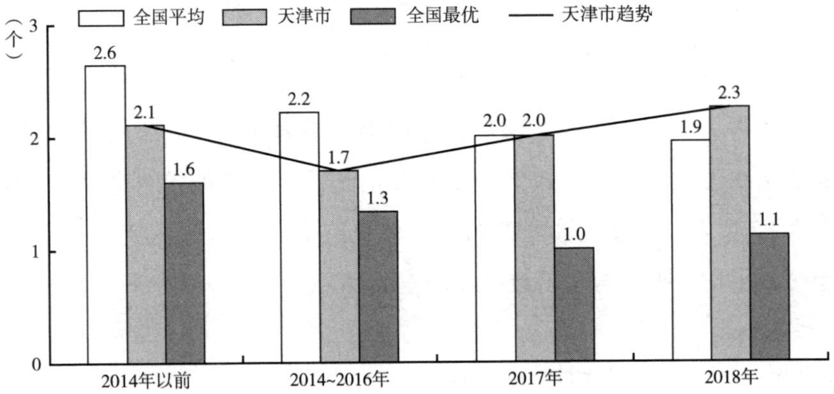

图3－3　历年在天津登记注册所需交涉的窗口数量

注：数量越少商改成效越好。

2018年，天津市场主体完成注册登记所需交涉的窗口数量与天津改革前的2.1个相比，上升幅度约为9%。如图3－4所示，新注册登记的市场主体只有25%实现一窗登记，明显落后于全国平均水平。

（二）“多证合一”情况

在天津，市场主体登记注册所需办理证件数从商改前的2.1个下降至2018年的1.8个，相较商事改革前有小幅进步。

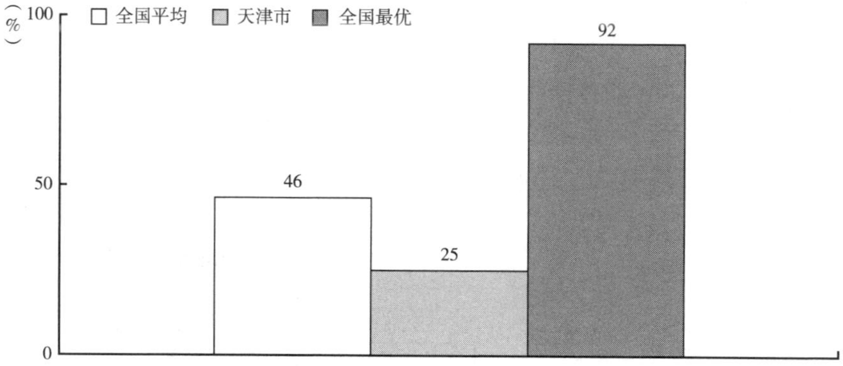

图 3-4 2018 年天津市新登记注册的市场主体实现一窗登记的比例

注：占比越高商改成效越好。

如图 3-5 所示，2014 年前，在天津市，市场主体登记注册所需办理证件数平均为 2.1 个，为全国最优水平。商事制度改革后，在天津市登记注册所需办理证件的数量直到 2017 年都处于大幅退步的状态。2014 年至 2016 年，增加至 3.0 个证件，落后于全国平均水平；2017 年一度增加至 3.8 个，为全国最差水平；但在 2018 年下降至 1.8 个，略优于全国平均水平。

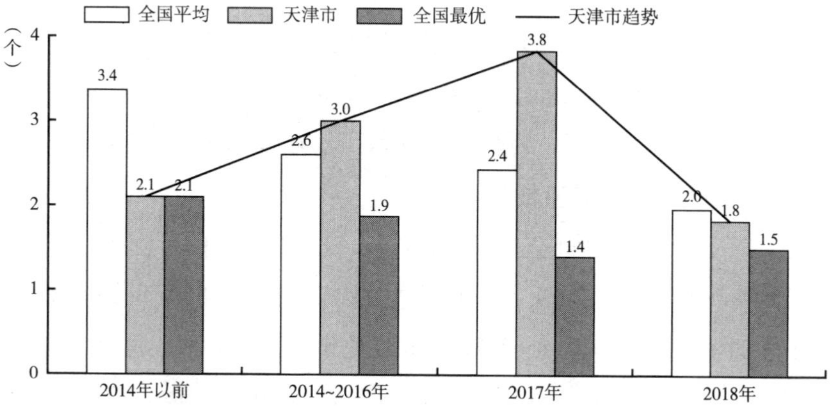

图 3-5 历年在天津登记注册所需办理的证件数量

注：数量越少商改成效越好。

2018 年，天津市场主体登记所需证件数量与改革前的 2.1 个相比，下降幅度约为 14.3%。如图 3－6 所示，约 50% 的新成立的市场主体只办理一个证件就完成了企业的登记注册，略优于全国平均水平。

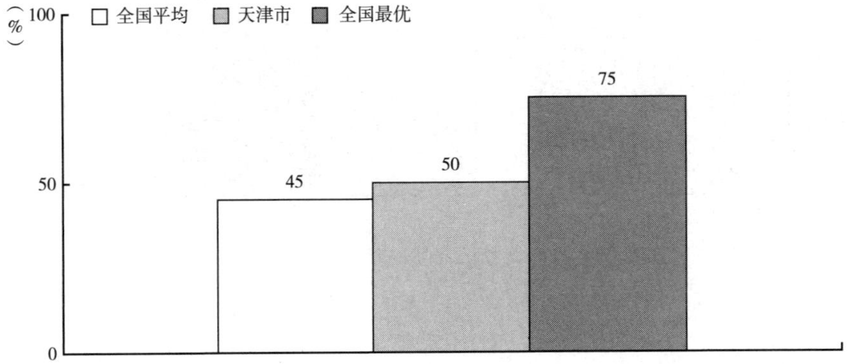

图 3－6　2018 年天津新登记注册的市场主体只需办理一个证件的比例

注：占比越高商改成效越好。

（三）政府上门检查情况

在天津，66% 的市场主体在最近一年间有被上门检查的经历，整体上处于全国最优水平。按成立时间分类后，时间越早的市场主体，最近一年内有被上门检查的占比越高，但均优于全国平均水平。

如图 3－7 所示，整体而言，在天津市，66% 的市场主体反馈在过去一年间有被上门检查的经历，为全国最优水平。在全国，平均 79% 的市场主体反馈一年内有被上门检查的经历。

在天津市，市场主体成立的时间越早，被上门检查的可能性越高，这点与全国的情况相类似。2014 年以前成立的市场主体，86% 反馈有被检查，略优于全国平均水平；2014～2016 年成立的市场主体，64% 反馈有被检查，比全国平均水平低了 18 个百分点；2017 年成立的市场主体，67% 反馈有被检查，低于全国平均水平 15 个百分点；2018 年成立的市场主体，22% 反馈有被检查，是全国最优水平，低于全国平均水平 34 个百分点。

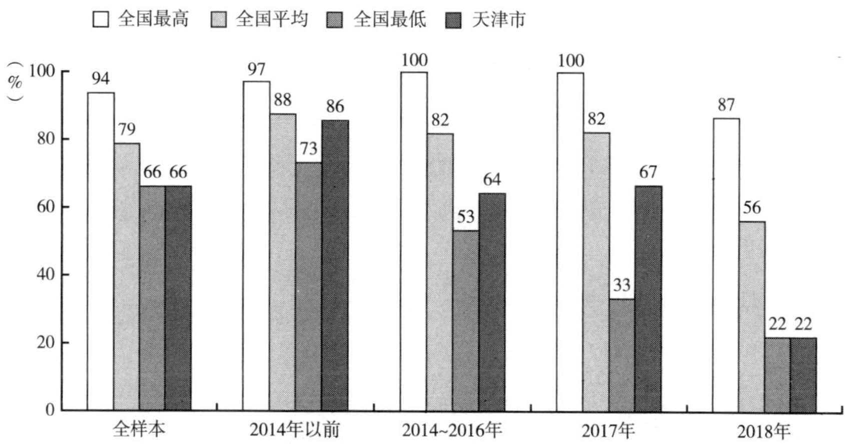

图 3－7　历年天津市场主体在过去一年间被上门检查的经历

（四）国家信用信息系统与网上办事大厅的使用情况

1. 在天津，约65%的市场主体使用网上信用信息系统，与全国平均水平相当

信用监管的起点是市场主体到国家信用信息系统查看相关市场主体的信用信息。如图 3－8 所示，在天津市，65% 的市场主体选择到国家信用信息系统上查看交易对象的信用信息。这一比例，与全国平均水平持平，与全国最优水平相差了 15 个百分点。约有 22% 的市场主体知道但不使用国家信用信息系统，13% 的市场主体不知道国家信用信息系统。

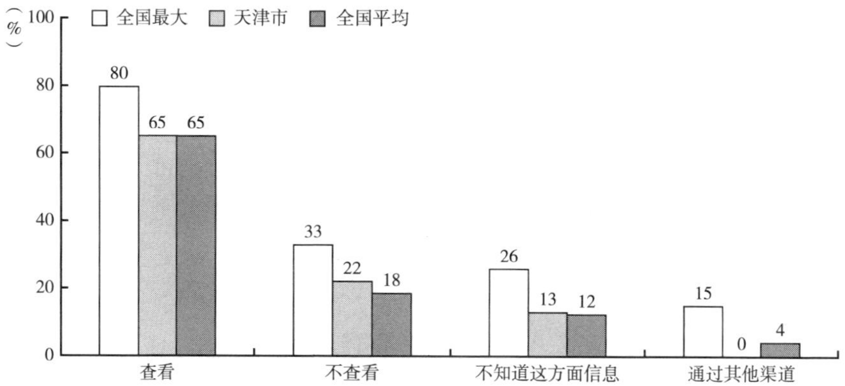

图 3－8　在天津市场主体查看国家信用信息系统情况

2. 在天津，约67%的市场主体知道网上办事大厅,明显高于全国平均水平；约38.2%的市场主体使用网上办事系统，低于全国平均水平

“互联网+政务服务”是商事制度改革的主要内容之一。如图3-9所示，在天津市，有67%的市场主体明确反馈知道其所在地有网上办事大厅（系统），明显优于全国平均水平（59%）；而这一数值在全国范围内的最优水平为82%。

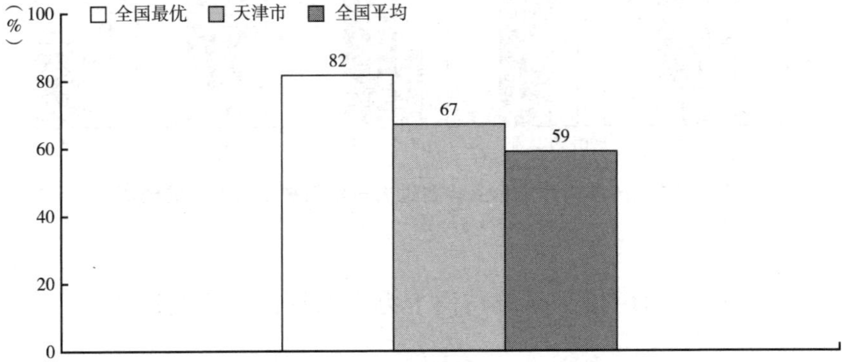

图3-9　在天津市场主体对网上办事大厅的知晓情况

注：占比越高商改成效越好。

在知道网上办事大厅（系统）的市场主体中，天津有43%的市场主体常用的网上办事系统个数为0，比例明显高于全国平均水平（28%），如图3-10所示。通过简单计算可知，这意味着，在天津市，仅有约38.2%

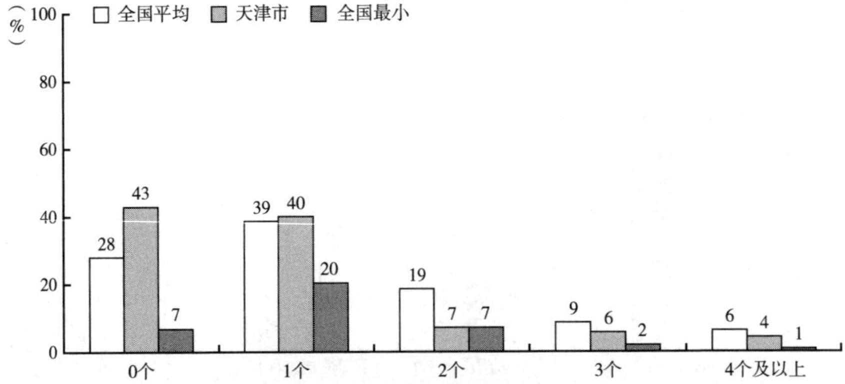

图3-10　在天津知道有网上办事系统的市场主体中不使用的情况

（67% ×57%）的市场主体使用网上办事（系统），全国平均水平则是 42%（59% ×72%），天津略微落后于全国平均水平。

此外，在知道网上办事大厅（系统）的市场主体中，天津有 40% 的市场主体常用一个网上办事系统，与全国平均水平大致相当。

二　天津市营商环境建设的成效

（一）2018年，42% 的天津市场主体认为营商环境有改善，略优于全国平均水平

如图 3 - 11 所示，在天津，42% 的市场主体认为营商环境有所改善，略优于全国平均水平，但离全国最优水平还有 16 个百分点的差距；只有 21% 的市场主体认为变差了，为全国最优水平。在 2018 年，全国横向比较来看，天津营商环境改善程度处于中等偏上位置。

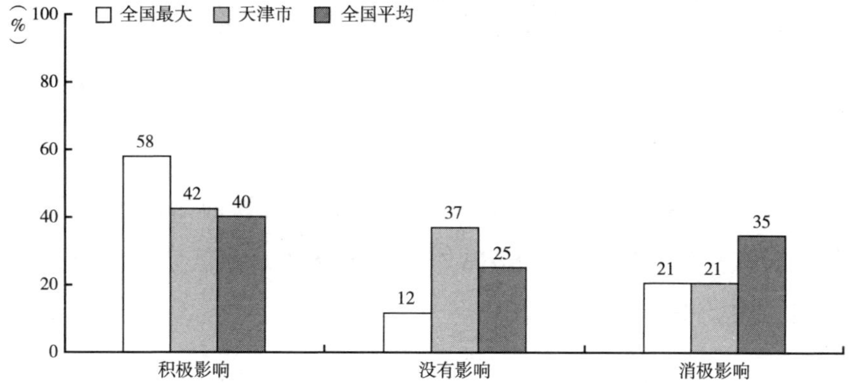

图 3 - 11　2018 年天津市场主体认为商改对当地营商环境的影响

注：积极影响占比越高商改成效越好，消极影响以低为好。

（二）2018年，全国市场主体投票结果显示，天津营商环境排全国第八名

市场主体的认可是最实际的肯定。图 3 - 12 报告了市场主体对全国各地

营商环境的主观评价。在全国 16 个省份 84 个地市，每一位受访者都给出了其所认为的“做生意环境相对较好的三个省份”。图 3 -12 报告了各省份的得票情况。一方面，总体来看，天津处于第八名，在中等偏上位置。但另一方面，与最前面处于第一梯队的地区如上海（34%）、广东（31%）、北京（25%）相比，全国仅有约 3% 的非天津市场主体认为天津做生意的环境相对较好，还有很大差距。

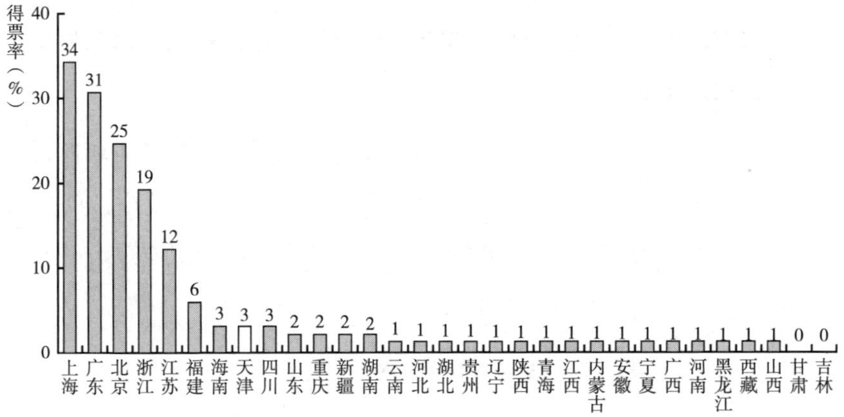

图 3 -12　全国营商环境排名

（三）2018年，约87%的天津市场主体认为商事制度改革减少了与政府打交道的时间，约64%的市场主体认为降低了与政府打交道的费用，均处于全国平均水平

如图 3 -13 所示，在天津市，87% 的市场主体认为，商改措施能够减少市场主体与政府打交道的时间，基本与全国平均水平持平，比全国最优水平低 6 个百分点。

另外，64% 的市场主体认为，商改措施能够降低市场主体与政府打交道的费用，也与全国平均水平持平，比全国最优水平低 22 个百分点。总的来说，天津商事改革对于企业与政府打交道所需的成本减少效果处于全国平均水平，但与排在前面的省份还有较大差距。

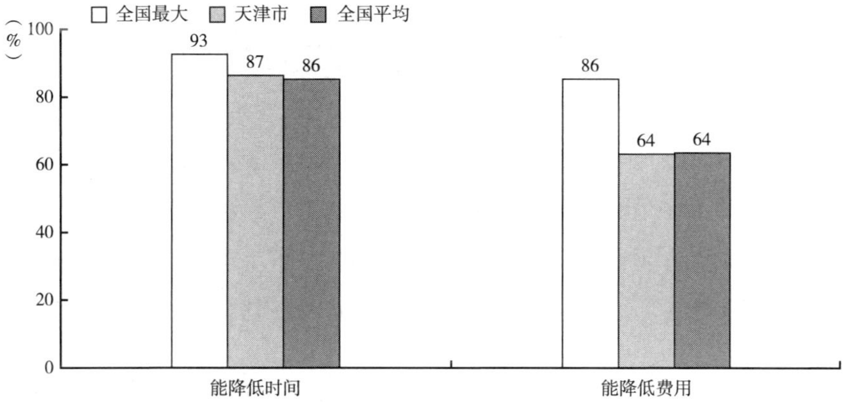

图 3－13　2018 年天津市场主体认为商改的成效

注：比例越高商改成效越好。

（四）2018年，60%的天津市场主体认为商改对其经营有积极影响，与全国平均水平持平

如图 3－14 所示，在天津，60% 的市场主体认为商改对经营有积极影响，与全国平均水平持平，比全国最佳水平低了 20 个百分点。3% 的市场主体认为商改对经营有消极影响，低于全国平均水平 1 个百分点。这表明，天津商事制度改革对市场主体经营的影响处于全国平均水平。

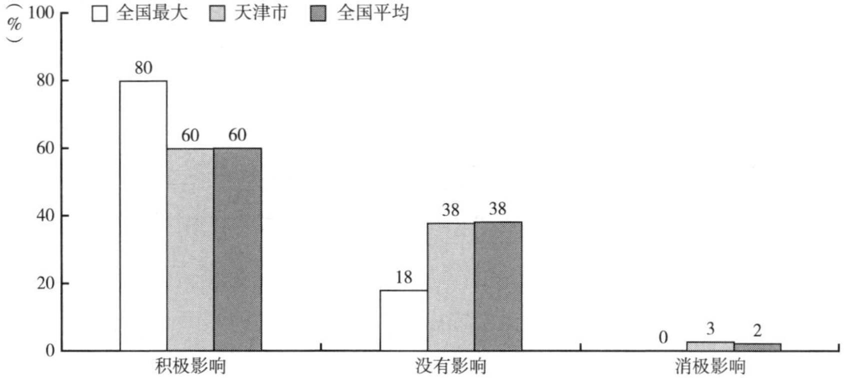

图 3－14　2018 年天津市场主体认为商改对经营的影响

注：积极影响一项占比越高商改成效越好，消极影响以低为好。

三　天津市营商环境建设面临的问题

总体来看，天津市的商事改革进度跟上了全国的步伐，在前文提到的多个事项上天津大多处于全国平均水平，市场主体对天津的主观评价也较好，只在少数事项上呈现整体落后的状态。但对数据进行分类后可以看到，天津的商事改革问题在于不同地区对于不同类型的市场主体呈现不太均衡的状态。

（一）2018年，天津的“最多跑一次”改革落后于全国平均水平

“企业和群众办事力争只进一扇门，最多跑一次”，是中央政府 2018 年初所提出的商事制度改革的目标与承诺，更是市场主体的诉求。如图 3 – 15 所示，在 2018 年，28% 的天津市场主体办成一件事只需要跑 1 次，比全国平均水平低了 2 个百分点，只有全国最优水平的一半左右。44% 的市场主体办成一件事需要跑 2 次。这意味着，天津在“最多跑一次”改革上稍显落后。

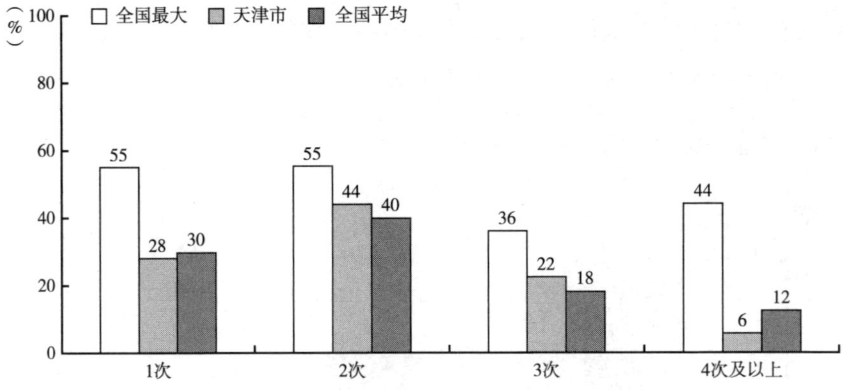

图 3 – 15　2018 年天津市场主体实现“最多跑一次”的比例

天津在“最多跑一次”改革上的落后是因为部分区在这项改革上比较落后。如图 3 – 16 所示，2018 年，在调研的 6 个区中，可分成三组，其中

第一组，河西区与津南区的改革成效是比较好的，约38%的市场主体可以实现“最多跑一次”，明显优于全国平均水平（30%）；第二组中，南开区（32%）略优于平均水平，河东区（24%）略差于全国平均水平，改革成效尚可；余下的一组，河北、武清两区明显落后于全国平均水平，仅有18%的市场主体可以实现“最多跑一次”，只有河西区与津南区平均水平的一半，改革成效较差。

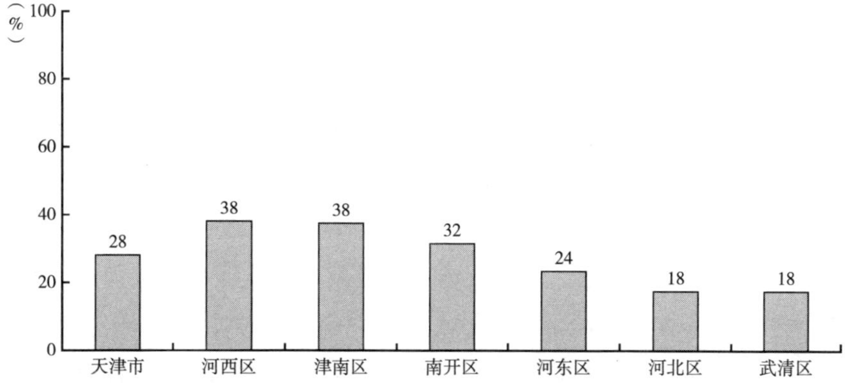

图3-16　2018年天津各区实现“最多跑一次”的比例

（二）目前，天津市场主体所面临的主要困难在商事制度改革范围之外，但商事制度改革范围内的问题解决情况落后于全国

商事制度改革一直围绕着解决“办照难”“办证难”“退出难”等问题不断深化，不过，从市场主体的反馈看，这些问题已经不再是市场主体目前所面临的主要困难。

如图3-17所示，对于“在本地做生意目前遇到的主要困难是什么”，天津市场主体反馈目前最主要的三个困难分别是市场竞争激烈、成本高和招工困难，这三个困难被提及的比例分别为19%、15%和14%。同时这三个困难也是全国市场主体所普遍面临的主要困难，天津的情况相对要稍微好一些，均低于全国平均水平。但显然，这些主要困难不是目前商事制度改革能

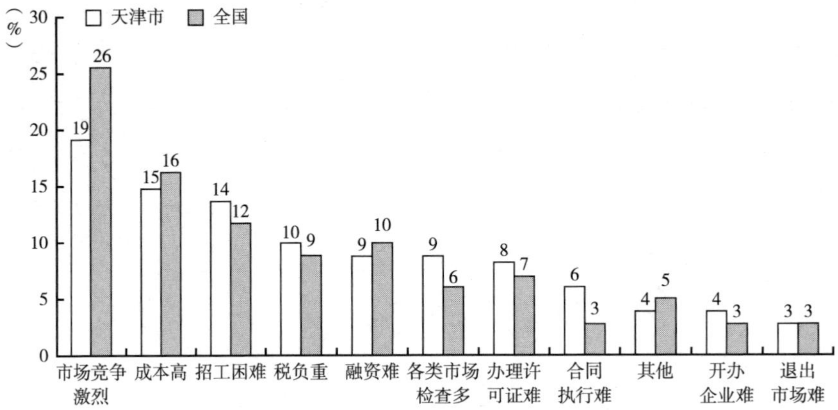

图3－17　2018年市场主体经营面临的主要困难

够直接解决的。

反观商改相关的问题，天津市场主体提及开办企业难、办理许可证难、退出市场难的比例分别为4%、8%和3%，已经不再是市场主体目前所面临的主要困难，但是与全国平均水平相比，天津在这三项中有两项情况要更差一些，商改问题的解决落后于全国平均水平。在全国范围内，这三个困难被提及的比重分别为3%、7%和3%。

（三）2018年，天津市场主体的“互联网＋政务服务”使用率基本处于全国平均水平，但不同年龄段使用情况参差不齐，其中50岁以上使用情况较为糟糕

“互联网＋政务服务”是信息化时代的必然趋势。从市场主体的反馈看，天津市场主体“互联网＋政务服务”的使用率基本处于全国平均水平。

知道网上办事大厅的比例较高，相比全国平均水平59%，天津67%的市场主体知道网上办事大厅；使用网上办事系统的比例较低，在天津，38.2%的市场主体有使用网上办事系统，而全国平均水平是42%；网上信用信息系统的使用方面，天津与全国平均水平持平，65%的市场主体会查看。

天津“互联网 + 政务服务”的使用情况在各年龄段呈现明显差异。如图 3 - 18 所示，从各年龄段受访对象中回答不知道网上大厅的比例来看，天津 50 岁以上年龄段的比例高出全国同年龄段平均水平 16 个百分点，而小于 30 岁、30 ~ 40 岁、40 ~ 50 岁年龄段的比例均小于全国平均值，其中 40 ~ 50 岁人群中回答不知道的比例为 0。这表明，天津“互联网 + 政务服务”的使用率受 50 岁以上这一年龄段人群的影响较大，年龄偏大的办事人员对于网上办事大厅的了解程度还有待提高。

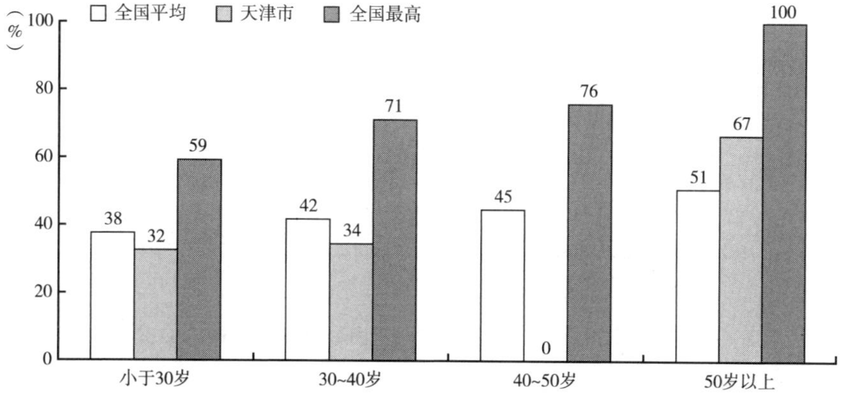

图 3 - 18　各年龄段受访对象中不知道有网上办事大厅的比例

注：比例越低商改成效越好。

（四）目前，天津商事制度改革对市场主体经营的积极影响处于全国平均水平，然而对于特定类型的企业的积极影响比例较低

从市场主体反映的主观感受来看，天津商事制度改革对市场主体的经营起到了一定的积极作用。这主要表现为以下两点：一是天津市场主体认为商事制度改革降低了其与政府打交道成本的比例与全国平均水平持平；二是天津市场主体认为商事制度改革对其经营有积极影响的比重，也与全国平均水平持平。

然而从所有制类型以及人员规模两个角度对市场主体进行细分后，可以看到不同类型的市场主体对于天津商事制度改革主观上感受到的积极影响和我们从总的数据上看到的不太一致。

如图 3－19 所示，依所有制类型进行划分，可以看到除未收集到合资企业的数据外，国有、私营和个体户的数据都低于各自在全国范围内的平均水平。

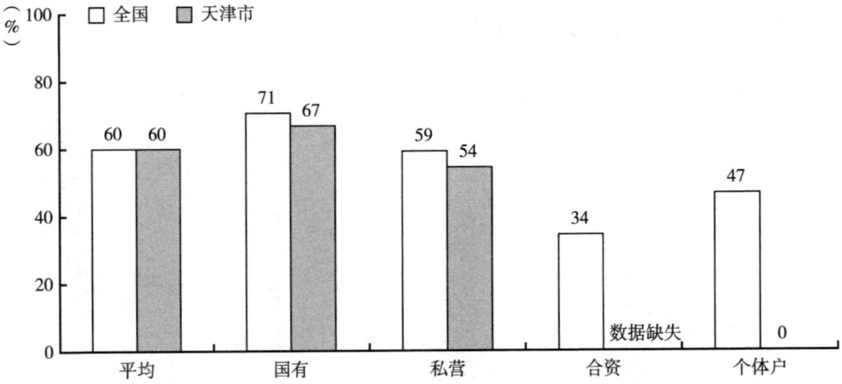

图 3－19　天津不同所有制市场主体对于商事改革积极影响的主观感受

如图 3－20 所示，依人员规模来划分，可以看到少于 10 人的微型企业的数据明显低于该类别在全国范围内的平均水平，10～20 人类别略优于全国平均水平，20～100 人、100～500 人分别低于全国平均水平 10 个、20 个

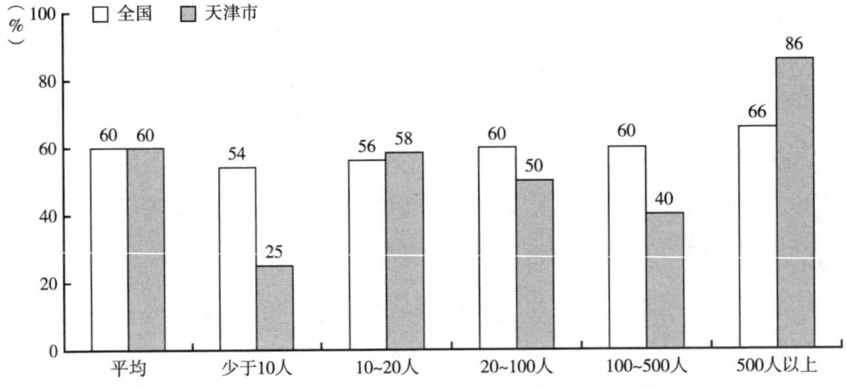

图 3－20　天津不同规模市场主体对于商事改革积极影响的主观感受

百分点，而500人以上的大型企业的数据高出全国平均水平20个百分点。

可以初步得出结论，尽管从总体上看天津市场主体对商改成效的认可程度与全国平均水平相同，但天津市小微企业对于商事制度改革积极影响的主观感受度较低，主要是500人以上的大型企业更明显地感受到商事制度改革的积极影响。

四　天津市完善营商环境建设的方向

商事制度改革旨在提高政府效能，优化营商环境，持续激发市场活力，释放改革红利，而地方落实商事制度改革的种种措施，既需要按照商事制度改革的总体思路进行改革，同时又需要不断根据各地实际情况以及改革过程中暴露出的种种问题对改革进行有效的调整。根据天津市商事制度改革面临的新问题，以及仍然存在的旧问题，结合社会经济新形势，我们提出以下四点建议。

（一）继续紧跟全国商事制度改革的步伐

从前文各项数据来看，天津商事制度改革在我们考量的多数维度上都接近全国平均水平，包括注册所需办理的证件数、网上办事系统的使用比例以及一些市场主体的主观评价。而从全国市场主体对于各省份的营商环境评价来看，天津处于第八位，总体处于中等偏上的位置。在改革的进程之中，不落后就算是成绩，天津要保持已有的成功做法，抓住拥有北方第一个自贸区的机遇，固化、强化商事制度改革，争取在不落后的基础上探索更多样的适合天津的改革措施。

（二）面向特定群体制定有针对性的商事改革措施

天津整体数据呈现一个较为明显的特征：多数指标整体上处于全国平均水平，但将数据进行分类后再分别与分类后的全国平均水平进行对比则是有高有低。事实上，天津多数指标都仅处于平均水平而未能出彩，一定的原因就在于这些特定的市场主体。针对这一情况，天津市应该着手于这些特定类别的市场主体，制定有针对性的改革措施，用精准的改革达到既能实现改革目标，又最大限度避免干预整体市场的效果。

（三）着手解决商改面临旧问题的同时，要投入精力解决新显现出的商改之外的问题

目前，天津市场主体所反映的企业经营面对的主要困难之中，排在最前面的问题集中于市场竞争激烈、成本高、招工难等商事制度改革以外的范围，全国来看也是呈现相似的趋势，这需要政府投入精力去解决这些市场主体最明显地感受到的问题。但同时，天津市场主体提及商事制度改革相关问题的比例多数要高于全国平均水平，这说明总体来看天津在商事制度改革上还落后于全国平均水平，仍需要政府投入精力解决问题。

（四）利用在天津设立自贸区这一契机，以开放促改革，以开放促发展

2015 年天津自贸区正式挂牌至今，也伴随着商事制度改革推开、深化的过程。2018 年 5 月国务院关于印发《进一步深化中国（天津）自由贸易试验区改革开放方案》的通知发布，其中提出了“以开放促改革、促发展、促创新，推动形成全面开放新格局”的指导思想，以及“深入推进行政审批职能与流程优化”、“建立更加开放透明的市场准入管理模式”与“进一步深化事中事后监管体制创新”等相关的商事制度改革方向。自贸区带来的大量市场主体是对天津近年来商事制度改革成果的检验，同时也是天津进一步总结不足、深化商事制度改革的契机。

第四章 吉林省营商环境报告*

课题组在吉林省随机抽取了4个市，分别为长春市、四平市、白山市、松原市，随机访谈成功的有效问卷是162份。调研结束后，课题组清理、整理了有关全国和吉林商事制度改革的第一手数据资料与舆情反馈，并从全国视野考察吉林商事制度改革的新进展、新挑战以及新方向。现将主要情况报告如下。

一 吉林省营商环境建设的进展

（一）市场主体登记注册所需交涉的窗口数量从商改前的2.3个下降至2018年的1.5个，领先于全国平均水平

如图4－1所示，2014年以前，在吉林登记注册一家市场主体平均需要与2.3个办事窗口打交道，比全国平均所需的2.6个少了0.3个窗口，略优于全国平均水平。商事制度改革后，在吉林省登记注册所需交涉的窗口数量大幅下降：在2014年至2016年，需要交涉的窗口数量快速下降至1.3个，成为全国调查样本中所需交涉窗口数量最少的省份；2017年回升至1.7个，仍优于全国平均水平；2018年则下降至1.5个，处于全国领先水平。整体

* 本章执笔：闫思诺、林建浩、张莉。

而言，在减少市场主体登记注册所需交涉的窗口数量方面，吉林一直有着领先全国平均水平的表现。

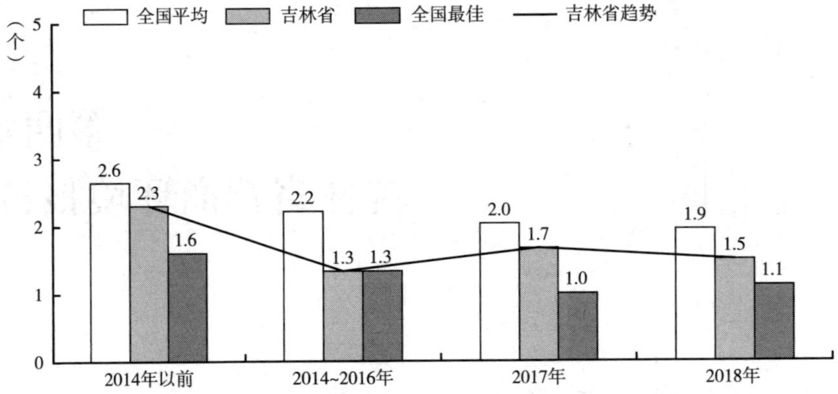

图 4－1　历年在吉林登记注册所需交涉的窗口数量

注：窗口数量越少，代表商改成效越好。

2018 年，在吉林，77% 的市场主体实现一窗登记。平均只需要跑 1.5 个窗口，接近全国最佳水平（1.1 个窗口）；与吉林改革前的 2.3 个相比，下降幅度约 35%。

（二）市场主体登记注册所需办理证件数从商改前的4.0个下降至2018年的2.1个，接近全国平均水平

如图 4－2 所示，2014 年前，市场主体在吉林省登记注册所需办理证件数平均为 4.0 个，比全国平均数 3.4 个多 0.6 个证件，落后于全国平均水平。商事制度改革后，在吉林省登记注册所需办理证件的数量大幅下降，稳定在 2 个左右。其中，2014～2016 年为 1.9 个，优于全国平均水平；2017 年为 2.0 个，优于全国平均水平；2018 年为 2.1 个，商改后在“减证”上的领先优势没有维持住，反而多于全国平均水平 0.1 个。

2018 年，50% 的市场主体在吉林省登记注册只需办理一个证件。平均只需要办理 2.1 个证件，接近于全国平均水平（2.0 个证件）；与改革前的 4.0 个相比，下降幅度达 47.5%。

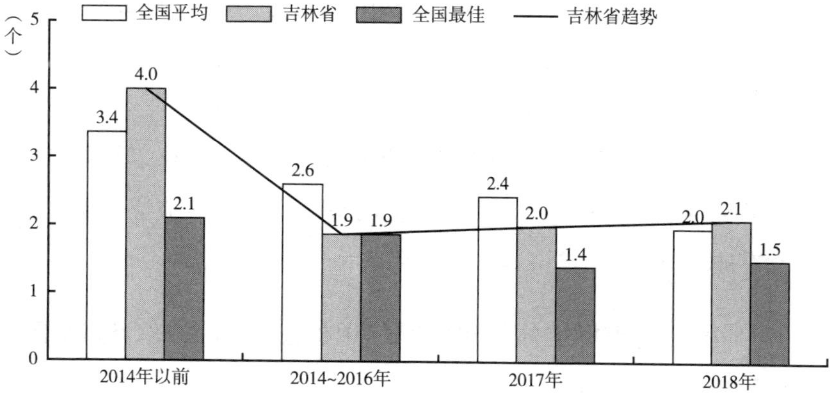

图 4－2　历年在吉林登记注册所需办理的证件数量

注：证件数量越少，代表商改成效越好。

（三）77%的市场主体在过去一年间有被上门检查的经历，成立时间早于2018年被检查的可能性较高

如图 4－3 所示，整体而言，在吉林省，77% 的市场主体反馈在过去一年间有被上门检查的经历，略低于全国平均水平。在全国，79% 的市场主体反馈过去一年有被上门检查的经历。

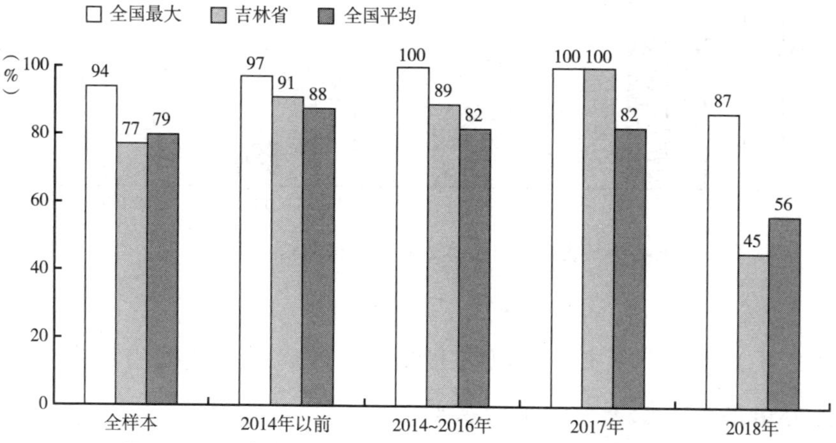

图 4－3　历年吉林市场主体在过去一年被上门检查的经历

在吉林省，市场主体成立时间早于2018年的，被上门检查的可能性较高。2014年以前成立的市场主体，91%反馈有被检查，比全国平均水平高了3个百分点；2014～2016年成立的市场主体，89%反馈有被检查，比全国平均水平高了7个百分点；2017年成立的市场主体，100%反馈有被检查，比全国平均水平高了18个百分点，为全国最高；2018年成立的市场主体，45%反馈有被检查，比全国平均水平低了11个百分点。

（四）49%的市场主体使用国家信用信息公示系统，远低于全国平均水平

信用监管的起点是市场主体到国家信用信息公示系统查看相关市场主体的信用信息。如图4－4所示，在吉林省，仅49%的市场主体选择到国家信用信息系统上查看交易对象的信用信息。这一比例，低于全国平均水平，与全国最高水平相差了31个百分点。同时，在吉林，约32%的市场主体不使用国家信用信息系统；16%的市场主体不知道国家信用信息系统的相关信息。

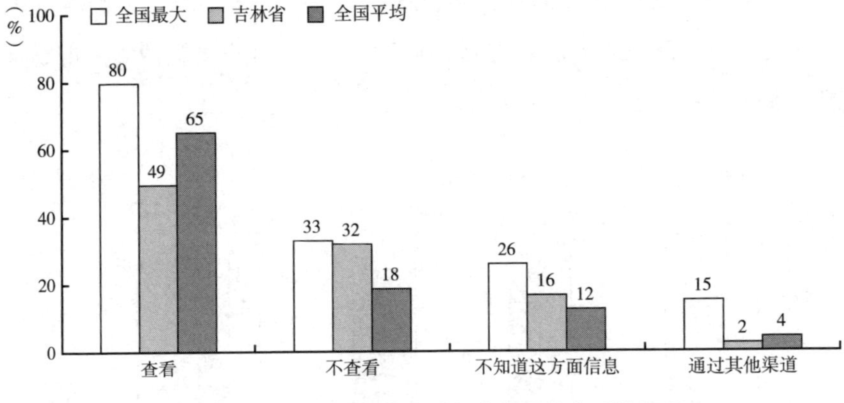

图4－4　吉林市场主体查看国家信用信息系统情况

（五）半数市场主体知道网上办事大厅，约三成的市场主体使用网上办事系统，低于全国平均水平

“互联网＋政务服务”是商事制度改革的主要内容之一。如图4－5所示

示，在吉林省，只有50%的市场主体明确反馈知道其所在地有网上办事大厅（系统）。从全国视野看，有59%的市场主体明确反馈知道，在最佳省份，82%的市场主体明确反馈知道。可见，在网上办事大厅知晓率上，吉林明显处于落后水平。

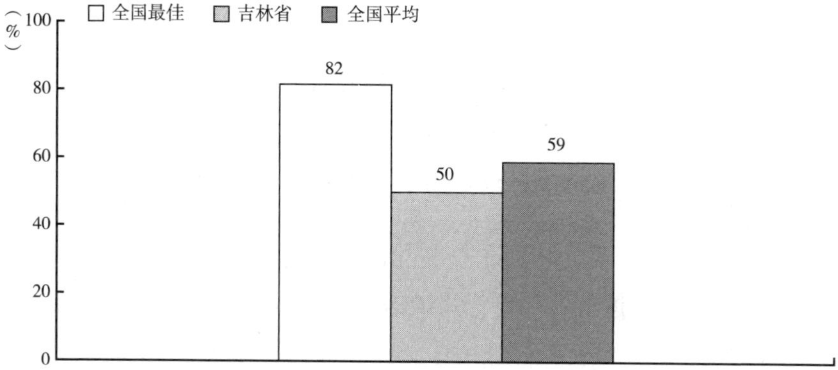

图4-5　吉林市场主体对网上办事大厅的知晓情况

注：知道网上办事大厅的比例越高，代表商改成效越好。

如图4-6所示，即使是在知道网上办事大厅（系统）的市场主体中，吉林也有49%的市场主体常用网上办事系统个数为0，远高于全国平均水平的28%。通过简单计算可知，这意味着，在吉林省，仅有约26%（50%×51%）的市场主体会使用网上办事大厅（系统），全国平均水平则是42%（59%×72%）。

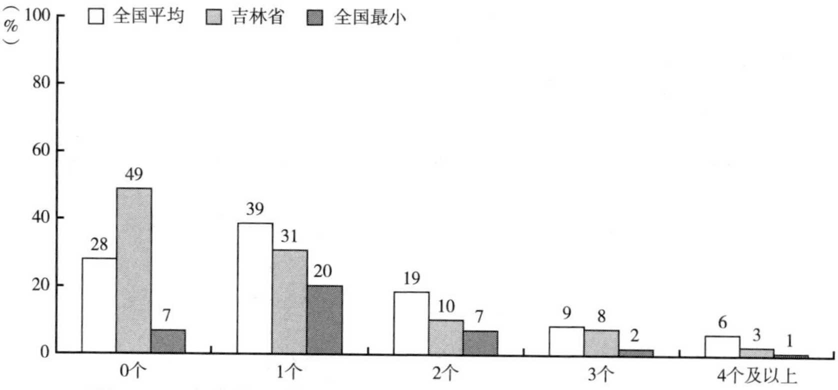

图4-6　在吉林知道有网上办事系统的市场主体中不使用的情况

此外，在知道网上办事大厅（系统）的市场主体中，吉林有31%的市场主体常用1个网上办事系统，10%的市场主体常用2个办事系统，均低于全国平均水平。平均而言，吉林省市场主体常用的网上办事系统为1.7个，尚未实现“一网通办”。

二 吉林省营商环境建设的成效

（一）吉林的“最多跑一次”改革进度领先于全国平均水平

“企业和群众办事力争只进一扇门，最多跑一次”，是中央政府2018年初所提出的商事制度改革的目标与承诺，更是市场主体的诉求。如图4－7所示，在2018年，49%的吉林市场主体办成一件事需要跑一次，比全国平均水平高19个百分点，与全国最佳水平只差6个百分点。39%的市场主体办成一件事需要跑两次。这意味着，吉林在“最多跑一次”改革上处于较为领先的地位。

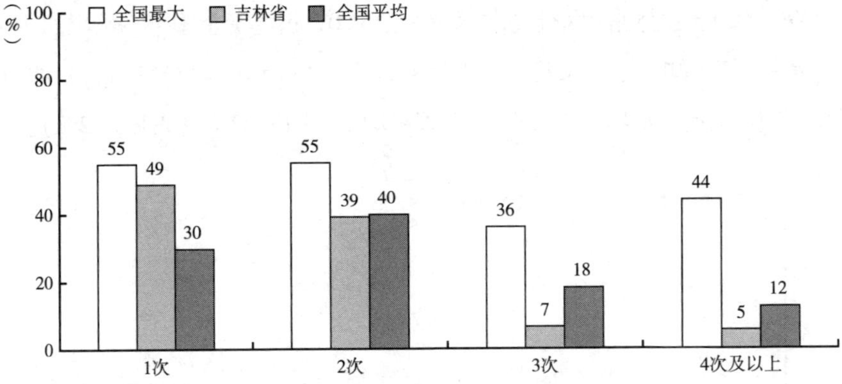

图4－7 2018年吉林市场主体实现“最多跑一次”的比例

吉林在“最多跑一次”改革上的成功是因为各市在这项改革上进展均较大，尤以白山市最为突出。吉林很早便致力于群众办事“最多跑一次”改革，也取得了显著成效。只要材料齐全，跑一趟就可以把事情办成。如图

4－8所示，2018年，在调研的4个市中，白山市的改革成效最好，75%的市场主体可以实现“最多跑一次”，超过了全国平均水平（30%），长春、四平、松原三市也均高于全国平均水平，分别为43%、52%、52%。

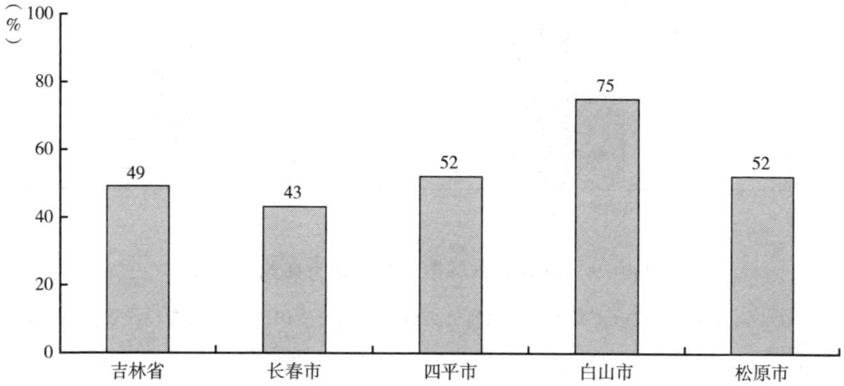

图4－8　2018年吉林各市实现“最多跑一次”的比例

（二）93%的市场主体认为商事制度改革减少了与政府打交道的时间，为全国最佳；65%的市场主体认为降低了与政府打交道的费用，略高于全国平均水平

如图4－9所示，在吉林省，93%的市场主体认为商改措施能够减少市场主体与政府打交道的时间，为全国最佳水平。商事制度改革后，虽然吉林省市场主体登记注册时间没有缩短，但是市场主体认为与政府打交道的总时间有所降低，这可能是因为吉林在其他政务服务方面压缩了办事时间，而且“最多跑一次”改革落实较好，使得市场主体在这方面有较高的获得感。

另外，65%的市场主体认为商改措施能够降低市场主体与政府打交道的费用，比全国平均水平高1个百分点，比全国最佳水平低21个百分点。这表明，吉林商事制度改革主要是降低了企业的时间成本，同时也降低了一定的费用。

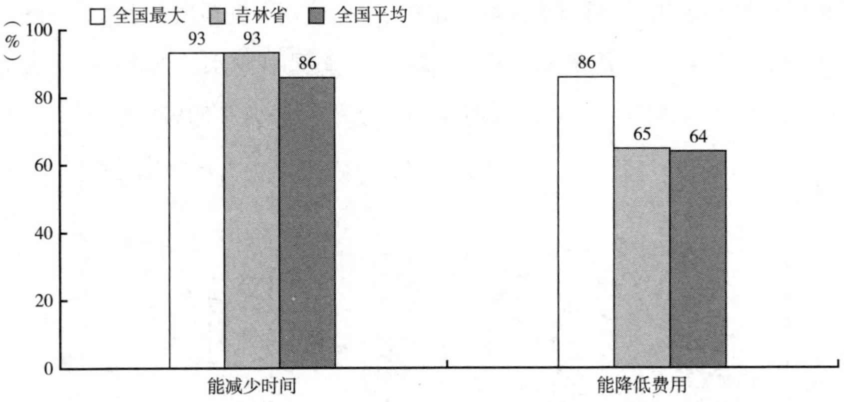

图 4－9　2018 年吉林市场主体认为商改的成效

注：认为商事制度改革减少了与政府打交道的时间与费用的比例越高，代表商改成效越好。

（三）71%的市场主体认为商改对其经营有积极影响，高于全国平均水平

如图 4－10 所示，在吉林，71% 的市场主体认为商改对经营有积极影响，比全国平均水平高 11 个百分点，比全国最佳水平低 9 个百分点。29% 的市场主体认为对经营没有影响，比全国平均水平低了 9 个百分点。这表明，从全国比较的角度看，吉林商事制度改革对市场主体经营的正面影响较大。

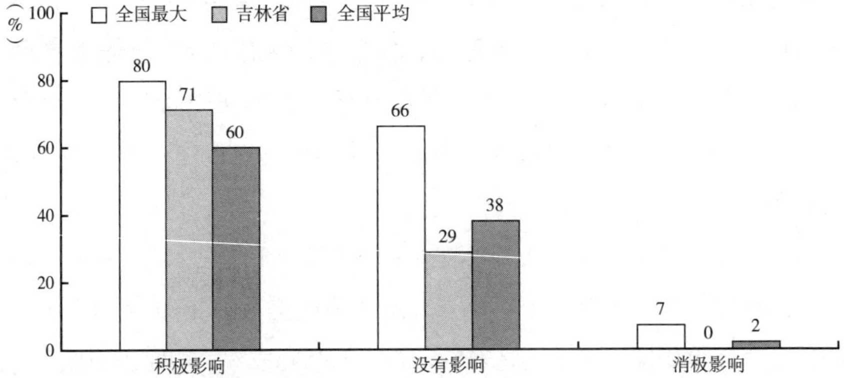

图 4－10　2018 年吉林市场主体认为商改对经营的影响

这主要是因为，吉林小微企业和个体户对商事制度改革有着更高的获得感。如图4－11所示，从所有制看，无论是国有企业、私营企业还是个体户，认为吉林商事制度改革对其经营有积极影响的比重均高于全国平均水平，且国有企业和个体户的比重分别达到了100%和75%。从市场主体规模看，就业人数少于10人和20～100人的市场主体反馈吉林商改对其经营有积极影响的比重高于全国平均水平，20～100人的市场主体的比重高达92%。这表明，吉林商事制度改革对小微企业经营的积极影响较大。

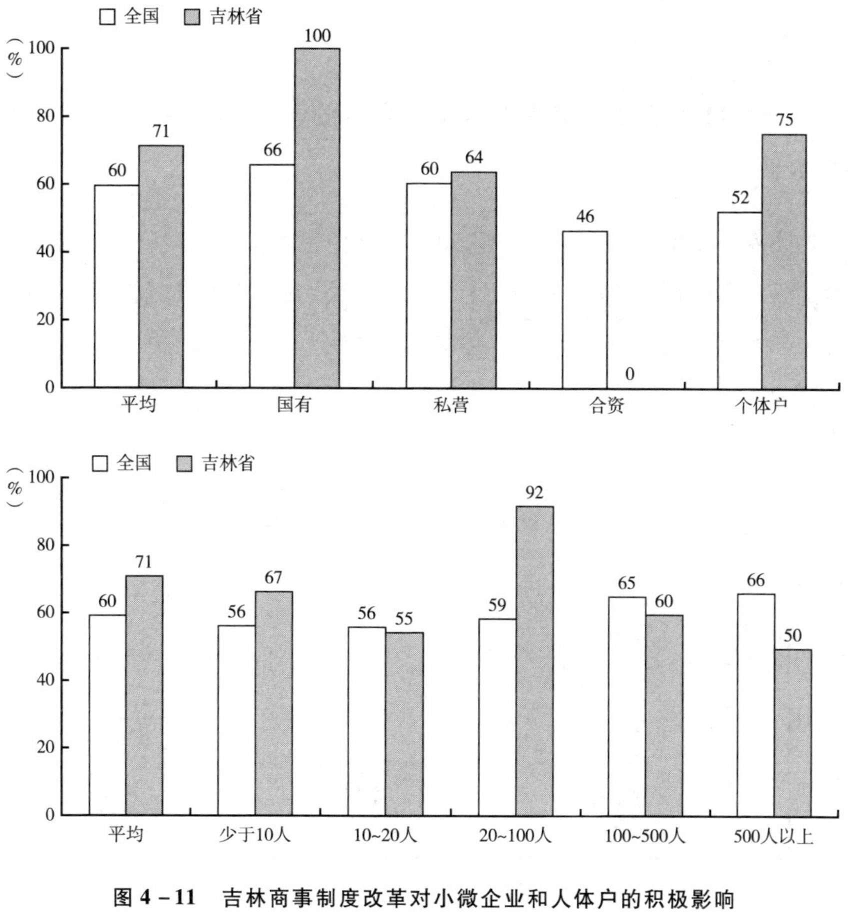

图4－11　吉林商事制度改革对小微企业和人体户的积极影响

三　吉林省营商环境建设面临的问题

吉林商事制度改革在“最多跑一次”改革方面处于全国领先水平，且市场主体对商事制度改革有较强的获得感，包括认为商改对其经营有积极影响，商改降低了其与政府打交道的时间和费用。但与此同时，吉林省商事制度改革也存在一系列新问题：第一，吉林市场主体认为当地的营商环境变差的比例较高；第二，吉林省营商环境未能得到全国其他市场主体的认可；第三，“互联网+政务服务”使用率较低；第四，市场主体经营的主要困难在商改的范围之外，需要进一步探索改革。

（一）41%的吉林市场主体认为当地的营商环境变差，高于全国平均水平

如图4－12所示，在吉林，仅30%的市场主体认为营商环境有所改善，比全国平均水平低了10个百分点；29%的市场主体认为没有改变，略高于全国平均水平；而41%的市场主体认为变差了，高于全国平均水平。这表明，在2018年，从全国横向比较的角度看，吉林营商环境改善幅度相对较小。

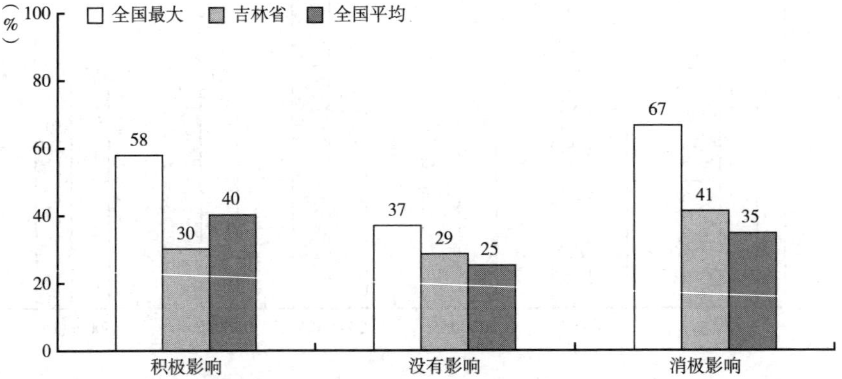

图4－12　2018年吉林市场主体认为商改对当地营商环境的影响

（二）全国市场主体投票结果显示，吉林营商环境得票率为0

图4－13报告了市场主体对全国各地营商环境的主观评价。在全国16个省份84个地市，每一位受访者都给出了其所认为的“做生意环境相对较好的三个省份”。由图4－13可知，上海、广东、北京和浙江分列前四，吉林共获得0票，排名最末，可见全国其他市场主体并不认可吉林的营商环境。如何取得其他省份市场主体的认可，是吉林下一阶段商事制度改革和营商环境建设的重要任务，也是吸引投资的关键一步。

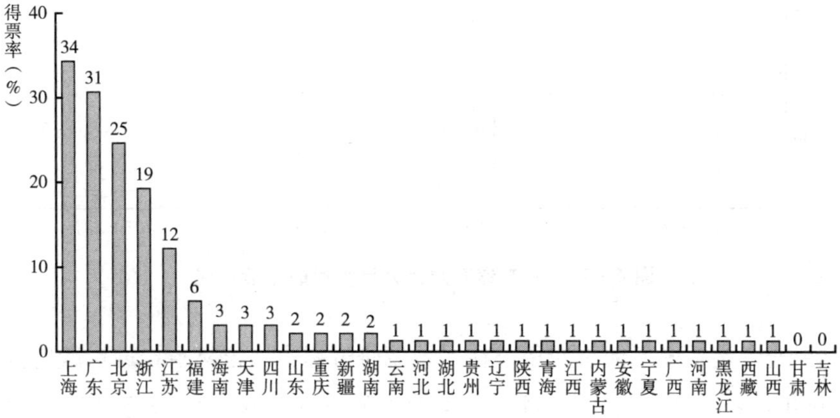

图4－13　全国营商环境排名

（三）吉林市场主体的“互联网＋政务服务”使用率低于全国平均水平

“互联网＋政务服务”是信息化时代的必然趋势，网上办事大厅也是方便群众、提高办事效率的设施之一。近年来，吉林省致力于网上办事系统的建设。不过，从市场主体的反馈看，吉林市场主体“互联网＋政务服务”的使用率低于全国平均水平，主要表现为以下三点：一是网上办事大厅知晓率低，二是网上办事系统的使用率低，三是网上信用信息系统使用率低。

吉林“互联网＋政务服务”使用率低至少有两个原因。一个是部分市场主体接受度较低，表现为 30～50 岁市场主体的使用率低于全国平均水平。如图 4－14 所示，从回答不知道的市场主体年龄结构看，吉林小于 30 岁的市场主体比例低于全国平均水平，而 30～40 岁、40～50 岁的市场主体比例均高于全国平均水平。这表明，吉林“互联网＋政务服务”使用率低主要是因为 30～50 岁办事群众的使用率低。

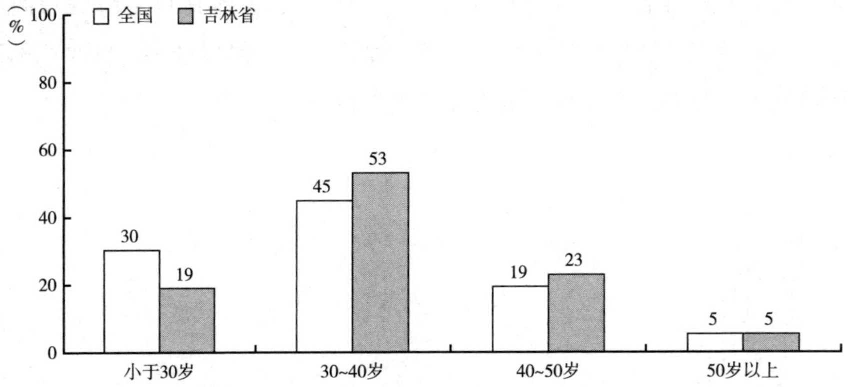

图 4－14　不知道有网上办事大厅的年龄构成

另一个是系统不便于使用。在实地调研过程中，吉林省松原市政府投入了 3000 万～4000 万元开发网上办事大厅的软件系统，但因为功能不够便捷，导致其市场主体，尤其是中老年市场主体，难以适应网上办事大厅，这也是市场主体经常反映的问题。

（四）吉林市场主体所面临的主要困难在商事制度改革范围之外

商事制度改革一直围绕着解决“办照难”“办证难”“退出难”等问题不断深化，不过，从市场主体的反馈看，这些问题已经不再是市场主体目前所面临的主要困难。如图 4－15 所示，对于“在本地做生意目前遇到的主要困难是什么”，吉林市场主体提及开办企业难、办理许可证难、退出市场难的比重分别为 7%、8% 和 3%，不再是市场主体目前所面临的主要困难。在全国范围内，这三个困难被提及的比重分别为 3%、7% 和 3%，同样不再是市场主体目前所面临的主要困难。

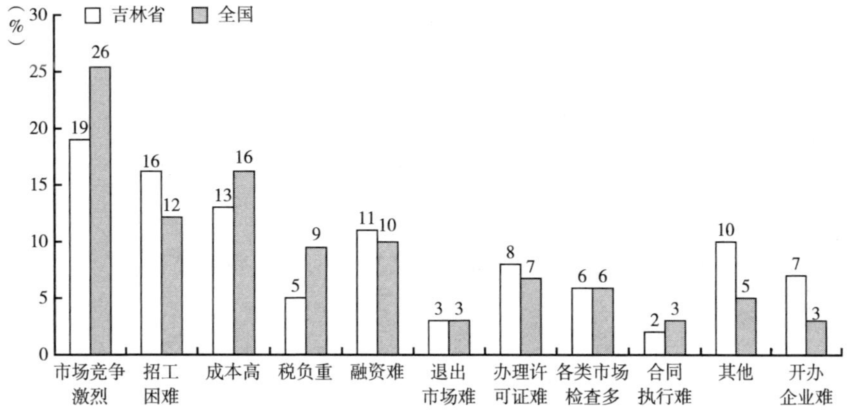

图 4－15　2018 年市场主体经营面临的主要困难

吉林市场主体反馈目前最主要的三个困难分别是市场竞争激烈、招工困难和成本高，这三个困难被提及的比重分别为 19%、16% 和 13%。这三个困难也是全国市场主体所普遍面临的主要困难，吉林的情况与全国大体相同。显然，这些主要困难不是目前商事制度改革能够直接解决的。

需要明确指出的是，这些新困难是商事制度改革不断取得巨大成效过程中必然出现的阶段性问题。以长春市为例，根据吉林省工商行政管理局数据，长春市先后实行了“先照后证”、住所登记制度改革、名称登记改革以及“五证合一”改革等后，市场主体数量实现了“井喷式”增长：改革当年市场主体总量同比增长 17.8%；2015 年市场主体总量同比增长 16.3%；2016 年市场主体数量同比增长 16%。2017 年依然保持大幅度增长态势，截至 9 月末全市辖区内共登记注册各类市场主体 668149 户，同比增长 17.86%。市场主体的快速增加，既是商事制度改革所取得的巨大成就，又对商事制度改革提出了新的挑战。因为市场主体的增长意味着，在产品市场上，市场供给可能同样是增加的，必然导致产品市场上竞争越来越激烈；在生产要素市场上，市场需求可能同样是增加的，必然进一步导致招工越来越难，生产要素价格不断上升，企业成本不断上升，加重已有问题。

因此，吉林市场主体目前所面临的新困难，根植于商事制度改革带来的市场主体倍增。

四　吉林省完善营商环境建设的方向

根据吉林省商事制度改革面临的新问题，结合社会经济新形势，我们提出以下四点建议。

（一）深化开办企业便利化改革，再创吉林营商环境新优势

目前，吉林商事制度改革在市场准入便利度上，比如所跑次数、所需交涉窗口数量等，处于或接近全国最佳水平；吉林市场主体认为商改对其经营有积极影响的比重也高于全国平均水平。这些成绩来之不易，要强化已有的成功做法，比如吉林进一步推进的“放管服”改革等。

（二）提高全国市场主体对于吉林营商环境的认可度，补齐吉林商事制度改革的短板

从全国视野看，吉林商事制度改革中明显的短板是，在全国市场主体的投票中吉林营商环境得票率为0。这其中有东北三省目前共同面对的历史、地理因素带来的营商环境较差问题，以长春市为代表的吉林省各级工商局仍需坚持问题导向、法治导向、需求导向、服务导向，抓住精简、下放、优化、规范、服务等环节，努力优化吉林营商环境。

（三）重视“数字政府”的需求侧建设，增创吉林商事制度改革的新优势

在大数据时代，智慧政务、信用监管是大势所趋。吉林顺应时代发展，2018年11月成立政务服务和数字化建设管理局，严格考核软环境建设。该局正在进行“数字政府”顶层设计，构建大数据平台，让企业和群众分享“数字吉林”的建设成果。这表明，吉林“数字政府”建设，在供给侧上已

走在全国前列。不过，从需求侧的角度看，吉林市场主体的“互联网 + 政务服务”使用率低于全国平均水平。“数字政府”建设需要从供给端和需求端两端发力，再创吉林营商环境建设新优势。因此，应切实加强对“数字政府”建设的宣传，提高市场主体的知晓率、使用率和黏性，使各年龄段的市场主体办事人员都能适应网上办事大厅，是当下吉林省的重要工作。

（四）解决市场主体的主要困难，开拓吉林商事制度改革的新领域

倍增的市场主体既是吉林商事制度改革所取得的成绩，也对商事制度改革提出了更高的要求。因为短期内倍增的市场主体必然带来市场竞争激烈、招工难和成本高的问题。不同于“办照难”“办证难”“退出难”，这些主要困难更多根植于市场供求和市场范围，只有开放更多市场领域，才可以从根本上解决市场竞争激烈和成本高的新困难，同时有利于吉林经济进一步转型升级、实现高质量发展；同样地，吉林省也需要出台相关政策，进一步吸引外来人才和劳动力，遏制本地人才流失，才能缓解企业招工难的问题，促进吉林经济焕发新的活力。

第五章
浙江省营商环境报告*

课题组在浙江省随机抽取了6个市，它们分别为杭州市、金华市、丽水市、湖州市、衢州市和舟山市，随机访谈成功的有效问卷是260份。现将主要情况报告如下。

一 浙江省营商环境建设的进展

（一）注册营业执照的效率

1. 在浙江，市场主体登记注册所需时间从商改前的7.2天下降至2018年的2.9天，目前处于全国领先水平

如图5-1所示，在2014年前（商事制度改革前），市场主体在浙江省登记注册平均需要7.2天，比全国平均数（8.4天）少1.2天。商事制度改革后，在浙江省登记注册所需时间大幅下降。2017年，登记注册所需时间迅速下降至4.4天；2018年则下降至2.9天，成为全国注册登记所需天数较少的省份之一。

2018年，浙江省超过50%的市场主体在1天内完成登记注册。平均只

---

* 本章执笔：马玮健、贾帅帅、林建浩。

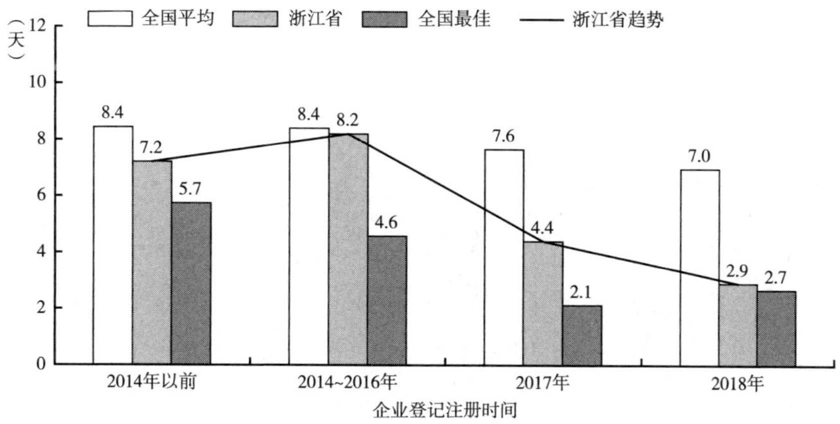

图 5－1　历年在浙江登记注册所需时间

注：注册时间越短，代表商改成效越好。

需要 2.9 天，比全国平均所需的 7.0 天快了 4.1 天；与浙江改革前的 7.2 天相比，下降幅度达到 60%。

2. 在浙江，市场主体登记注册所需交涉的窗口数量从商改前的2.5个下降至2018年的1.8个，经历了波动反弹，略低于全国平均水平，降幅不大

如图 5－2 所示，2014 年以前，在浙江登记注册一家市场主体平均需要与 2.5 个办事窗口打交道，比全国平均所需的 2.6 个仅少了 0.1 个窗口，处于全国平均水平。商事制度改革后，在浙江省登记注册所需交涉的窗口数量有一定的下降：在 2014 年至 2016 年，需要交涉窗口数量下降至 2.1 个，低于全国平均水平；2017 年快速下降至 1.5 个，远低于全国平均水平；而 2018 年却增加至 1.8 个，反而拉近了与全国平均水平的距离。

2018 年，在浙江，71% 的市场主体实现一窗登记。平均需要跑 1.8 个窗口，低于全国平均水平，与全国最佳水平（1.1 个窗口）尚有差距；与浙江改革前的 2.5 个相比，下降幅度为 28%。

（二）“多证合一”的情况

在浙江，市场主体登记注册所需办理证件数从商改前的 3.3 个下降至

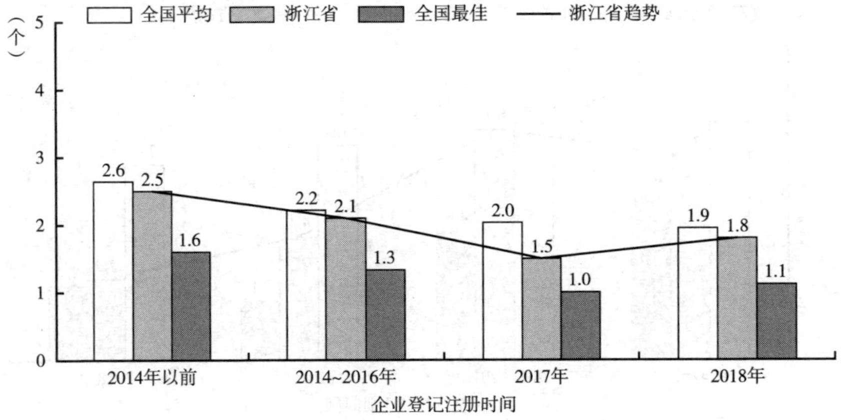

图 5 –2　历年在浙江登记注册所需交涉的窗口数量

注：窗口数越少，代表商改成效越好。

2017 年的 1.9 个。

如图 5 –3 所示，2014 年前，在浙江省，市场主体登记注册所需办理证件数平均为 3.3 个，比全国平均数 3.4 个少 0.1 个证件，处于全国平均水平。商事制度改革后，在浙江省登记注册所需办理证件的数量呈减少趋势。2014 年至 2016 年，减少至 2.9 个证件，仍高于全国平均水平的 2.6 个；但可喜的是，2017 年快速下降至 1.9 个，低于全国平均水平。

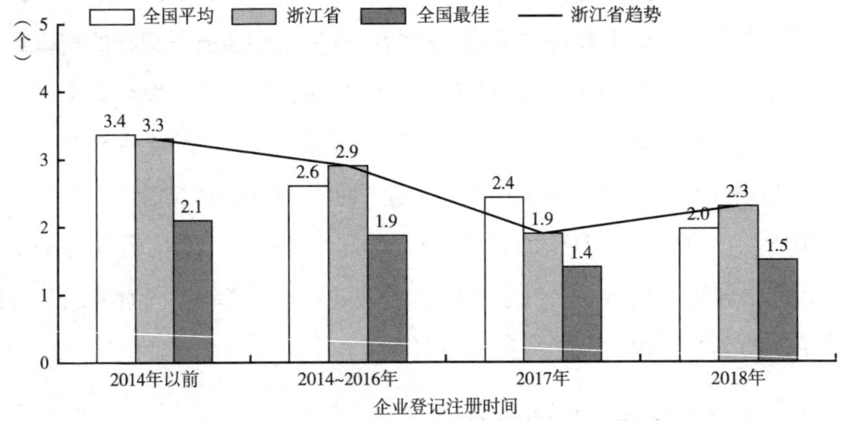

图 5 –3　历年在浙江登记注册所需办理的证件数量

注：证件数量越少，代表商改成效越好。

2018 年，在浙江，超过 36% 的市场主体只需办理一个证件。虽然 2018 年平均需要办理 2.3 个证件，数量有所回升，但与改革前的 3.3 个相比，总体呈下降趋势。

（三）政府上门检查——"严监管"的情况

在浙江，82% 的市场主体在过去一年间有被上门检查的经历，成立的时间越早被检查的可能性越高，与全国大致同步。

如图 5－4 所示，在浙江省，82% 的市场主体在过去一年间有被上门检查的经历，略高于全国平均水平。在全国，79% 的市场主体反馈有被上门检查的经历。

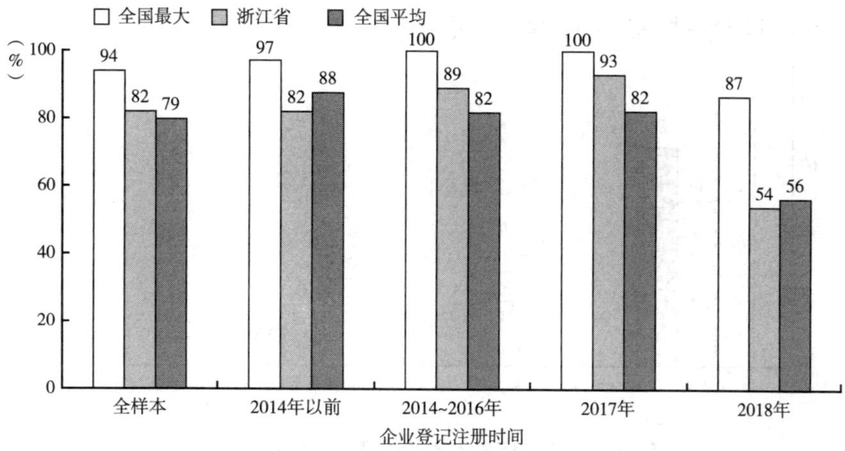

图 5－4　历年浙江市场主体在过去一年被上门检查的经历

在浙江省，市场主体成立的时间越早，被上门检查的可能性越高。2014 年以前成立的市场主体中，82% 的市场主体在过去一年有被上门检查的经历；2014～2016 年成立的市场主体，89% 有被上门检查的经历，比全国平均水平高了 7 个百分点；2017 年成立的市场主体，93% 有被上门检查的经历，超过全国平均水平 11 个百分点；2018 年成立的市场主体，被检查的比例大幅减少，54% 反馈有被上门检查的经历，比全国平均水平低了 2 个百分点。

（四）国家企业信用信息公示系统与网上办事大厅的使用情况

1. 在浙江，约49%的市场主体使用国家信用信息系统，低于全国平均水平

信用监管的起点是市场主体到国家企业信用信息公示系统查看相关市场主体的信用信息。如图5－5所示，在浙江省，仅49%的市场主体选择到国家信用信息系统上查看交易对象的信用信息。这一比例，低于全国平均水平，与全国最高水平相差了约30个百分点。调查数据显示，在浙江，约18%的市场主体不知道国家信用信息系统；5%的市场主体通过其他渠道查看交易对象的信用信息；而剩下28%的市场主体基本不查看交易对象信用信息。

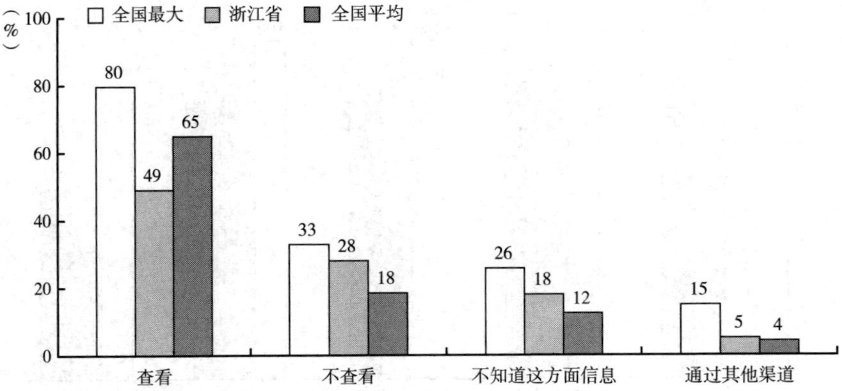

图5－5　浙江市场主体查看国家信用信息系统情况

2. 在浙江，1/2的市场主体知道网上办事大厅，37.5%的市场主体使用网上办事系统，略低于全国平均水平

如图5－6所示，在浙江省，只有50%的市场主体明确反馈知道其所在地有网上办事大厅（系统）。在全国，59%的市场主体明确反馈知晓网上办事大厅；在国内最佳省份，82%的市场主体明确反馈知晓。从全国视野看，在浙江，知晓网上办事大厅的市场主体比例比全国平均水平低了将近10个百分点。

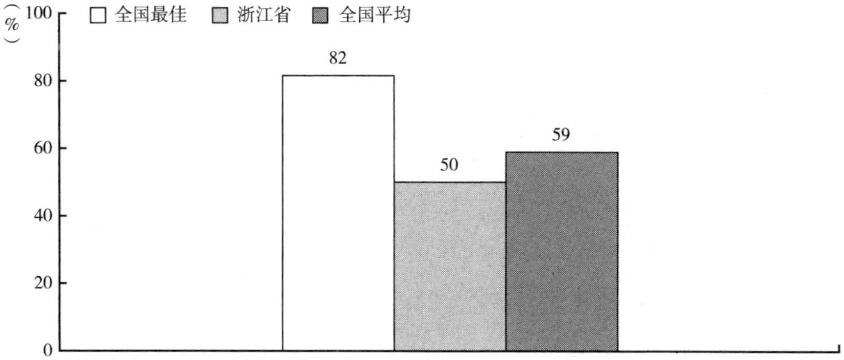

图 5-6 2018 年浙江市场主体对网上办事大厅的知晓情况

注：知道比例越多，说明商改成效越好。

在知道网上办事大厅（系统）的市场主体中，浙江有 25% 的市场主体常用网上办事系统个数为 0，全国平均水平是 28%，如图 5-7 所示。通过简单计算可知，这意味着，在浙江省，仅有 37.5%（50% ×75%）的市场主体会使用网上办事大厅（系统），全国平均水平则是 42%（59% ×72%）。

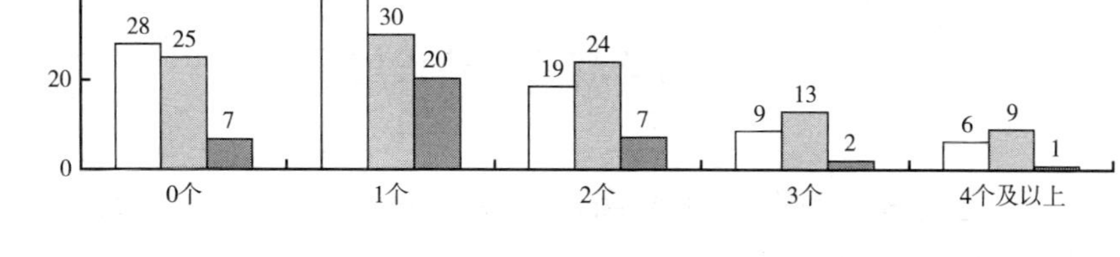

图 5-7 在浙江知道有网上办事系统的市场主体中不使用的情况

此外，在知道网上办事大厅（系统）的市场主体中，浙江有 30% 的市场主体常用 1 个网上办事系统，低于全国平均水平；24% 常用 2 个办事系统，高于全国平均水平。平均而言，浙江省市场主体常用的网上办事系统为2.1个，尚未实现“一网通办”。

（五）2018年，浙江的“最多跑一次”改革领先于全国平均水平

“企业和群众办事力争只进一扇门，最多跑一次”，是中央政府2018年初所提出的商事制度改革的目标与承诺，更是市场主体的诉求。如图5－8所示，在2018年，44%的浙江市场主体办成一件事只需要跑一次，比全国平均水平高了14个百分点。

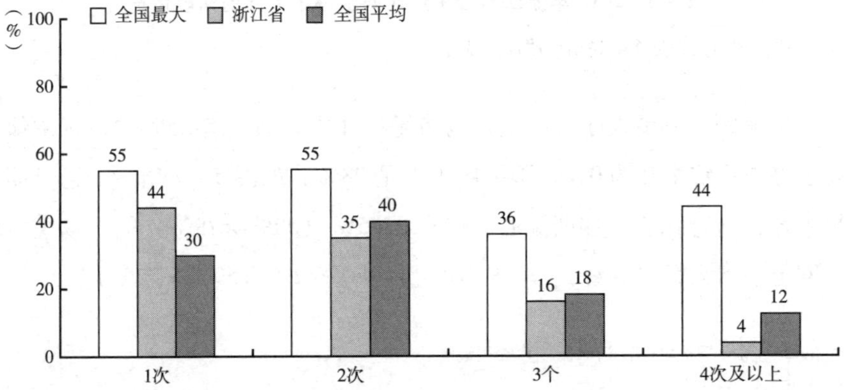

图5－8　2018年浙江市场主体实现“最多跑一次”的比例

注：办事跑一次的比例越多，说明商改成效越好。

二　浙江省营商环境建设的成效

（一）2018年，约36%的浙江市场主体认为营商环境有改善，低于全国平均水平

如图5－9所示，在浙江，36%的市场主体认为营商环境有所改善，比全国平均水平低了4个百分点；24%的市场主体认为没有改变，与全国平均水平相近；40%的市场主体认为变差了，高于全国平均水平。这表明，在

2018 年，从全国横向比较的角度看，浙江营商环境建设有着较为广阔的改善空间。

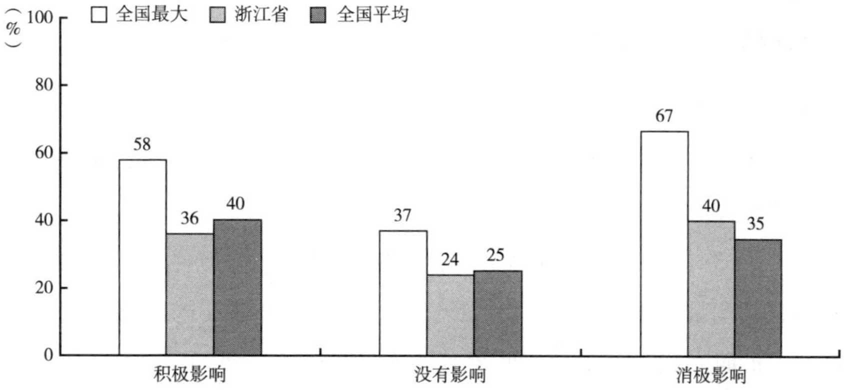

图 5－9　2018 年浙江市场主体认为商改对当地营商环境的影响

（二）2018年，59%的浙江市场主体认为商改对其经营有积极影响，与全国平均水平基本持平

如图 5－10 所示，在浙江，59% 的市场主体认为商改对经营有积极影响，比全国平均水平低 1 个百分点，比全国最佳水平低了 21 个百分点。37% 的市场主体认为对经营没有影响，与全国平均水平基本持平；3% 的市场主体认为对经营有消极影响，比全国平均水平高了 1 个百分点。

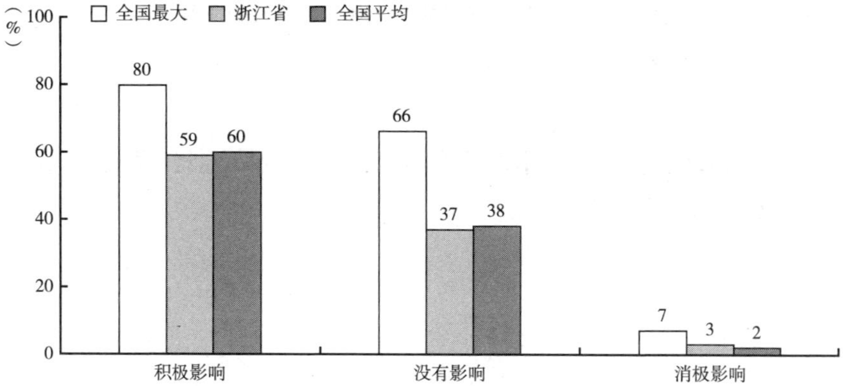

图 5－10　2018 年浙江市场主体认为商改对经营的影响

（三）2018年，84%的浙江市场主体认为商事制度改革减少了与政府打交道的时间，稍低于全国平均水平；63%的市场主体认为降低了与政府打交道的费用，与全国平均水平基本持平

如图5－11所示，在浙江省，84%的市场主体认为商改措施能够减少市场主体与政府打交道的时间，比全国平均水平低了2个百分点，比全国最佳水平低9个百分点。

另外，63%的市场主体认为，商改措施能够降低市场主体与政府打交道的费用，比全国最佳水平低23个百分点。这表明，浙江的商事制度改革在降低企业的时间成本和费用方面还有提升空间。

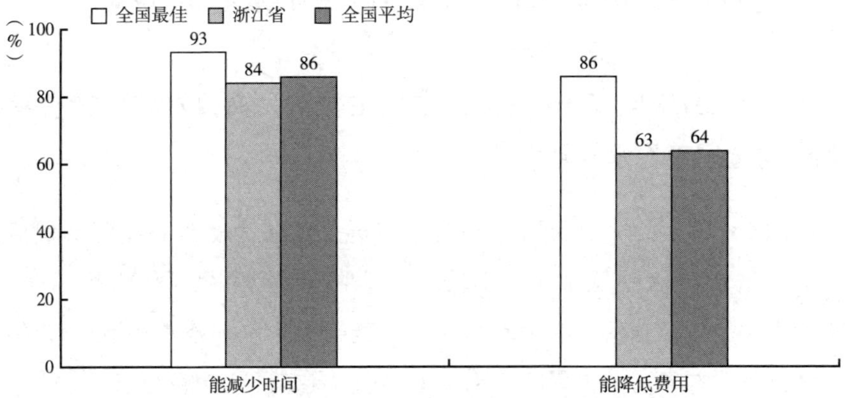

图5－11　2018年浙江市场主体认为商改的成效

注：认同比例越多，说明商改反馈越好。

（四）2018年，全国市场主体投票结果显示，浙江营商环境排全国第四名

市场主体的认可是最直接的肯定。图5－12报告了市场主体对全国各地营商环境的主观评价。在全国16个省份84个地市，每一位受访者都给出了其所认为的“做生意环境相对较好的三个省份”。从图形上看，上海第一、

广东第二、北京第三、浙江第四。浙江共获得 555 票，全国有约 19% 的非浙江市场主体认为浙江做生意的环境相对较好。这在一定程度上体现了全国市场主体对浙江商事制度改革以及营商环境建设的肯定。

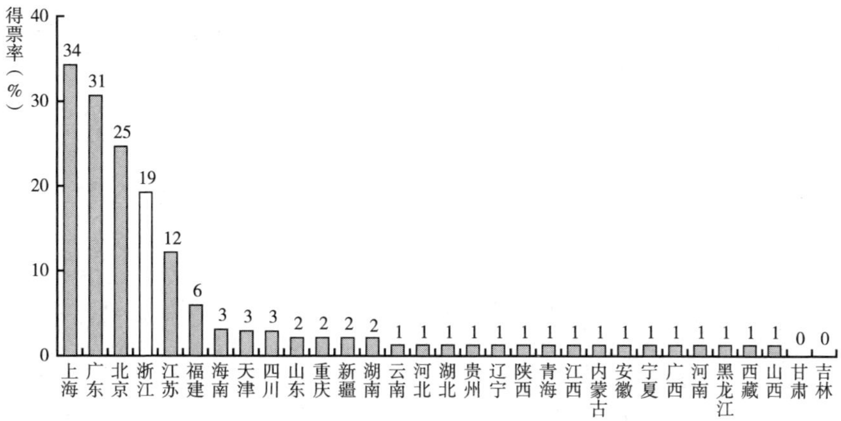

图 5－12　全国营商环境排名

三　浙江省营商环境建设面临的问题

（一）目前，浙江商事制度改革对市场主体经营的积极影响与全国平均水平基本持平

浙江的商事制度改革改善了浙江的营商环境，这主要表现为以下两点：一是浙江市场主体认为商事制度改革降低了其与政府打交道的费用和时间成本的比例，与全国平均水平相仿；二是在主观反馈上，浙江市场主体认为商事制度改革对其经营有积极影响的比重，与全国平均水平相近。

但是作为营商环境在全国排名第四的省份，商改对市场主体经营的直接帮助不够大。具体反映在如下两个方面：①认为商事制度改革降低与政府打交道费用和时间的比例，比全国最佳水平分别低 23 个、9 个百分点；②认为商改对经营有积极影响的比重，比全国最佳水平低约 20 个百分点。

除了已经达到全国领先水平，进一步提升的难度较大之外，浙江商事制度改革对非小微企业经营的积极影响低于全国平均水平是影响其对标上海等更高水准的短板。从市场主体规模看，就业人数大于20人的市场主体，认为浙江商改对其经营有积极影响的比重比全国平均水平低了1～22个百分点。这表明，浙江商事制度改革对非小微企业经营的积极影响相对不大。

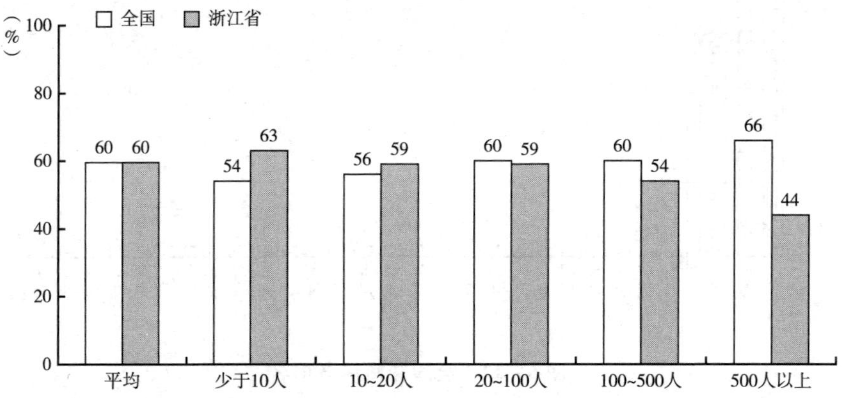

图5－13 浙江商事制度改革对非小微企业经营的积极影响

注：比例越高，说明商改积极影响越大。

（二）2018年，浙江的“最多跑一次”改革领先于全国平均水平，但仍未实现“最多跑一次”

在2018年，44%的浙江市场主体办成一件事只需要跑一次，比全国平均水平高了14个百分点，但与全国最佳水平仍有一定差距。35%的市场主体办成一件事需要跑两次，这意味着，浙江在“最多跑一次”改革上有成就也有不足。

浙江在“最多跑一次”改革上的不足是因为各市在这项改革上进展差距较为明显。如图5－14所示，2018年，在调研的6个市中，金华市的改革成效最好，55%的市场主体可以实现“最多跑一次”，远远超过了全国平均水平（30%），而在杭州市和湖州市，可以实现“最多跑一次”的市场主体占比仅为 36% 和 38%，比金华市低了约 17 个百分点，这在一定程度上影响了浙江省“最多跑一次”改革的进展。

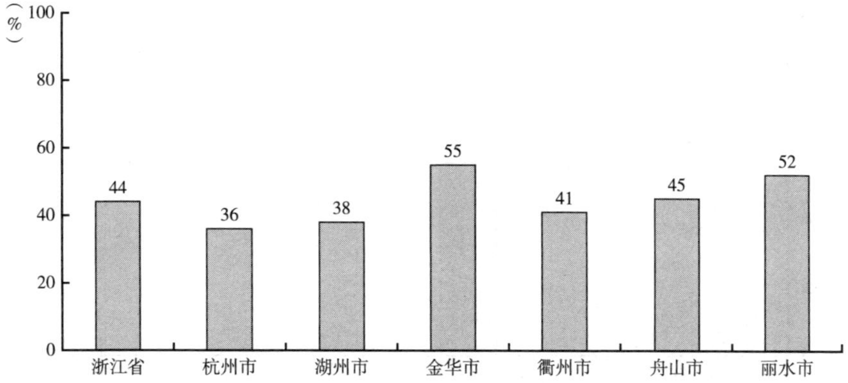

图 5－14　2018 年浙江各市实现“最多跑一次”的比例

（三）2018年，浙江市场主体的“互联网＋政务服务”使用率低于全国平均水平

“互联网＋政务服务”是商事制度改革的主要内容之一，也是信息化时代的必然趋势，浙江在 2018 年初已率先推出数字政府建设。不过，从市场主体的反馈看，浙江市场主体“互联网＋政务服务”的使用率低于全国平均水平，主要表现为以下三点：一是知道网上办事大厅的比例低。在浙江，50% 的市场主体知道网上办事大厅，全国平均水平是 59%。二是使用网上办事系统的比例低。在浙江，37.5% 的市场主体使用，全国平均水平是 42%。三是网上信用信息系统使用率低。在浙江，49% 的市场主体查看，而全国平均水平是 65%。

浙江“互联网＋政务服务”使用率低至少有三个原因：第一个原因是宣传不够，表现为各个年龄段市场主体知晓率普遍较低。如图 5－15 所示，在浙江省小于 30 岁与 30～40 岁的办事人员中，不知道网上办事大厅的比例为 39% 和 57%，要高于全国平均水平；同时，在 50 岁以上的办事人员中，不知道网上办事大厅的占比为 75%，远远超过全国平均水平的 51%。从分组统计结果来看，浙江省仅有 40～50 岁年龄段的受访者对网上办事大厅的知晓率高于全国平均水平。这表明，浙江省网上办事大厅知晓率低是因为大部分年龄段的办事人员的知晓率都比较低。

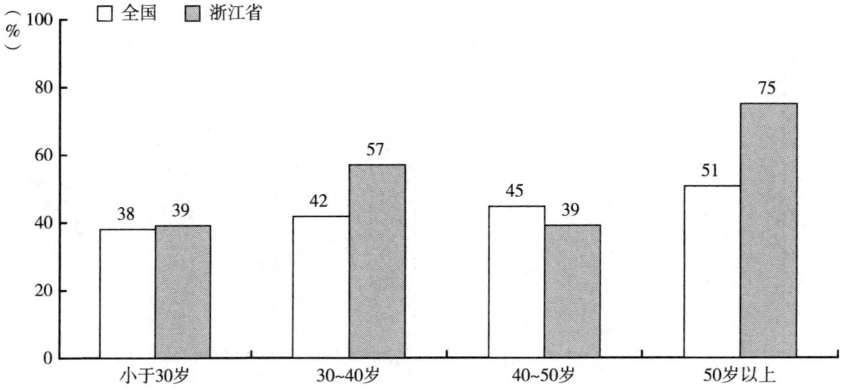

图 5-15　浙江各个年龄段不知道有网上办事大厅的比例

第二个原因是各市网上办事大厅的知晓率差异大。如图 5-16 所示，舟山市和衢州市的网上办事大厅知晓率分别仅为 38% 和 27%，并且在知晓网上办事大厅的人群中，舟山市、丽水市不使用系统的比例较高。而杭州市、湖州市的网上办事大厅知晓率与使用率相对来说则较高。

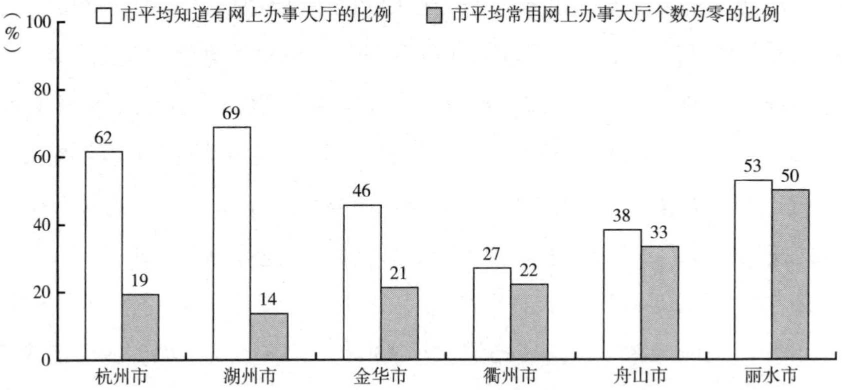

图 5-16　浙江各市的系统知晓率与使用率

第三个原因是系统使用不便。在实地调研过程中，浙江省的市场主体对网上办事大厅的抱怨颇多。市场主体普遍反映网上办事大厅“功能还是比较简单，只能提供一些基础的信息，办事什么的都不行”，“使用到最后，最终还是要跑到现场来”也是市场主体常反映的问题。

（四）目前，浙江市场主体所面临的主要困难在商事制度改革范围之外

商事制度改革一直围绕着解决“办照难”“办证难”“退出难”等问题不断深化，不过，从市场主体的反馈看，这些问题已经不再是市场主体目前所面临的主要困难。如图 5－18 所示，对于“在本地做生意目前遇到的主要困难是什么”，浙江市场主体提及开办企业难、办理许可证难、退出市场难的比重分别为 2%、5%和 2%，相关问题不再是市场主体目前所面临的主要困难。在全国范围内，这三个困难被提及的比重分别为 3%、7%和 3%，同样不再是市场主体目前所面临的主要困难。

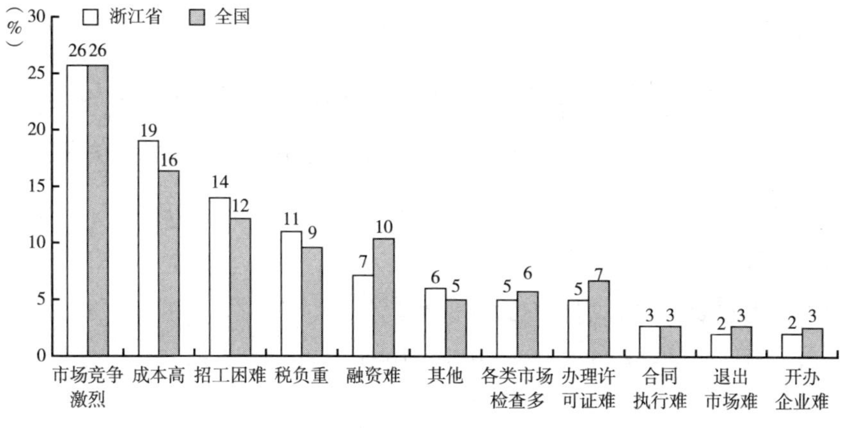

图 5－17　2018 年市场主体经营面临的主要困难

浙江市场主体反馈目前最主要的三个困难分别是：市场竞争激烈、成本高和招工困难，这三个困难被提及的比重分别为 26%、19%和 14%。虽然这三个困难也是全国市场主体所普遍面临的主要困难，但是浙江的情况略微严重些。主要表现为，浙江市场主体提及市场竞争激烈、成本高和招工难的比例高于全国平均水平。显然，这些主要困难不是目前的商事制度改革能够直接解决的。

需要明确指出的是，这些新困难是商事制度改革不断取得巨大成效过程中所伴随的必然现象。2018 年第一季度浙江全省共有各类市场主体 607.6 万户，比上年同期增加 63.1 万户，同比增长 11.6%；从统计数据看，浙江省在册市场主体总量首次突破 600 万户，在册企业数首次突破 200 万户，每万人市场主体拥有量为 1074 户，位居全国榜首。市场主体的快速增加，既是商事制度改革所取得的巨大成就，又对商事制度改革提出了新的挑战。因为市场主体的增加，意味着，在产品市场上，市场供给可能是增加的，必然导致产品市场上竞争越来越激烈；在生产要素市场上，市场需求可能是增加的，必然导致招工越来越难，生产要素价格不断上升，企业成本不断上升。

因此，浙江市场主体目前所面临的新困难，根植于商事制度改革带来的市场主体增加。

（五）在浙江，约49%的市场主体使用网上信用信息系统，低于全国平均水平

浙江省知道但不查看信用信息系统的情况较为严重。原因应该主要是，规模小的市场主体数量多且分散，对于信用信息重要性的认知参差不齐。如图 5－18 所示，相对于不查看率高于查看率的衢州市、舟山市来说，经济发达的杭州市信用信息系统查看率较高。由此可见，人们对信用信息系统的认知情况，与地区经济发展状况有一定关系。

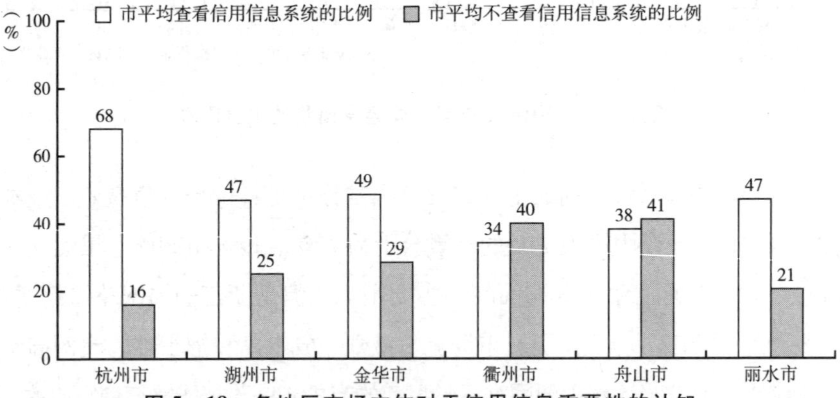

图 5－18　各地区市场主体对于信用信息重要性的认知

四　浙江省完善营商环境建设的方向

浙江市场经济先行先发，具有民营经济活跃、县域经济发达、经济外向度高等特点。浙江经济充满活力的同时，也存在产业层次低、县域同质竞争等“低小散”的弊端，转型升级压力大。根据浙江省商事制度改革面临的新问题，结合社会经济新形势，我们提出以下四点建议。

（一）继续深化“最多跑一次”改革，争取“一窗办理”和“多证联办”

从全国视野看，虽然浙江在市场主体证件办理时间上领先全国各省份，“最多跑一次”改革成效远高于全国平均水平，但是我们也能看到浙江商事制度改革中的不足——市场主体登记注册所需交涉的窗口数量和所需办理证件数均大于全国平均值。

“最多跑一次”抓住了市场主体办事的核心诉求，也是倒逼政府自身改革、转变职能的重要抓手。从全国16省份调研情况看，2018年大部分省份正在积极推进这项改革。而浙江想进一步促进此项改革，也许需要在提高窗口办事效率和推动“多证合一、一照一码”上下功夫。通过“证照联办”和设置“一窗受理、集成服务”，浙江也许能完成从“每个部门最多跑一次”向“每件事最多跑一次”的转变，实现“一事、一窗、一次”的改革效果。

（二）加快政府数字化转型，助力“最多跑一次”，增创浙江商事制度改革的新优势

在大数据时代，智慧政务、信用监管是大势所趋。浙江顺应时代，积极推进一体化移动政务服务，努力实现“掌上办事”。这表明，浙江“数字政府”建设在“供给侧”上得到了较大的重视；不过，从“需求侧”的角度看，浙江市场主体的“互联网 + 政务”使用率低于全国平均水平。早在

2002 年提出的“信用浙江”建设亦遇到了瓶颈。

“数字政府”建设需要“供给端”和“需求端”两端协同发力，助力形成浙江营商环境建设新优势。切实加强对“数字政府”建设的宣传，提高市场主体的知晓率、使用率和黏性，切实降低市场主体的制度性成本，是当下亟须开展的工作。

同时，“最多跑一次”改革与“数字政府”建设相辅相成，“大数据”成为“数字政府”建设的核心。灵活有效地运用大数据，有助于建立各项数据库，打通相关各部门之间的数据链，避免“信息孤岛”。推进行政审批制度改革，包括建立权力清单、责任清单、负面清单等制度，不断完善建设集约、服务集聚、数据集中、管理集成的统一数据平台。

（三）创新监管模式，打造以信用信息监管体系为核心的监管模式

21 世纪以来，浙江在信用监管方面有着扎实的基础。早在 2002 年，习近平总书记在浙江提出建设“信用浙江”时，浙江就启动了“百万企业信用工程”；2008 年，在全国率先推出企业信用预警制度，并出台全国首部《企业信用管理标准》和《信用服务行业标准》。然而，商事制度改革推行以来，仅 49% 的市场主体选择到国家信用信息系统上查看交易对象的信用信息，与全国最佳水平相差了约 30 个百分点。由此可见，浙江信用信息系统建设有待进一步普及和完善。浙江省应进一步探索实施信用分级分类监管和部门联合奖惩制度建设，针对企业采取不同力度和不同频度的差别化监管手段，并且建立一个监管机制，在部门间实现监管的联通联动。

（四）针对新问题，开拓浙江商事制度改革的新领域

随着商事制度等“放管服”改革，浙江市场主体数量突破了 600 万户。增加的市场主体既是浙江商事制度改革所取得的成绩，也对商事制度改革提出了更高的要求。因为，短期内增加的市场主体必然带来市场竞争激烈、招工难和成本高的问题，这已经成为包括浙江在内的全国市场主体所面临的主要困难。

这些新困难，不同于“办照难”“办证难”“退出难”，更多根植于市场供求。政府应当在扶持创新型、潜力型小微企业，以及支持促进市场主体加快升级上出一份力。同时，对接现代技术与金融手段，打造浙江品牌，亦是当前培养浙江企业核心优势、促进经济结构转型升级的有力抓手。至于如何进一步促进市场主体优胜劣汰、健康持续发展，有待浙江各方群策群力，推动浙江经济转型升级、实现高质量发展。

第六章
安徽省营商环境报告*

课题组在安徽省随机抽取了 6 个市，分别为合肥市、芜湖市、蚌埠市、淮北市、铜陵市和阜阳市，随机访谈成功的有效问卷是 262 份。调研结束后，课题组清理、整理了有关全国和安徽商事制度改革的第一手数据资料与舆情反馈，并从全国视野考察安徽商事制度改革的新进展、新挑战以及新方向。现将主要情况报告如下。

一　安徽省营商环境建设的进展

（一）市场主体登记注册所需时间从商改前的7.5天下降至2018年的6.2天，略微领先于全国平均水平

如图 6－1 所示，在 2014 年前（商事制度改革前），市场主体在安徽省登记注册平均需要 7.5 天，比全国平均数（8.4 天）约少 1 天。商事制度改革后，在安徽省登记注册所需时间有比较明显的下降。在 2014 年至 2016 年，从 7.5 天下降至 5.8 天，进一步扩大与全国平均水平（8.4 天）的领先优势，相差 2.6 天；但是，此后登记注册所需时间出现回升，2017 年上升至 6.1 天，2018 年进一步上升至 6.2 天，与全国平均水平的领先优势逐渐缩小。

---

* 本章执笔：黄逸豪、林建浩、徐现祥。

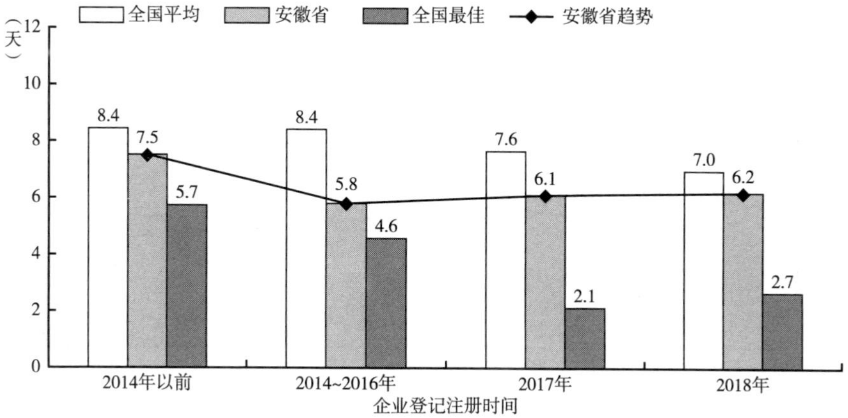

图 6－1　历年在安徽登记注册所需时间

注：登记注册所需时间越少，代表商改成效越好。

2018 年，在安徽省，只有约 17% 的市场主体在 1 天内完成登记注册，比全国平均值（19%）略少。平均需要 6.2 天，比全国平均所需的 7 天快了 0.8 天；与安徽改革前的 7.5 天相比，下降幅度约为 17.3%。

（二）市场主体登记注册所需交涉的窗口数量约1.6个，较商改前并无明显减少，但与全国平均水平相比仍略有优势

如图 6－2 所示，2014 年以前，在安徽登记注册一家市场主体平均需要与 1.6 个办事窗口打交道，比全国平均所需的 2.6 个少了 1 个窗口，明显领先于全国平均水平。但是，商事制度改革后，在安徽省登记注册所需交涉的窗口数量并无明显减少：在 2014 年至 2016 年，需要交涉的窗口数量甚至上升至 2.1 个，与全国平均水平相当；2017 年下降至 1.8 个，重新稍微拉开与全国平均水平的距离；2018 年重新回至 1.6 个。

2018 年，在安徽，67% 的市场主体实现一窗登记。平均只需要跑 1.6 个窗口，领先于全国平均水平（1.9 个窗口），与全国最佳水平（1.1 个窗口）仍有一定差距。

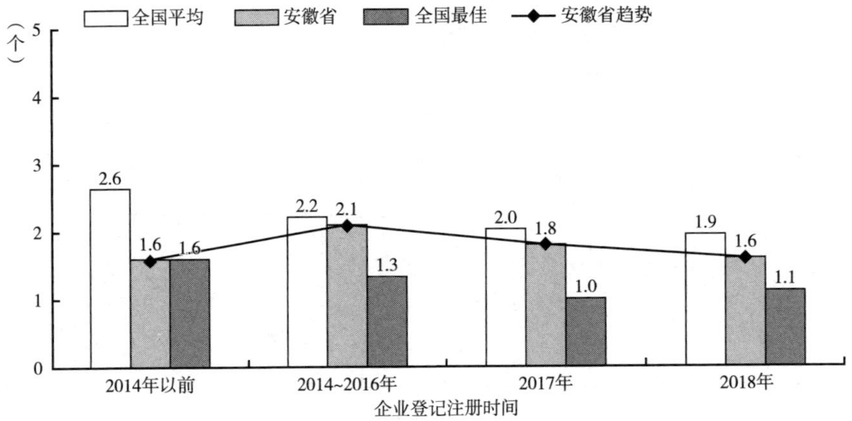

图 6－2　历年在安徽登记注册所需交涉的窗口数量

注：窗口数越少，代表商改成效越好。

（三）市场主体登记注册所需办理证件数从商改前的2.5个下降至2018年的1.6个，领先于全国平均水平

如图 6－3 所示，2014 年前，在安徽省，市场主体登记注册所需办理证件数平均为 2.5 个，明显少于全国平均数 3.4 个。商事制度改革后，在安徽

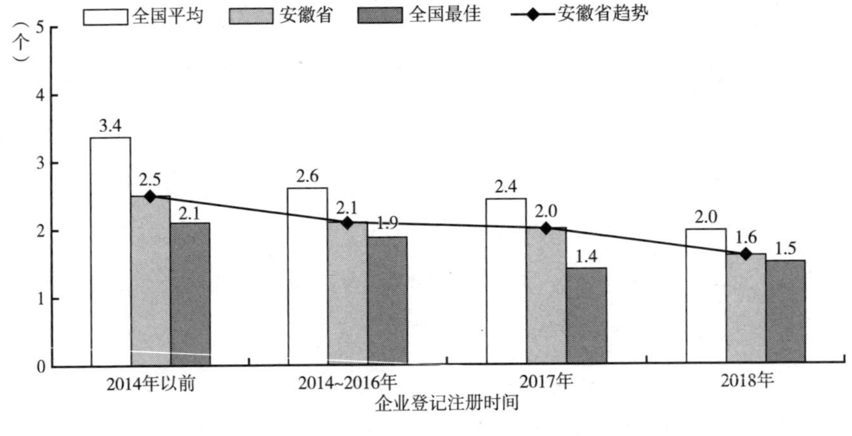

图 6－3　历年在安徽登记注册所需办理的证件数量

注：所需办理证件数量越少，代表商改成效越好。

省登记注册所需办理的证件数量大幅下降。2014 年至 2016 年，减少至 2.1 个证件，与全国平均水平相比的领先优势缩小；2017 年下降至 2.0 个；2018 年进一步下降至 1.6 个，仍保持着相对全国平均水平的领先优势。

2018 年，在安徽，约 67% 的市场主体只需办理一个证件。平均只需要办理 1.6 个证件，接近于全国最佳水平（1.5 个证件）；与改革前的 2.5 个相比，下降幅度达 36% 。

（四）69% 的市场主体在过去一年间有被上门检查的经历，成立时间越早被检查的可能性越高

如图 6－4 所示，整体而言，在安徽省，69% 的市场主体反馈在过去一年间有被上门检查的经历，与全国平均水平 79% 相比低了 10 个百分点。

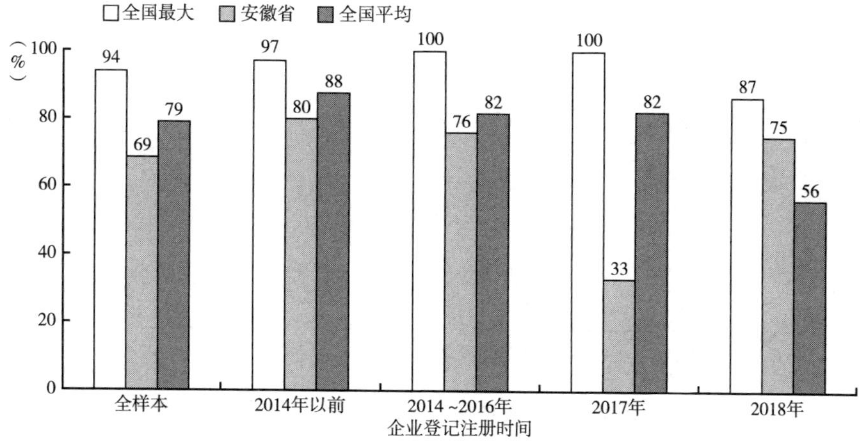

图 6－4　历年安徽市场主体在过去一年被上门检查的经历

在安徽省，对于不同年份登记注册的市场主体，其在过去一年有被上门检查的经历占比有明显区别。其中，2014 年以前成立的市场主体，80% 反馈有被检查，比全国平均水平低了 8 个百分点；2014～2016 年成立的市场主体，76% 反馈有被检查，比全国平均水平低了 6 个百分点；2017 年数据异常，暂不讨论；2018 年成立的市场主体，75% 反馈有被检查，比全国平均水平高了 19 个百分点。

（五）75%的市场主体使用国家企业信用信息公示系统，高于全国平均水平10个百分点

近年来，国家市场监管总局会同各部门、各地区共同推进国家企业信用信息公示系统建设，该系统已成为查看市场主体相关信用信息的重要渠道。如图 6 –5 所示，在安徽省，75% 的市场主体选择到国家企业信用信息公示系统上查看交易对象的信用信息，高于全国平均水平 10 个百分点，与全国最高水平相差 5 个百分点。这主要归功于，在安徽，约 90% 的市场主体知道国家企业信用信息公示系统，知道该系统的市场主体中又有约 83. 3%（75% ×90%）在实际业务中使用该系统。

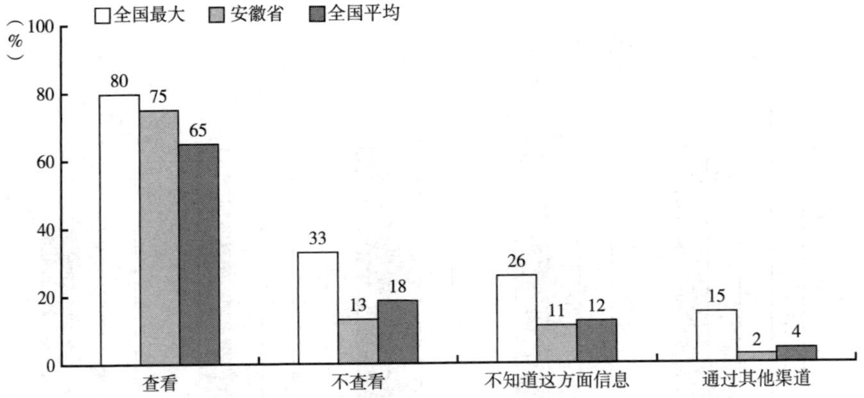

图 6 –5　安徽市场主体查看国家企业信用信息公示系统情况

（六）57%的市场主体知道网上办事大厅，40%的市场主体使用网上办事系统，与全国水平相当

“互联网 + 政务服务”是商事制度改革的主要内容之一。如图 6 –6 所示，在安徽省，57% 的市场主体明确反馈知道其所在地有网上办事大厅（系统），与全国平均水平 59% 相当；但与国内最佳省份 82% 的比例相比仍有较大差距。

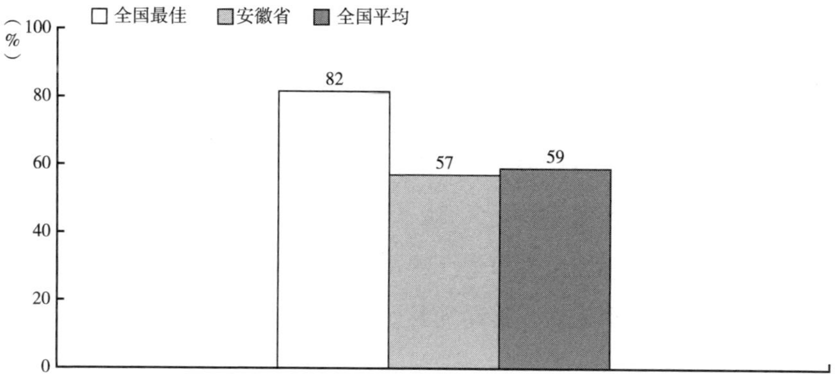

图 6－6　安徽市场主体对网上办事大厅的知晓情况

注：知道网上办事大厅的市场主体比例越大，代表商改成效越好。

如图 6－7 所示，在知道网上办事大厅（系统）的市场主体中有 29% 的市场主体常用网上办事系统个数为 0，全国平均水平是 28%。通过简单计算可知，在安徽省，约有 40%（57%×71%）的市场主体会使用网上办事系统，全国平均水平则是 42%（59%×72%）。

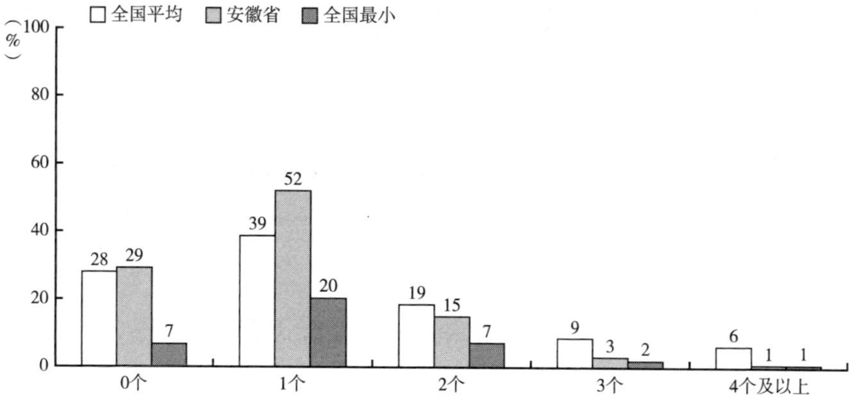

图 6－7　在安徽知道有网上办事系统的市场主体中不使用情况

此外，在知道网上办事大厅（系统）的市场主体中，安徽有 52% 的市场主体常用 1 个网上办事系统，15% 常用 2 个办事系统，总体领先于全国平均水平。

（七）“一网通办”改革取得较大成效，知道有网上办事大厅的市场主体常用网上办事系统的数量为1.34个，为全国最佳水平

如图6－8所示，2018年，在知道有网上办事大厅的安徽市场主体中，常用的网上办事系统数量平均为1.34个，为全国最少，比全国平均水平少约0.5个，比全国常用网上办事大厅数量最多的河南省少了约1.2个。这表明，安徽省的网上办事大厅功能精简且比较集中，能够以尽量少的网站满足市场主体尽量多的需求。

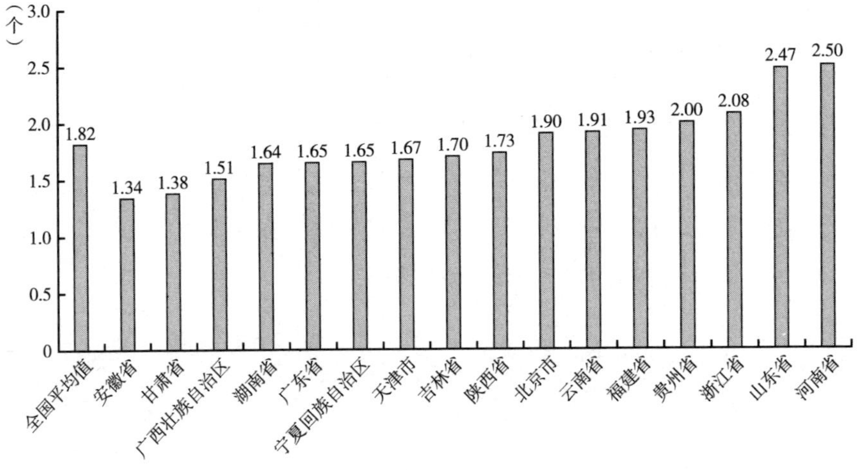

图6－8　2018年知道有网上办事大厅并常使用的市场主体数量

二　安徽省营商环境建设的成效

（一）52%的市场主体认为营商环境有改善

如图6－9所示，2018年，在安徽，52%的市场主体认为营商环境有所改善，比40%的全国平均水平高了11个百分点，接近全国最佳水平；21%的市场主体认为没有改变，低于全国平均水平4个百分点；27%的市场主体

认为变差了，低于全国平均水平。这表明，在2018年，从全国横向比较的角度看，安徽的营商环境建设得到了较多本地市场主体的认可。

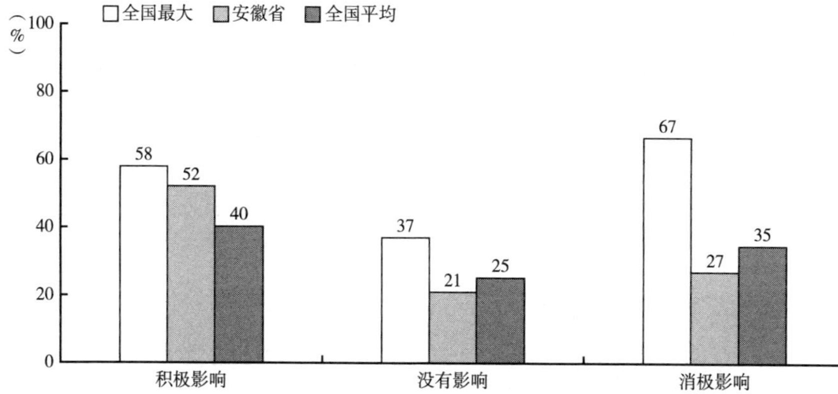

图6-9　2018年安徽市场主体认为商改对当地营商环境的影响

（二）86%的市场主体认为商事制度改革减少了与政府打交道的时间，77%的市场主体认为降低了与政府打交道的费用，优于全国平均水平

安徽的商事制度改革有效降低了企业的制度性交易成本。如图6-10所示，2018年，在安徽省，86%的市场主体认为商改措施能够减少市场主体

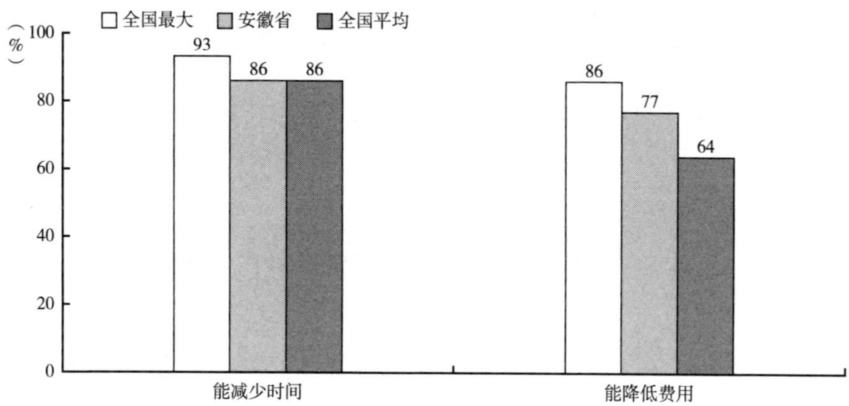

图6-10　2018年安徽市场主体认为商改的成效

与政府打交道的时间，与全国平均水平一致，比全国最佳水平低7个百分点；77%的市场主体认为商改措施能够降低市场主体与政府打交道的费用，高于全国平均水平13个百分点，比全国最佳水平低9个百分点。

（三）74%的市场主体认为商改对其经营有积极影响，明显高于全国平均水平

如图6－11所示，在安徽，74%的市场主体认为商改对经营有积极影响，比全国平均水平高14个百分点，比全国最佳水平低6个百分点。24%的市场主体认为对经营没有影响，比全国平均水平低了14个百分点；2%的市场主体认为对经营有消极影响，与全国平均水平相当。这表明，从全国比较的角度看，安徽商事制度改革对市场主体经营有着明显的积极影响，市场主体获得感较强。

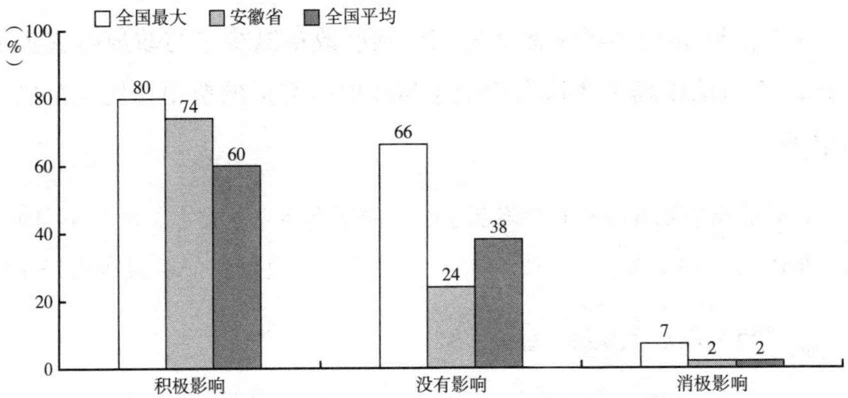

图6－11　2018年安徽市场主体认为商改对经营的影响

三　安徽省营商环境建设面临的问题

（一）安徽的“最多跑一次”改革明显落后于全国最佳水平

“企业和群众办事力争只进一扇门，最多跑一次”是中央政府2018年

初所提出的商事制度改革的目标与承诺，更是市场主体的诉求。如图 6－12 所示，在 2018 年，30% 的安徽市场主体办成一件事只需要跑 1 次，比全国平均水平低了 1 个百分点，仅是全国最佳水平的约一半；45% 的市场主体办成一件事需要跑 2 次；25% 的市场主体办成一件事需要跑 3 次及以上。这意味着，安徽在“最多跑一次”改革上明显落后了。

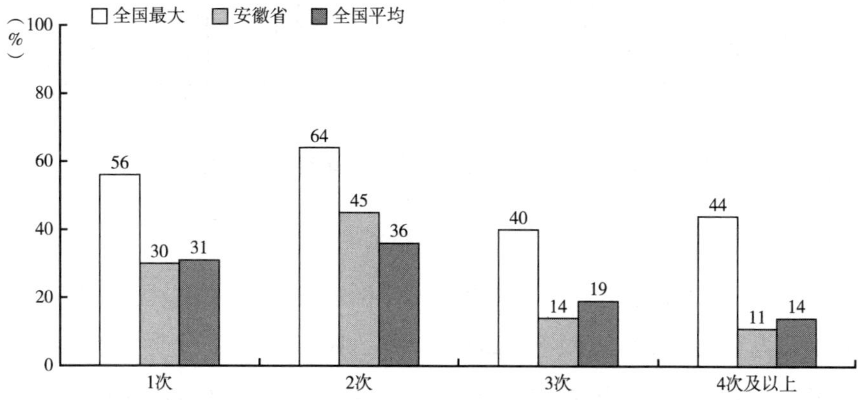

图 6－12　2018 年安徽市场主体实现“最多跑一次”的比例

安徽在“最多跑一次”改革上的落后，是因为各市在这项改革上进展都不大。如图 6－13 所示，2018 年，在调研的 6 个市中，仅有阜阳市超过了全国平均水平，但也只有 37% 的市场主体可以实现“最多跑一次”，其余 5 个市明显低于全国平均水平。合肥市与铜陵市分别只有 17% 与 15% 的市场主体可以实现“最多跑一次”，只有全国平均水平的约一半。

（二）市场主体的“互联网＋政务服务”改革仍有进步空间

“互联网＋政务服务”是信息化时代的必然趋势。如前文所述，安徽省的网上办事大厅功能集中，利于市场主体的使用。不过，对标全国最佳水平，“互联网＋政务服务”的普及率仍有待进一步提高，主要表现为以下两点：一是网上办事大厅的知晓率有待提高，57% 的知晓率，比全国最佳水平低了 25 个百分点；二是网上办事系统的使用率有待提高，仅有 40% 的市场

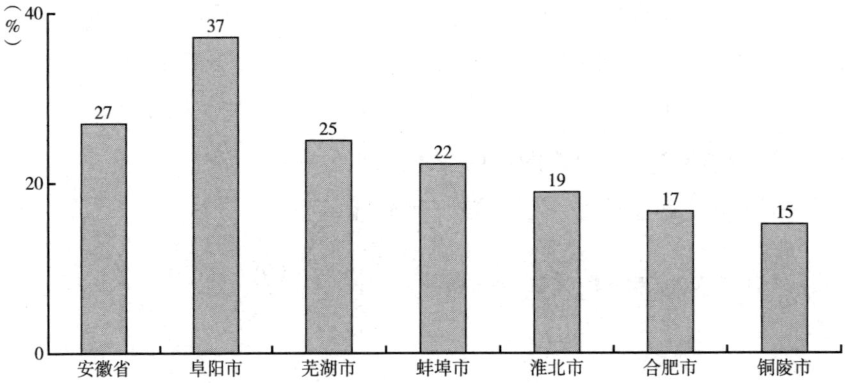

图 6－13　2018 年安徽各市实现“最多跑一次”的比例

主体使用网上办事系统，低于全国平均水平。

“互联网＋政务服务”普及率在不同年龄段表现不均匀，尤其是 30～50 岁年龄段办事人员不知道网上办事大厅的比例较高，这是网上办事系统使用率较低的重要原因。如图 6－14 所示，从回答不知道有网上办事大厅的受访者年龄结构看，30～40 岁年龄段受访者不知道网上办事大厅的比例为 48%，高于全国平均水平 7 个百分点；40～50 岁年龄段受访者不知道网上办事大厅的比例为 57%，高于全国平均水平 12 个百分点。

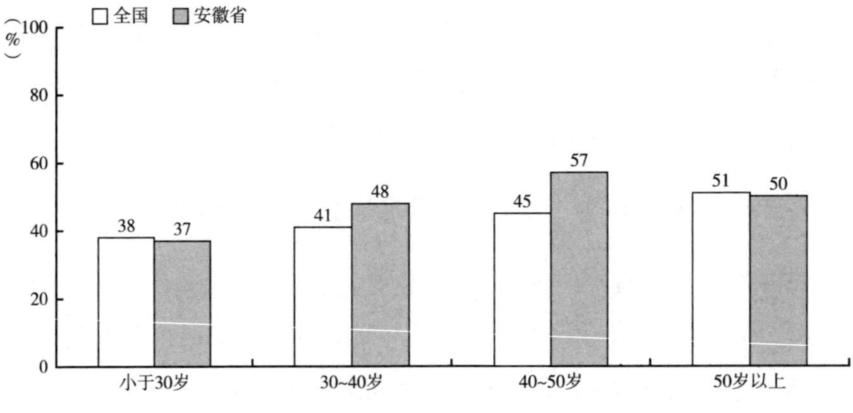

图 6－14　不知道有网上办事大厅的年龄构成

（三）商事制度改革多项指标与全国平均水平相比的优势不断缩小

图 6－15 显示了在商事制度改革调查中，安徽省的各项指标与全国平均数据的差值。比较可见，在商事改革制度前，安徽省在多项指标上相较于全国平均水平都有着较大的领先优势，但是在全国各地同步启动商事制度改革之后，领先优势逐渐缩小，部分指标甚至被反超了。这表明，安徽省商事制度改革的进展相较于全国平均水平来说是相对落后的。

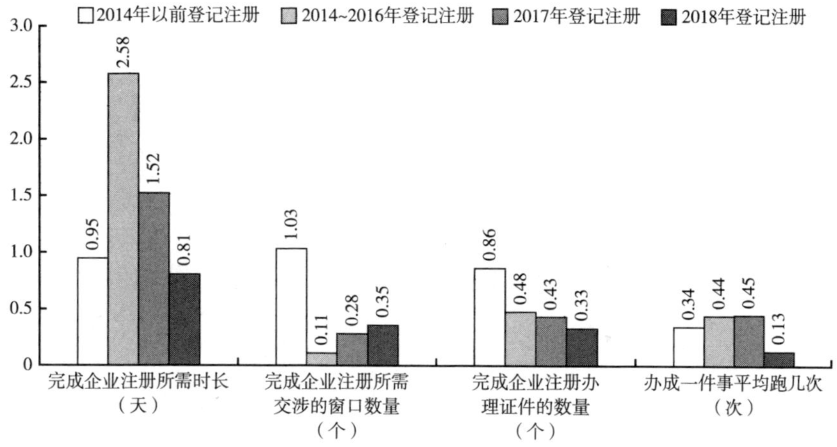

图 6－15 安徽省指标与全国平均水平的差距（全国平均值－安徽省）

（四）全国市场主体投票结果显示，安徽省营商环境排全国第23名，排中部六省倒数第二

虽然安徽本地的市场主体对商事制度改革有较高的评价，包括营商环境的改善程度、商改对于经营的积极影响，其正面评价的比例均高于全国平均水平，但是在全国其他省份市场主体的评价中，安徽营商环境仍有待进一步提升。图 6－16 反映了全国市场主体对各省份营商环境的主观评价。在全国 16 个省份 84 个地市，每一位受访者都给出了其所认为的“做生意环境相对较好的三个省份”。全国排名显示，安徽位列第 23 名，在中

部六省中仅高于河南，与邻近的上海、浙江和江苏三个东部发达省市相比，更是差距明显。

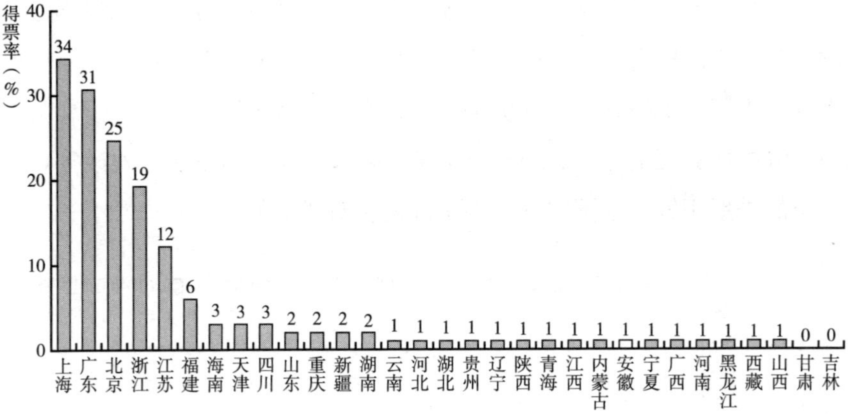

图 6-16　全国营商环境排名

（五）市场主体所面临的主要困难在商事制度改革范围之外

商事制度改革一直围绕着解决“办照难”“办证难”“退出难”等问题不断深化，不过，从市场主体的反馈看，这些问题已经不再是安徽市场主体目前所面临的主要困难。如图 6-17 所示，对于“在本地做生意目前遇到的主要困难是什么”这一问题，安徽市场主体提及开办企业难、办理许可证难、退出市场难的比重分别为 1%、3%和 4%，相关事项不再是市场主体目前所面临的主要困难；这一现象具有普遍性，在全国范围内，这三个困难被提及的比重分别为 3%、7%和 3%。

安徽市场主体反馈目前最主要的三个困难分别是市场竞争激烈、成本高和税负高，这三个困难被提及的比重分别为 32%、19%和 11%。其中市场竞争激烈尤为突出，比全国平均水平高了 6 个百分点；成本高与负税重的比重也明显高于全国平均水平。显然，这些主要困难不是目前的商事制度改革能够直接解决的。招工困难是全国范围内排名第三的困难，提及比重为 12%，而在安徽，这一比重仅为 9%，是排名第五的困难。可见，相比其他省份，安徽在劳动力要素上具有相对优势。

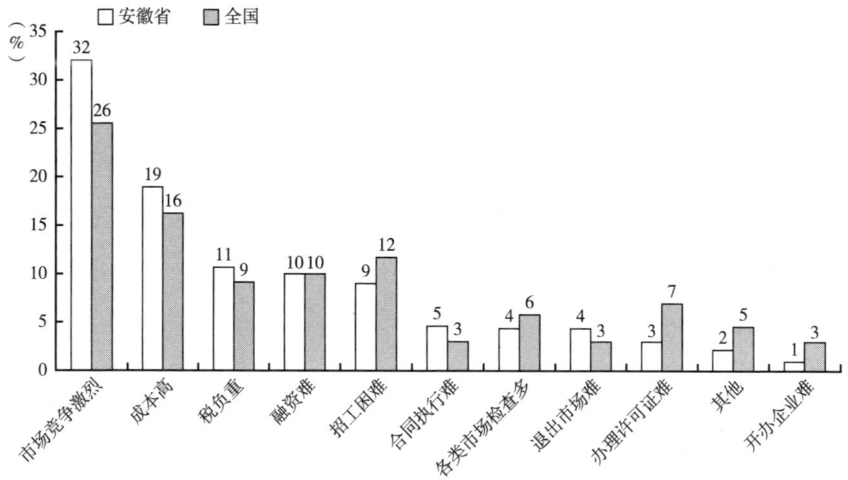

图 6-17　2018 年市场主体经营面临的主要困难

四　安徽省完善营商环境建设的方向

从实施商事制度改革以来，安徽省聚焦于简政放权，放管结合，优化服务。在改革的四年间，安徽省的市场主体数量近乎翻倍，从 200 多万户发展到直逼 400 万户。但是发展速度飞快的同时，也带来了发展质量的问题。安徽省商事制度改革在各项、各市的发展仍然存在着不足与不平衡的问题；商事制度改革之外的问题逐渐成为影响营商环境的主要问题，这些问题根植于商改又超出商改。根据安徽省商事制度改革面临的新问题，需要进一步在政府权力上做“减法”，在政务服务上做“加法”，从而才能得到营商环境优化与市场主体满意的“乘法”。具体建议如下。

（一）优化“准入”和“准营”同步提速的改革举措，真正实现让市场主体“最多跑一次”

安徽省曾经存在着较为严重的“办照容易办证难”“准入不准营”等问

题，市场主体需要来回多次办理业务。尽管在商事制度改革开展后，安徽省实施了“准入”和“准营”同步提速的举措，降低了市场准入门槛，提高了政府部门的办事效率，但是安徽省的“最多跑一次”改革仍然落后于全国平均水平，大多数市场主体为办成一件事仍需要跑 2 次及以上。减少办理程序，推进一窗办结；减轻事前审批，重视事中事后监管；降低进入门槛，提高违规成本是实现“准入”和“准营”同步提速，推进“最多跑一次”改革的重要举措。

（二）加大“互联网 + 政务服务”的推广力度，让“数字政府”服务更多的市场主体

实施商事制度改革以来，安徽省在建设“数字政府”，实现互联网与政务服务的深度融合上做出了巨大的努力，也取得了显著的成效。但是“互联网 + 政府服务”的便利普及度不高，网上办事大厅在安徽省各年龄段办事人员中的知晓率不高，特别是在 30 ~ 50 岁的中层年龄段尤其明显。加大“互联网 + 政务服务”的推广力度，让更多市场主体尝试使用并熟练掌握网上办事系统，是深化数字改革的必由之路，也有利于进一步提高安徽省的政府办事效率及服务质量。

（三）加大对安徽省商事制度改革与营商环境建设的宣传力度，提高全国其他市场主体的认可度

目前，安徽省的网上办事大厅建设处于全国领先位置；在市场准入便利度上，比如登记注册所需时间、所需打交道的窗口数量、登记所需办理的证件数等，都领先于全国平均水平。然而，全国其他省份的市场主体对安徽省营商环境的认可度不高。为此，安徽省应该在现有基础上，继续深化改革，扩大领先优势，并通过各种方式进行宣传，使得安徽的改革不仅仅转化为本地市场主体的高获得感，更转化为其他地区市场主体的高认可度，这也是扩大招商引资的关键一招。

（四）关注市场主体对营商环境提出的新诉求，激发创新创业活力

市场主体从 200 万户发展到 400 万户，是安徽省商事制度改革成效的体现，也对政府“放管服”改革提出了新的要求。快速增长的市场主体数量所带来的市场竞争激烈、成本高、融资难等问题，更多的是经济基础的问题。所以，应该从安徽省商事制度改革的实践出发，更多地关注市场主体提出的新诉求、新问题，将降低企业制度性交易成本融入更大范围的支持实体经济发展的政策体系当中，最大限度地调动与激发市场创新创业活力。

第七章 福建省营商环境报告*

课题组在福建省随机抽取了 5 个市，它们分别为福州市、莆田市、三明市、泉州市和宁德市，随机访谈成功的有效问卷是 365 份。调研结束后，课题组清理、整理了有关全国和福建商事制度改革的第一手数据资料与舆情反馈，并从全国视野考察福建商事制度改革的新进展、新挑战以及新方向。现将主要情况报告如下。

一 福建省营商环境建设的进展

（一）市场主体登记注册所需时间从商改前的9.4天下降至2018年的7.8天，慢于全国平均水平

如图 7－1 所示，在 2014 年前，市场主体在福建省登记注册平均需要 9.4 天，比全国平均数（8.4 天）多 1 天。商事制度改革后，在福建省登记注册所需时间开始下降。在 2014 年至 2016 年下降至 7.6 天，2017 年是 7.6 天，2018 年是 7.8 天。整体而言，商事制度改革以来，市场主体注册登记所需时间下降了 17%。

2018 年，在福建省，仅有 4% 的市场主体能在 1 天内完成登记注册。市

* 本章执笔：高韵清、贾帅帅、李小瑛。

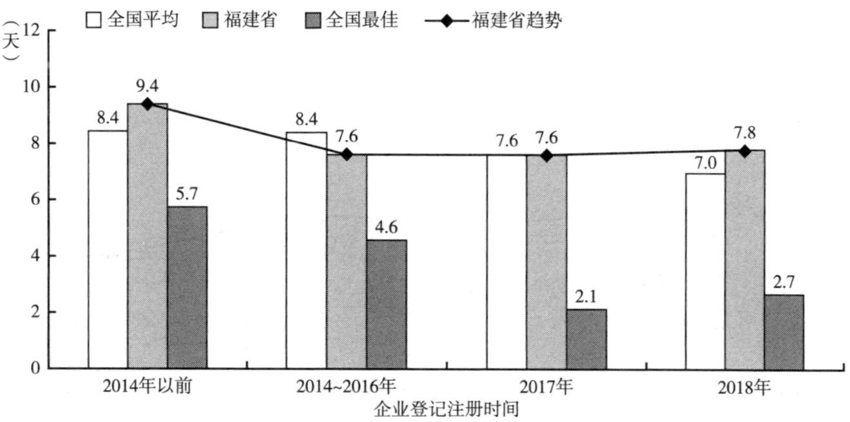

图 7－1　历年福建市场主体登记注册所需时间

注：所需时间越短，代表商改成效越好。

场主体平均需要 7.8 天完成登记注册，比全国平均水平（7 天）慢了 0.8 天，比全国最佳水平（2.7 天）慢了约 5 天。

（二）市场主体登记注册所需交涉的窗口数量从商改前的2.7个下降至2018年的2.0个，接近全国平均水平

如图 7－2 所示，2014 年以前，在福建登记注册一家市场主体平均需要与 2.7 个办事窗口打交道，与全国平均水平（2.6 个）基本持平。商事制度改革后，在福建省登记注册所需交涉的窗口数量不断下降。在 2014 年至 2016 年，需要交涉的窗口数量下降至 2.5 个，2017 年为 2.6 个，2018 年下降至 2.0 个。整体而言，商事制度改革以来，市场主体注册登记所需交涉的窗口数量下降了 26%。

2018 年，在福建，44% 的市场主体实现一窗登记。市场主体完成登记注册平均需要跑 2 个窗口，接近全国平均水平（1.9 个窗口），比全国最佳水平（1.1 个窗口）多了约 1 个窗口。

（三）市场主体所需办理许可证数量从商改前的3.5个下降至2018年的2.2个，接近全国平均水平

如图 7－3 所示，2014 年前，在福建省，市场主体所需办理的许可证数

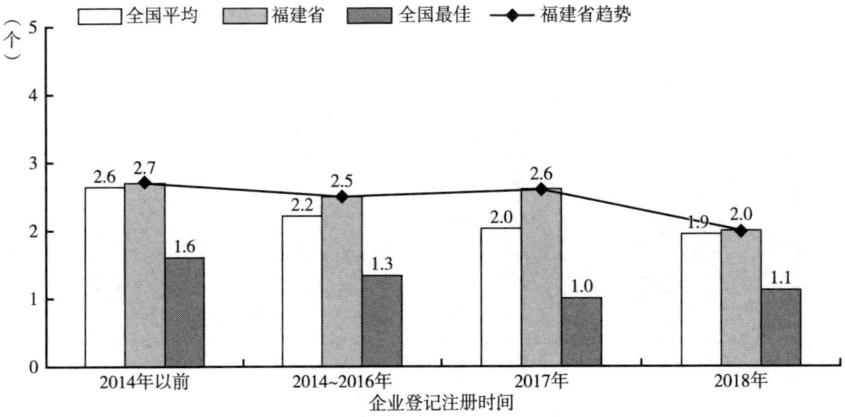

图 7－2　历年福建市场主体登记注册所需交涉的窗口数量

注：窗口数越少，代表商改成效越好。

量平均为 3. 5 个，大致与全国平均水平（3. 4 个）持平。商事制度改革后，所需办理的许可证数量不断下降。2014 年至 2016 年，减少至 2. 4 个证件，2017 年下降至 2. 2 个，2018 年为 2. 2 个。整体而言，商事制度改革以来，市场主体注册登记所需办理的许可证数量下降了 37%。

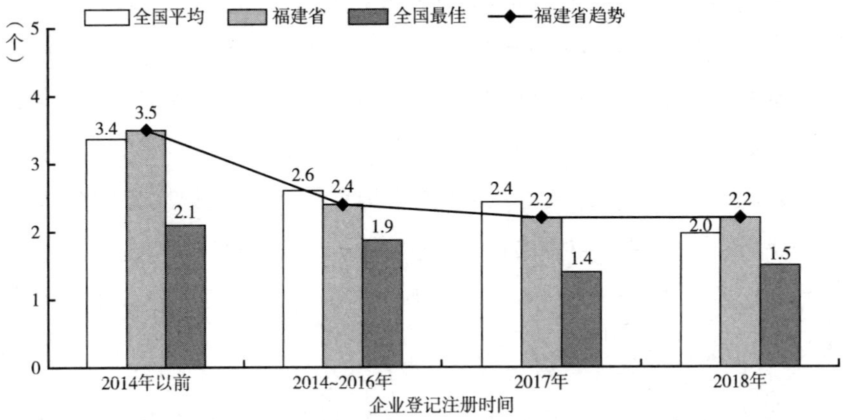

图 7－3　历年福建市场主体所需办理的许可证数量

注：证件数越少，代表商改成效越好。

2018 年，在福建，超过 25% 的市场主体只需办理一个许可证。平均需要办理 2.2 个，略低于全国平均水平（2.0 个证件）；与全国最佳水平（1.5 个证件）相比，多了 0.7 个。

（四）79% 的市场主体在过去一年间有被上门检查的经历，与全国同步

如图 7－4 所示，整体而言，在福建省，79% 的市场主体反馈在过去一年间有被上门检查的经历，与全国平均水平（79%）持平。

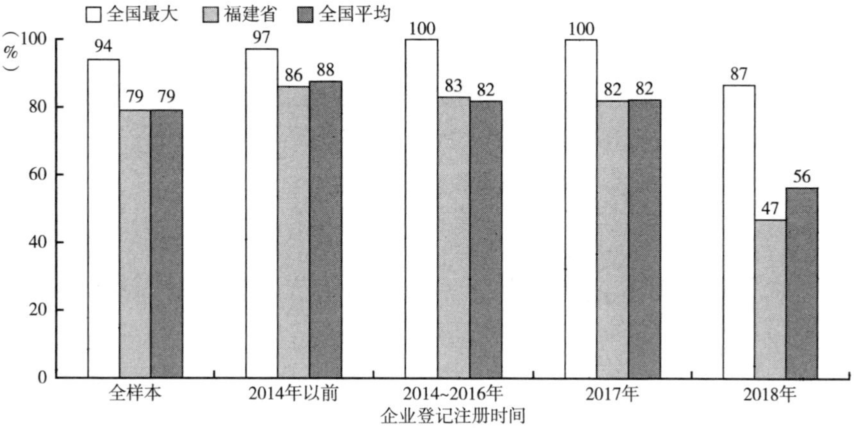

图 7－4　历年福建市场主体在过去一年被上门检查的经历

在福建省，市场主体成立的时间越早，被上门检查的可能性越高。2014 年以前成立的市场主体，86% 反馈有被检查；2014 ~ 2016 年成立的市场主体，83% 反馈有被检查；2017 年成立的市场主体，82% 反馈有被检查；2018 年成立的市场主体，47% 反馈有被检查。

（五）63% 的市场主体使用国家企业信用信息系统，低于全国平均水平

商事制度改革一直强调加强事中事后监管，建设以信用监管为核心的市场监管新机制。信用监管的起点是市场主体使用国家企业信用信息系统。如

图7－5所示，在福建省，与其他市场主体做生意前，63%的市场主体选择到国家企业信用信息系统上查看其交易对象的信用信息。这一比例，比全国平均水平（65%）低了2个百分点，比全国最佳水平（80%）低了17个百分点。

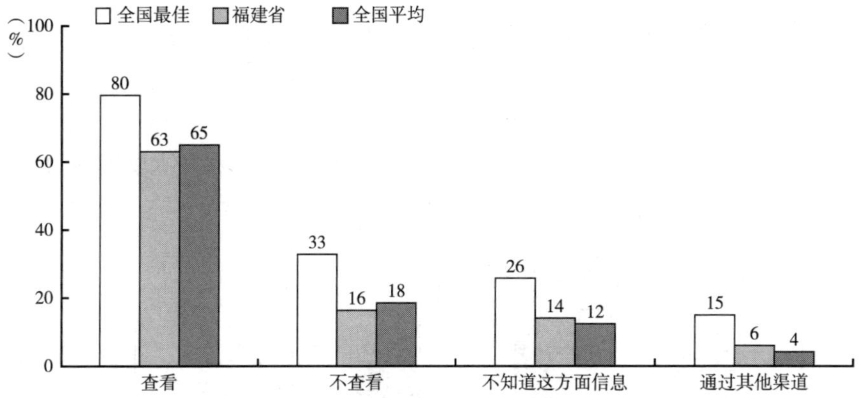

图7－5　福建市场主体查看国家信用信息系统情况

（六）40%的市场主体使用网上办事大厅，低于全国平均水平

“互联网＋政务服务”是商事制度改革的主要内容之一。如图7－6所示，在福建省，54%的市场主体明确反馈知道其所在地有网上办事大厅（系统），比全国平均水平（59%）低了5个百分点，比全国最佳水平（82%）低了28个百分点。

在知道网上办事大厅（系统）的市场主体中，福建有26%的市场主体常用网上办事系统个数为0。这表明，在福建省，知道网上办事大厅但不使用的比例为26%，比全国平均水平（28%）略低，但明显高于全国最佳水平（7%）。通过简单计算可知，在福建省，只有40%（54%×74%＝40%）的市场主体会使用网上办事大厅（系统），略低于42%（59%×72%＝42%）的全国平均水平。

此外，在知道网上办事大厅的市场主体中，平均而言，常用的网上办事系统为1.93个，尚未实现“一网通办”。具体而言，32%的市场主体使用1个办事系统，22%的市场主体使用2个，17%的市场主体使用3个。

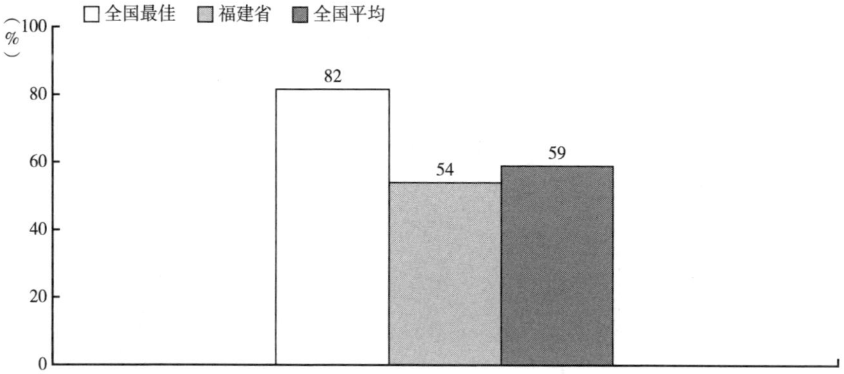

图7－6　福建市场主体对网上办事大厅的知晓情况

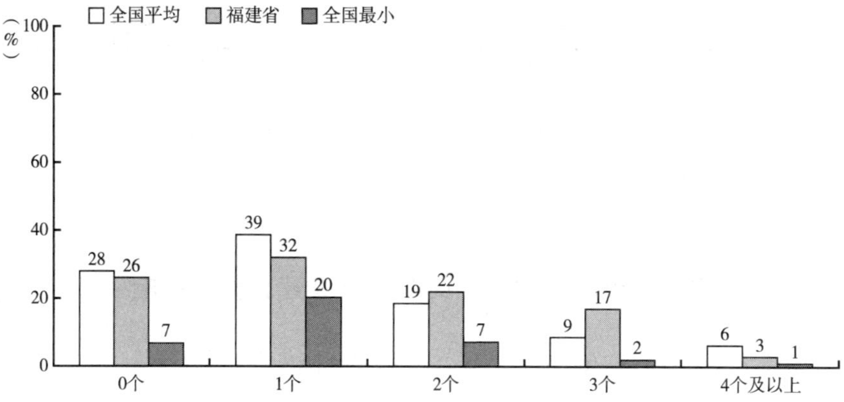

图7－7　在福建知道有网上办事系统的市场主体中不使用情况

二　福建省营商环境建设的成效

（一）83%的市场主体认为商事制度改革减少了与政府打交道的时间，77%的市场主体认为降低了与政府打交道的费用

2018年，在福建省，83%的市场主体认为商改措施能够减少市场主体与政府打交道的时间，如图7－8所示。这一比例比全国平均水平低了3个百分点，比全国最佳水平低了10个百分点。

2018 年，在福建省，77% 的市场主体认为商改措施能够降低市场主体与政府打交道的费用，如图 7－8 所示。这一比例比全国平均水平高了 7 个百分点，比全国最佳水平低 9 个百分点。

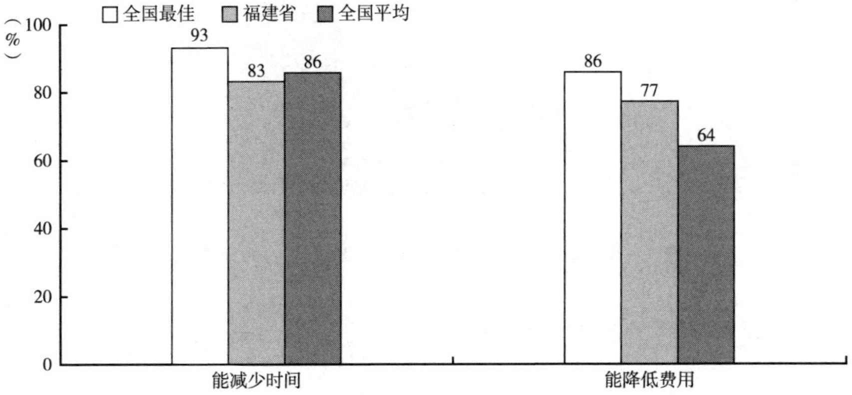

图 7－8　2018 年福建市场主体认为商改的成效

注：能减少时间及能降低费用的比例越高，代表商改的成效越好。

（二）66%的市场主体认为商改对其经营有积极影响

2018 年，在福建，66% 的市场主体认为商事制度改革对其经营有积极影响，如图 7－9 所示。从全国视野看，这一比例比全国平均水平高 6 个百分点，但比全国最佳水平低了 14 个百分点。另外，32% 的市场主体认为对经营没有影响。在实地调研的过程中也有受访者直言“商改以后，虽然办事快了，也方便了，但是对于企业经营的影响还是不明显，商事改革的获得感依旧不高”。

（三）47%的市场主体认为营商环境有改善

2018 年，在福建，47% 的市场主体认为商事制度改革对营商环境建设有积极影响，如图 7－10 所示。这一比例比全国平均水平高了 7 个百分点，但比全国最佳水平低了 11 个百分点。另外，23% 的市场主体认为没有影响，

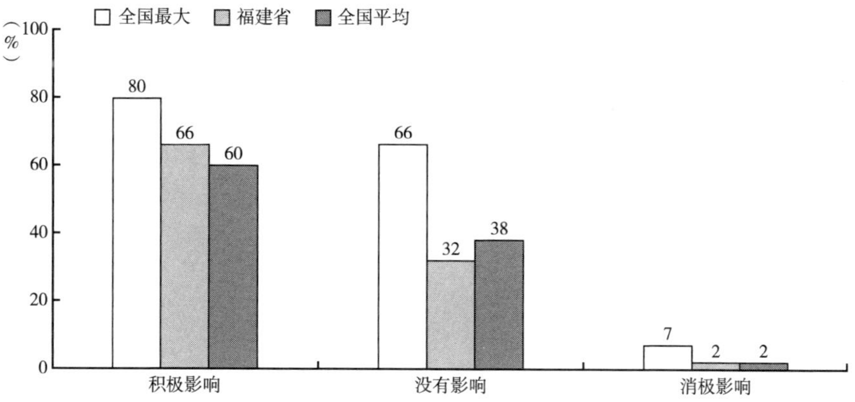

图 7－9　福建市场主体认为商改对其经营的影响

30% 的市场主体认为有消极影响。这表明，类似于全国平均水平，只有不到一半的市场主体认为目前的商事制度改革有利于改善福建的营商环境。

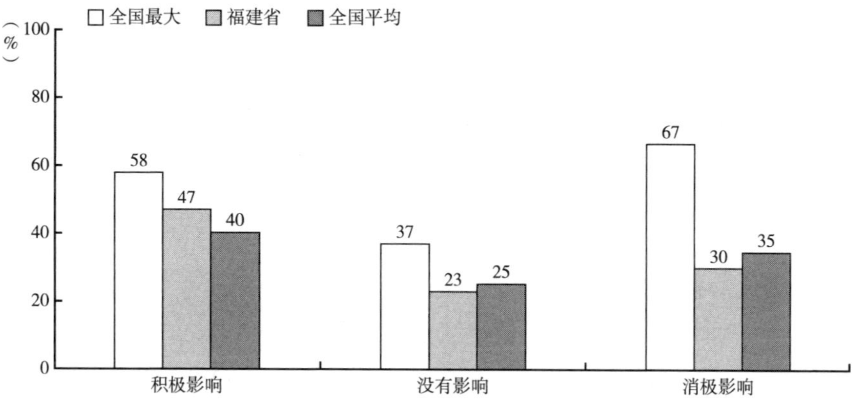

图 7－10　福建市场主体认为商改对当地营商环境的影响

（四）全国市场主体投票结果显示，福建营商环境排全国第六名

市场主体的认可是最真实的肯定。在全国 16 个省份 84 个地市，每一位受访者都给出了其所认为的“做生意环境相对较好的三个省份”。图 7－11 报告了市场主体对全国各地营商环境的主观评价，显示了全国各地的得票情

况。从图形上看，全国约6%的非福建市场主体认为福建做生意的环境相对较好，全国排名第6位。

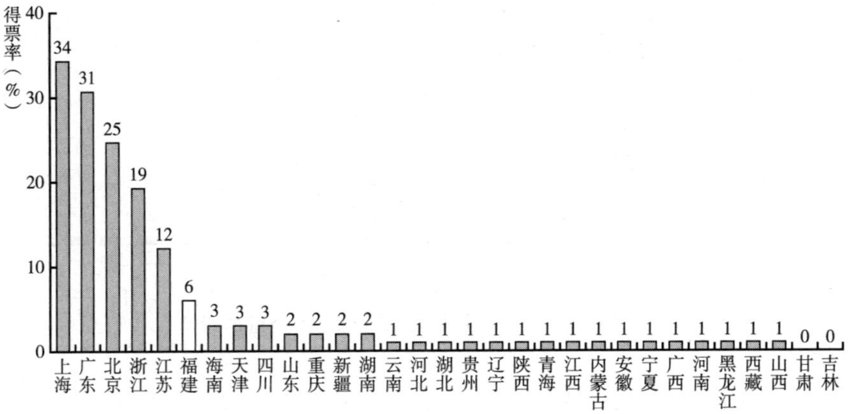

图7-11　全国营商环境排名

三　福建省营商环境建设面临的问题

（一）市场主体登记注册便利度处于全国平均水平

2018年，在福建，市场主体登记注册所需时间为7.8天，高于全国平均所需天数；所需交涉窗口为2.0个，与全国平均水平持平；所需办理的证件数量为2.2个，与全国平均水平基本持平。总体看来，福建省在企业登记注册方面的改革只处于全国平均水平。

这是因为福建各地市在事前准入改革上进展不一。如图7-12所示，在登记时长改革方面，三明市做得较好（4.0天），所需时长远低于全国平均时长（7.0天）；而泉州市较为落后（10.1天），明显高于全国平均时长。在所需交涉窗口改革方面，三明市做得较好（1.0个），而泉州市依然明显落后（2.5个）。在所需许可证方面，各地市进展都不大，福州市相对较好（1.5个）；泉州还是最差的（3.7个）。

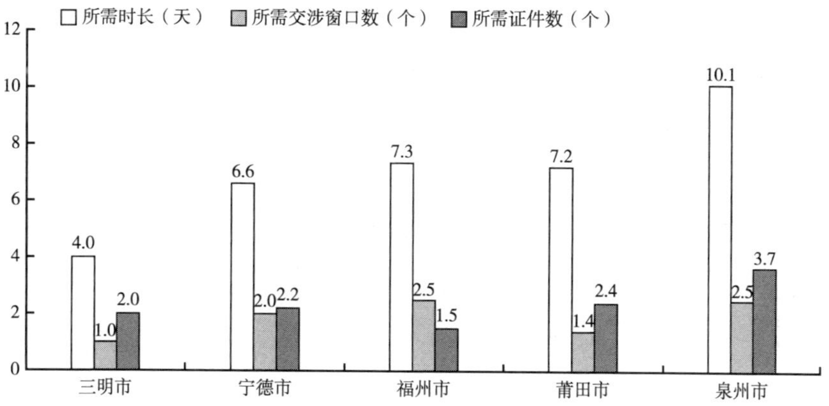

图 7－12　福建各地市在企业登记注册方面改革进展

（二）44%的市场主体办成一件事要跑4次及以上

“企业和群众办事力争只进一扇门，最多跑一次”，是中央政府 2018 年初所提出的“放管服”改革目标与承诺，也是市场主体的诉求。如图 7－13 所示，在 2018 年，有 14% 的福建市场主体办成一件事只需要跑一次，尚不及全国平均水平的一半，为全国最佳水平的 1/4 左右。在福建，44% 的市场主体办成一件事需要跑 4 次及以上，是全国调查样本中的最差实践。这表明，福建在“最多跑一次”改革上明显落后了。

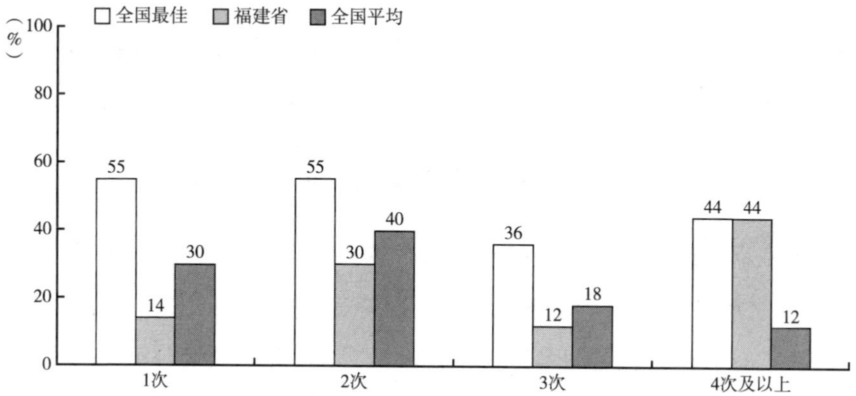

图 7－13　2018 年福建市场主体实现“最多跑一次”的比例

注：跑一次的比例越高，代表商改的成效越好。

这是因为福建各地市在“最多跑一次”改革上进展都不大。如图 7－14 所示，2018 年，在调研的地市中，莆田市是相对较好的，25% 的市场主体可以实现“最多跑一次”，但仍低于全国平均水平（30%）。在宁德和三明，只有 7% 的市场主体可以实现“最多跑一次”，不到全国平均水平的 1/4。这表明，“最多跑一次”改革是福建“放管服”改革中的明显短板。

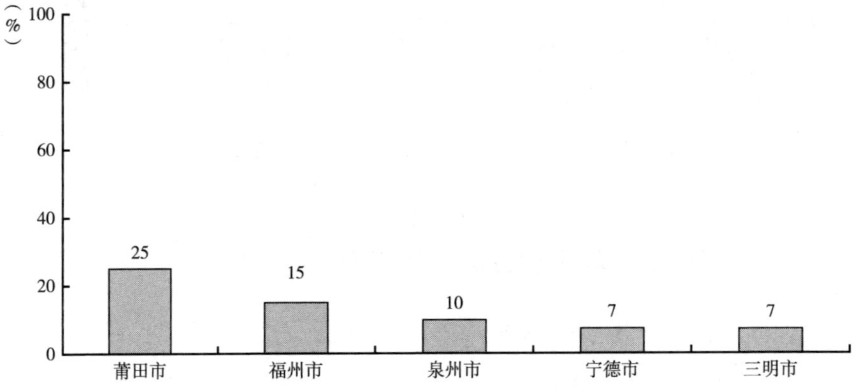

图 7－14　2018 年福建各地市实现“最多跑一次”的比例

另外，在福建实地调研中，市场主体提出了影响办事效率的其他原因。一是办事材料更新较快。人们获取信息的速度跟不上政策变化的速度，因而会增加办成一件事所需的次数。二是窗口服务规范度不高。不同窗口的办事人员对流程的熟悉度不同，让办事者准备的材料也不同，这也在一定程度上增加办成一件事所需的次数。

（三）“互联网＋政务服务”的使用率低

“互联网＋政务服务”是信息化时代的必然趋势，福建在 2014 年已出台推进政务服务向网络平台迁移的相关政策。不过，从市场主体的反馈看，在福建，“互联网＋政务服务”的使用率低，主要表现为以下三点：一是知道网上办事大厅的比例低于全国平均水平。在福建，54% 的市场主体知道网上办事大厅，全国平均水平是 59%。二是使用网上办事系统的比例低于全国平均水平。在福建，40%的市场主体使用，全国平均水平是42%。三是国家企业信用信息系统使用率低于全国平均水平。在福建，63%的市场主体查看，全国平均水平是65%。

“互联网+政务服务”使用率低的原因有两个。一个是部分办事人员对网上办事大厅的知晓率低。如图7－15所示，从回答不知道的市场主体年龄结构看，小于30岁及40～50岁的不知晓率明显高于全国平均水平，而50岁以上的不知晓率低于全国平均水平。

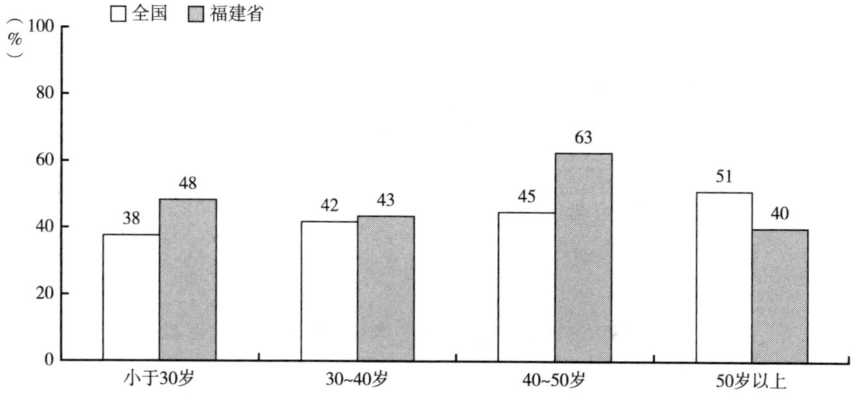

图7－15　各年龄段不知道有网上办事大厅的占比

另一个是网上办事系统不好用。在福建实地调研过程中，市场主体对网上办事大厅的抱怨颇多。比如有市场主体反映网上办事大厅线上、线下需要重复提交，增加了办事的手续，很多程序重复；网上提供的服务有限，许多文件审批总是通不过；网络经常崩溃。“许多公司只在信用信息网上留一个名字和地址，信息并无太大价值”也是市场主体反映的问题。

（四）市场主体目前面临的主要困难在商事制度改革之外

商事制度改革一直围绕着解决“办照难”“办证难”“退出难”等不断深化，不过，从市场主体的反馈看，这些问题已经不再是市场主体目前所面临的主要困难。如图7－16所示，对于“在本地做生意目前遇到的主要困难是什么”这一问题，福建市场主体提及开办企业难、办理许可证难、退出市场难的比重分别为 2%、5% 和 4%，这些已不再是市场主体目前所面临的主要困难。

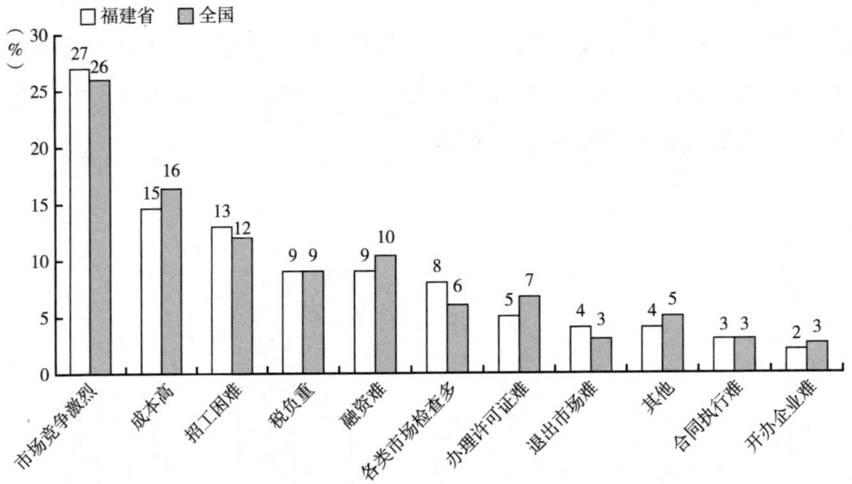

图 7-16　2018 年福建市场主体经营面临的主要困难

福建市场主体反馈目前最主要的三个困难分别是市场竞争激烈、成本高和招工困难，这三个困难被提及的比重分别为 27%、15% 和 13%。虽然这三个困难也是全国市场主体所普遍面临的主要困难，但是福建的情况略微严重些。主要表现为福建市场主体提及市场竞争激烈和招工困难的比重高于全国平均水平。从事制造业的市场主体普遍反映市场竞争激烈，打价格战导致利润变少。显然，这些主要困难不是目前的商事制度改革能够直接解决的。

需要明确指出的是，这些新困难是商事制度改革不断取得巨大成效过程中所伴随的必然现象。自 2014 年 3 月 1 日全面实施商事制度改革以来，福建平均每年新增企业 15.76 万户，是改革前的 6 倍，这既是商事制度改革所取得的巨大成就，又对商事制度改革提出了新的挑战。因为市场主体的倍增意味着，在产品市场上，市场供给可能是倍增的，这必然导致产品市场上竞争越来越激烈，企业因此开始打价格战；在生产要素市场上，市场需求可能是倍增的，这必然导致招工越来越难，生产要素价格不断上升，企业成本不断上升。因此，福建市场主体目前所面临的新困难，根植于商事制度改革带来的市场主体倍增。

四　福建省完善营商环境建设的方向

商事制度改革直面长期以来困扰“放管服”领域的突出问题与关键难题，坚持以人民为中心的发展思想，深化改革，做到老百姓关心什么、期盼什么，改革就要抓住什么、推进什么，注定是一场攻坚战和持久战。根据福建商事制度改革面临的新问题，结合福建经济发展新形势，我们提出以下四点建议。

（一）继续推进市场准入便利化改革，缩短注册登记时间、加强“一窗通办”

福建省目前仅有4%的市场主体能够一天内完成注册登记，44%的市场主体能够实现“一窗通办”。福建省需要在这方面加大改革力度。2018 年 8 月，福建省正式印发《福建省人民政府办公厅关于进一步压缩企业开办时间的实施意见》，将申请人依次向各有关部门提交材料的传统办事流程，改造为一次提交、同步办理、信息共享、限时办结的“一窗受理、并行办理”流程，强化落实“多证合一、一照一码”改革效果。

（二）推进“最多跑一次”改革，补齐福建商事制度改革的短板

从全国视野看，“最多跑一次”改革是福建“放管服”改革中最明显的短板。“最多跑一次”抓住了市场主体办事的核心诉求，是倒逼政府自身改革、转变职能的重要抓手。从全国 16 省份调研情况看，2018 年大部分省份正在积极推进这项改革。目前，在福建省，44%的市场主体办成一件事要跑 4 次及以上，是全国最差实践。福建需要补齐这个短板。

（三）重视“数字政府”的需求侧建设，增创福建商事制度改革的新优势

在大数据时代，智慧政务、信用监管是大势所趋。福建率先统一建设全省政务信息网，开展信息资源整合与开发利用；率先实施省级范围政务信息资源标准化、规范化、时空化改造；率先开展省直部门数据中心和信息中心整合；率先建成国家企业信用信息公示系统。这表明，从供给侧的角度看，福建“数字政府”建设走在全国前列。不过，从需求侧的角度看，福建市场主体的使用率低于全国平均水平。福建省的“数字政府”建设应从供给端和需求端协同发力，再创福建营商环境建设新优势。切实加强对“数字政府”建设的宣传，提高市场主体的知晓率、使用率和黏性，是当下亟须开展的工作。

（四）转向“市场开放”，开拓福建商事制度改革的新领域

随着商事制度改革的推进，市场主体面临的主要困难转向了市场竞争激烈、招工困难和成本高等“新三难”。市场主体的“新三难”，不同于办照难、办证难和退出难等“旧三难”，不是政府所提供的公共服务本身，而是更多根植于市场供求和市场范围。因此，只有开放更多市场领域，才可以从根本上解决市场主体所面临的“新三难”，同时有利于福建经济转型升级、实现高质量发展。从这个意义上说，全面深化商事制度改革的长期方向是扩大国内市场开放。

第八章 山东省营商环境报告*

课题组在山东省随机抽取了6个市，分别为济南市、淄博市、东营市、枣庄市、莱芜市和滨州市，随机访谈成功的有效问卷是331份。调研结束后，课题组清理、整理了有关全国和山东商事制度改革的第一手数据资料与舆情反馈，并从全国视野考察山东商事制度改革的新进展、新挑战以及新方向。现将主要情况报告如下。

一 山东省营商环境建设的进展

（一）在山东，市场主体登记注册所需时间从商改前的9.1天下降至2018年的3.6天，明显领先于全国平均水平

如图8-1所示，在2014年前（商事制度改革前），市场主体在山东省登记注册平均需要9.1天，比全国平均数（8.4天）多将近1天。商事制度改革后，在山东省登记注册所需时间大幅下降。在2014年至2016年，略微上升至10.6天；2017年下降至7.9天；2018年则大幅度下降至3.6天，相比2017年降幅超过50%。整体而言，在压缩企业开办时间方面，山东省起步较晚，2017~2018年加速发力之后效果明显。

---

* 本章执笔：李淑宁、林建浩、张莉。

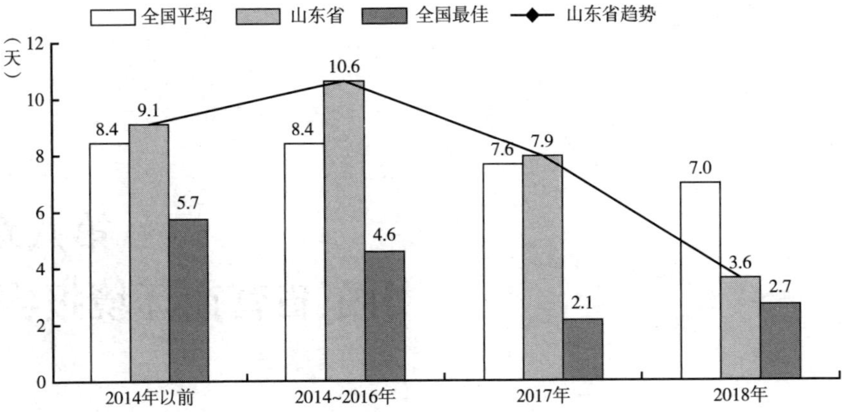

图 8－1　历年在山东登记注册所需时间

注：登记注册时间越短，代表商改成效越好。

2018 年，山东省 44% 的市场主体登记注册仅需要 1 天，比全国平均水平高 25 个百分点。平均只需要 3. 6 天，比全国平均所需的 7 天快了 3. 4 天；与山东改革前的 9. 1 天相比，下降幅度超过了 60% 。

（二）在山东，市场主体登记注册所需交涉的窗口数量从商改前的2. 7个下降至2018年的1. 6个，接近全国最佳水平

如图 8－2 所示，2014 年以前，在山东登记注册一家市场主体平均需要与 2. 7 个办事窗口打交道，和全国平均水平大致持平（2. 6 个）。商事制度改革后，在山东省登记注册所需交涉的窗口数量大幅下降：在 2014 年至 2016 年，需要交涉的窗口数量快速下降至 2. 0 个，略好于全国平均水平（2. 2 个）；2017 年下降至 1. 0 个，优于全国平均水平（2. 0 个）；2018 年则回升至 1. 6 个，虽然较前一年略有回升，但仍好于全国平均水平（1. 9 个）。

2018 年，在山东，59% 的市场主体实现一窗登记，高于全国平均水平（46% ），但和全国最佳水平（92% ）依然存在差距。平均只需要跑 1. 6 个窗口，接近全国最佳水平（1. 1 个窗口）；与山东改革前的 2. 7 个相比，下降幅度超过了 40% 。

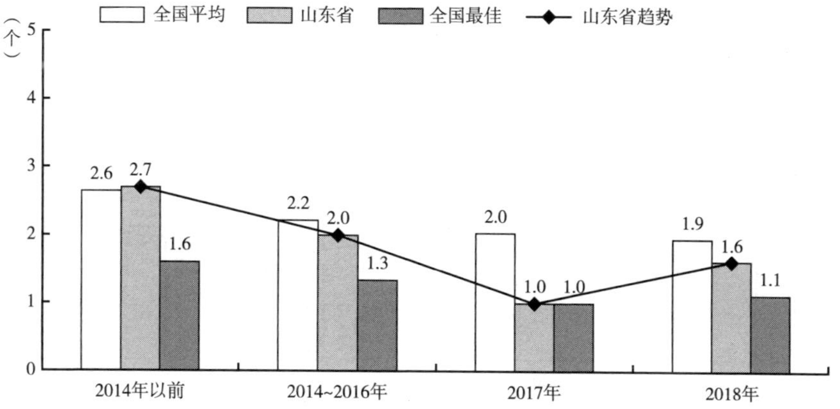

图 8－2　历年在山东登记注册所需交涉的窗口数量

注：窗口数越少，代表商改成效越好。

（三）在山东，市场主体登记注册所需办理证件数从商改前的3.0个下降至2018年的1.9个，略优于全国平均水平

如图 8－3 所示，2014 年前，在山东省，市场主体登记注册所需办理证件数平均为 3.0 个，比全国平均数 3.4 个少 0.4 个证件，略好于全国平均水平。商事制度改革后，在山东省登记注册所需办理证件的数量大幅下降。2014 年至 2016 年，减少至 2.1 个证件，依然好于全国平均水平；2017 年下降至 1.6 个，领先于全国平均水平；2018 年则略有回升，上升至 1.9 个，依然略好于全国平均水平。

2018 年，在山东，登记注册只需办理一个证件的市场主体占比 39%，低于全国平均水平（45%），和全国最佳水平（75%）差距较大。平均需要办理 1.9 个证件，与改革前的 3.0 个相比，下降幅度达 37%。

（四）在山东，85%的市场主体在过去一年间有被上门检查的经历

如图 8－4 所示，整体而言，在山东省，85% 的市场主体反馈在过去一年间有被上门检查的经历，高于全国平均水平。在全国，79% 的市场主体反馈有被上门检查的经历。

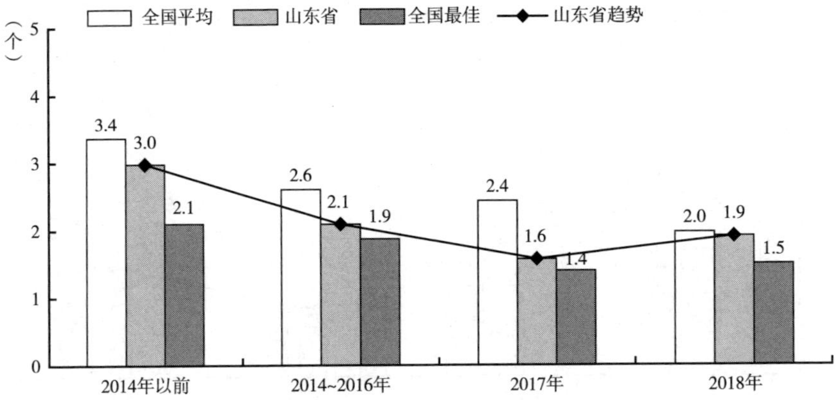

图 8－3　历年在山东登记注册所需办理的证件数量

注：证件数量越少，代表商改成效越好。

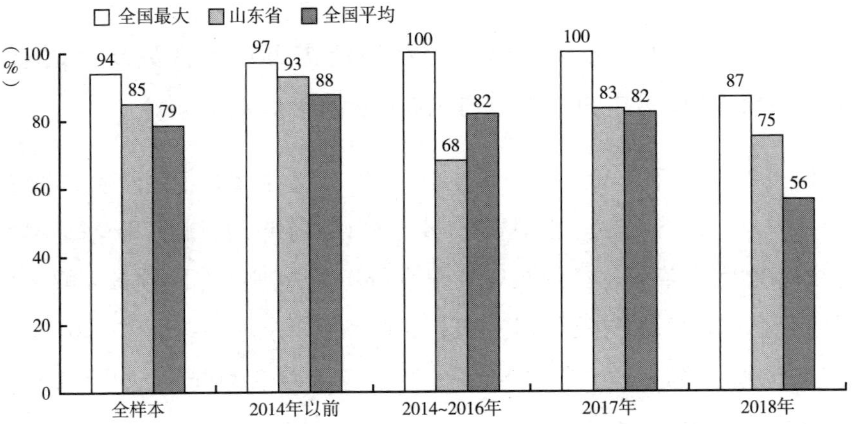

图 8－4　山东市场主体在过去一年被上门检查的经历

在山东省，商事制度改革之前成立的企业，在过去一年被上门检查的可能性更高。2014 年以前成立的市场主体，93% 反馈有被上门检查，比全国平均水平高了 5 个百分点；2014～2016 年成立的市场主体，被检查比例锐减，仅有 68% 反馈有被检查，比全国平均水平低了 14 个百分点；2017 年成立的市场主体被检查比例有所回升，83% 反馈有被检查，与全国平均水平大致持平；2018 年成立的市场主体，75% 反馈有被检查，比全国平均水平高了 19 个百分点。

（五）在山东，63%的市场主体使用网上信用信息系统，低于全国平均水平

信用监管的起点是市场主体到国家企业信用信息公示系统查看相关市场主体的信用信息。如图8－5所示，在山东省，仅63%的市场主体选择到国家企业信用信息公示系统上查看交易对象的信用信息。这一比例，低于全国平均水平，与全国最佳水平相差了将近20个百分点。此外，约34%的市场主体不知道和不查看国家信用信息系统；2%的市场主体通过其他渠道查看交易对象的信用信息。

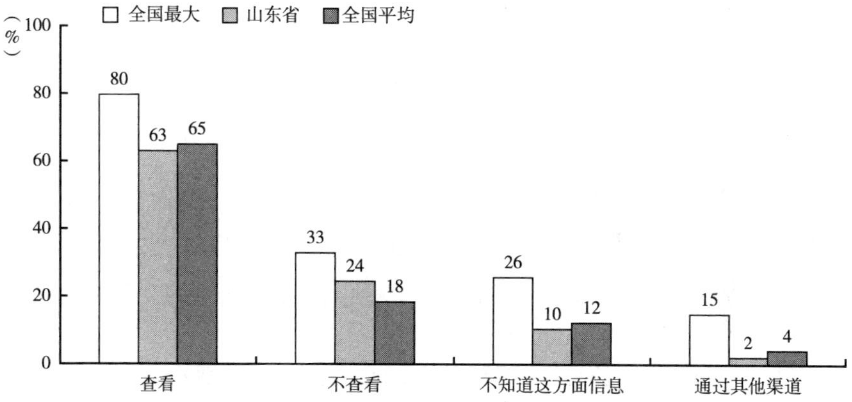

图8－5　山东市场主体查看国家信用信息系统情况

（六）在山东，69%的市场主体知道网上办事大厅，约52%的市场主体使用网上办事系统，高于全国平均水平

“互联网＋政务服务”是商事制度改革的主要内容之一。如图8－6所示，在山东省，有69%的市场主体明确反馈知道其所在地有网上办事大厅（系统）。在全国，59%的市场主体明确反馈知道本地有网上办事大厅（系统）；在国内最佳省份，这一比例则为82%。从全国视野看，山东优于全国平均水平，对比全国最佳地区还有一定差距。

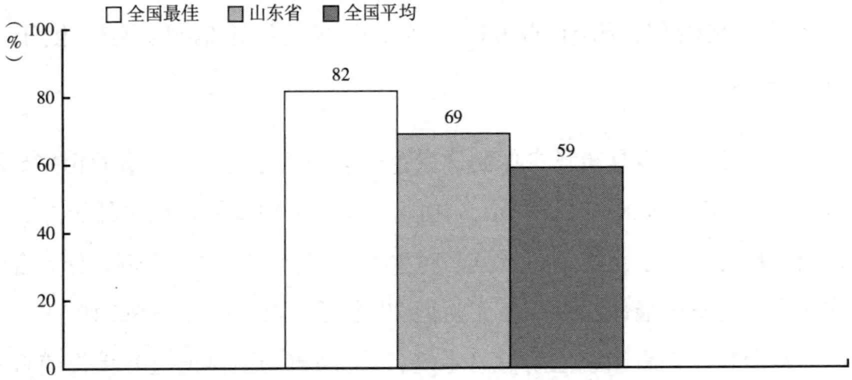

图 8－6　山东市场主体对网上办事大厅的知晓情况

注：知道比例越多，说明水平越好。

山东省使用网上办事系统的市场主体比例也高于全国平均水平。在知道网上办事大厅（系统）的市场主体中，山东有 24% 的市场主体常用网上办事系统个数为 0，全国平均水平是 16%。通过简单计算可知，这意味着，在山东省，约有 52%（69% ×76%）的市场主体会使用网上办事大厅（系统），全国平均水平则是 49.6%（59% ×84%）。

（七）在山东，2018年有55%的市场主体实现办事“最多跑一次”，改革进度领先全国

山东在“最多跑一次”改革上成效卓著，领先全国。“企业和群众办事力争只进一扇门，最多跑一次”，是中央政府 2018 年初所提出的商事制度改革的目标与承诺，这是市场主体的诉求，也是山东省 2018 年的主要改革目标。山东省工商局官网专门开辟出“一次办好”专题板块，开展企业开办、不动产登记、投资建设项目施工许可等 10 个专项行动，记录全省各市的相关进展。如图 8－7 所示，在 2018 年，55% 的山东市场主体办成一件事需要跑一次，比全国平均水平高了 25 个百分点，是全国最佳水平。

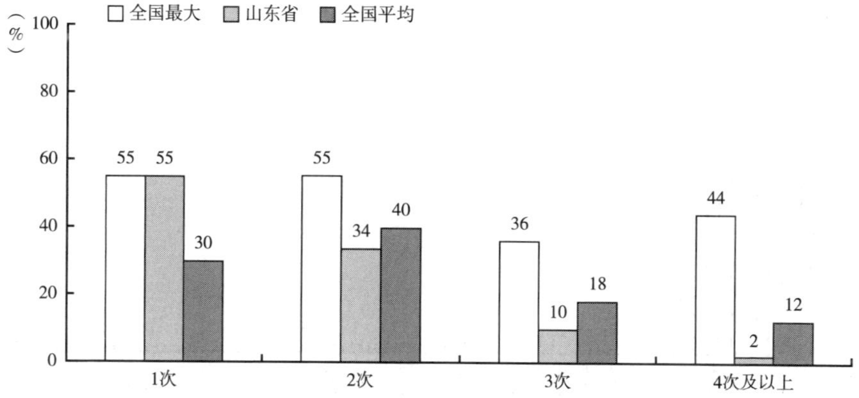

图 8－7　2018 年山东市场主体实现“最多跑一次”的比例

二　山东省营商环境建设的成效

（一）2018年，全国市场主体投票结果显示，山东营商环境位于全国第十名

市场主体的认可是最直接的肯定。图 8－8 报告了市场主体对全国各地营商环境的主观评价。在全国 16 个省份 84 个地市，每一位受访者都给出了其所认为的“做生意环境相对较好的三个省份”。图 8－8 报告了全国各地的得票情况，上海、广东、北京、浙江分列前四名；山东排名第 10，全国约 2% 的非山东市场主体认为山东做生意的环境相对较好，得到了部分主体的肯定。

（二）2018年，28% 的山东市场主体认为营商环境有改善，低于全国平均水平

如图 8－9 所示，在山东，仅有 28% 的市场主体认为当地营商环境有改善，比全国平均水平低了 12 个百分点，比全国最佳水平低了 30 个百分点；34% 的市场主体认为没有改变，比全国平均水平高出 9 个百分点；有 38%

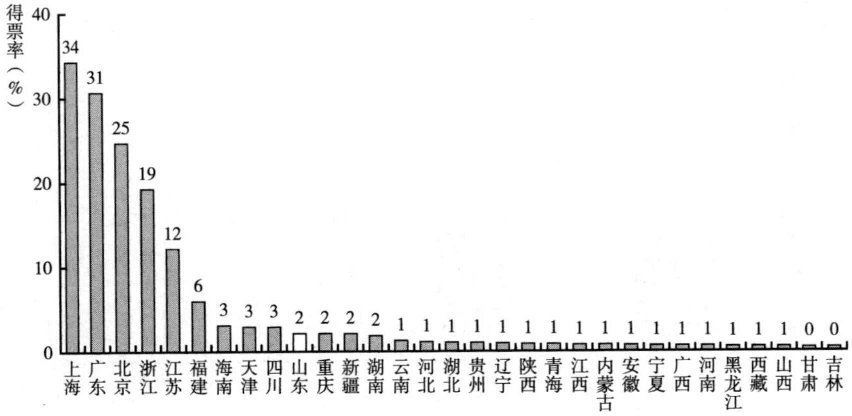

图 8－8　全国营商环境排名

注：得票率越高，代表商改成效越好。

的市场主体认为变差了，比全国平均水平高 3 个百分点。这表明，在 2018 年，从全国横向比较的角度看，山东市场主体对于营商环境建设的整体获得感是落后于全国平均水平的。

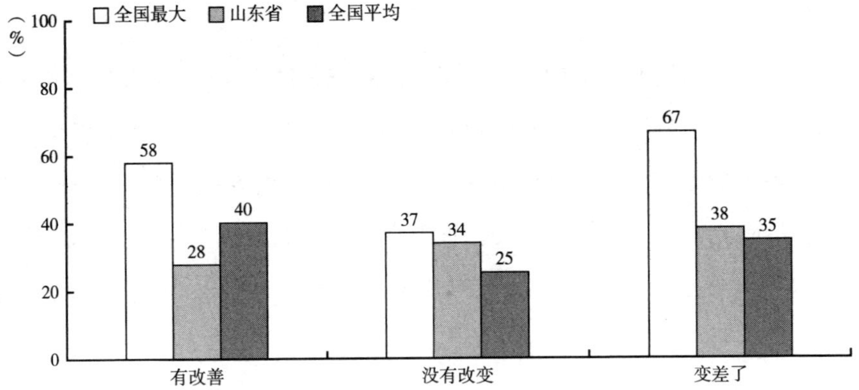

图 8－9　2018 年山东市场主体认为当地营商环境的变化

（三）2018年，51%的山东市场主体认为商改对其经营有积极影响，低于全国平均水平

如图 8－10 所示，在山东，有 51% 的市场主体认为商事制度改革对其

企业经营有积极影响，比全国平均水平低 9 个百分点，比全国最佳水平低 29 个百分点，差距较大。48% 的市场主体认为改革对经营没有影响，比全国平均水平高了 10 个百分点；还有 1% 的市场主体认为有消极影响。调研中，大部分市民表示，虽然政府在推进工商业务便捷办理方面有所改善，但对于企业的整体影响、对做生意的大环境并没有太多积极作用。这表明，在 2018 年，虽然超过一半的山东市场主体认为商改对其经营有积极影响，但这一比例从全国横向比较的角度看是落后的。

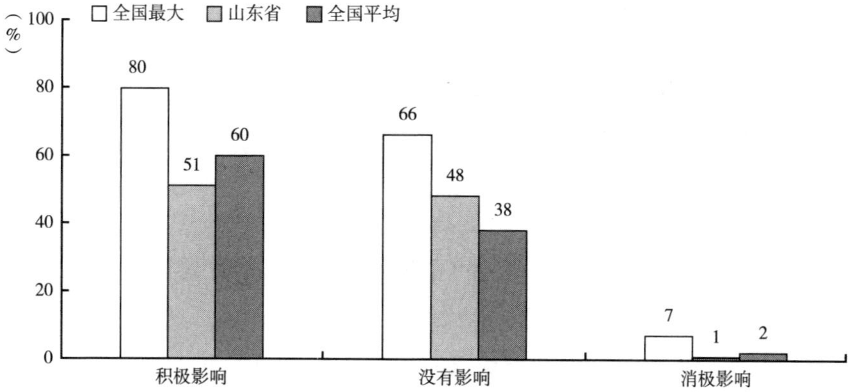

图 8－10 2018 年山东市场主体认为商改对经营的影响

（四）2018年，93% 的山东市场主体认为商事制度改革减少了与政府打交道的时间，是全国最佳水平；76% 的市场主体认为降低了与政府打交道的费用，高于全国平均水平

如图 8－11 所示，在山东省，93% 的市场主体认为商改措施能够减少市场主体与政府打交道的时间，比全国平均水平高了 7 个百分点，是全国最佳水平。

另外，76% 的市场主体认为商改措施能够降低市场主体与政府打交道的费用，比全国平均水平高了 12 个百分点，比全国最佳水平低 10 个百分点。这表明，山东的商事制度改革既降低了企业的时间成本，又降低了企业的金钱成本。其中，降低时间成本的作用更突出，市民认可度非常高。

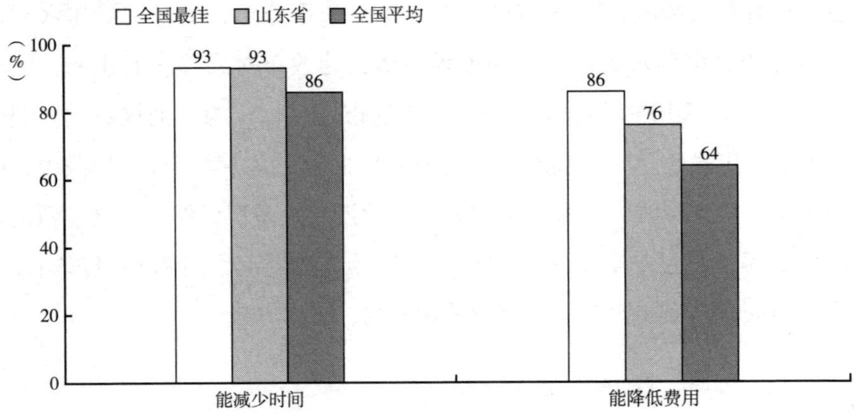

图 8－11　2018 年山东市场主体认为商改的成效

注：认同比例越多，说明商改反馈越好。

三　山东省营商环境建设面临的问题

虽然山东的市场主体认为商改降低了其与政府打交道的时间成本和金钱成本，而且在全国范围内是领先的，但与此同时，市场主体却认为山东的营商环境改善有限，商改对其经营的积极影响也有限，这背后隐含的新问题值得深思。本文认为主要存在以下新问题：第一，商改之外的问题成为影响营商环境的新问题，这些问题根植于商改，又超出商改；第二，小微企业获得感不强，是山东市场主体对于商改的积极评价落后于全国平均水平的主要原因；第三，山东的“互联网＋政务服务”建设不足，是深化商改的潜在着力点。

（一）目前，山东市场主体所面临的主要困难在商事制度改革范围之外

商事制度改革一直围绕着解决“办照难”“办证难”“退出难”等问题不断深化，不过，从市场主体反馈看，这些问题已经不再是市场主体目前所面临的主要困难。如图 8－12 所示，对于“在本地做生意目前遇到的主要

困难是什么”，山东市场主体提及办理许可证难、退出市场难、开办企业难的比重分别为6%、2%和1%，不再是市场主体目前所面临的主要困难。在全国范围内，这三个困难被提及的比重分别为7%和3%和3%，同样不再是市场主体目前所面临的主要困难。

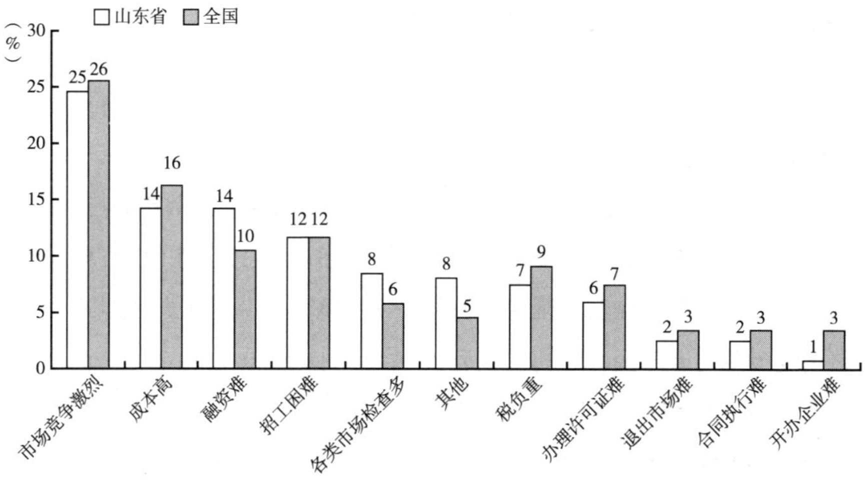

图8－12　2018年市场主体经营面临的主要困难

山东市场主体反馈目前最主要的三个困难分别是市场竞争激烈、成本高和融资难，这三个困难被提及的比重分别为25%、14%和14%。一位来自传统工业的企业代表表示，现在很难找到合适的转型项目，只好在市场中苦苦坚持；枣庄市一位市场主体也表示，如果没有政府担保，企业很难从银行正常融资，只能选择比较容易的高利贷。同时，这三个问题也是全国范围内被提及次数较多的问题。显然，商事制度改革解决了一部分旧的问题，却也产生了新的问题。

需要明确指出的是，这些新困难是商事制度改革不断取得巨大成效过程中所伴随的必然现象。山东省市场主体总量由商事制度改革前（2013年）的412.6万户，发展到目前的846.9万户，数量翻了一番多，市场主体总量持续快速增长，稳居全国第三。市场主体的倍增，既是商事制度改革所取得的巨大成就，又对商事制度改革提出了新的挑战。因为市场主体的倍增意味着，在产品市场上，市场供给可能是倍增的，必然导致产品市场上竞争越来越激烈；在生产要素市场上，市场需求可能是倍增的，生产要素价格不断上升，企业成本不断上升。因此，山东市场主体目前所面临的新困难，根植于商事制度改革带来的市场主体倍增。

（二）山东商事制度改革对市场主体经营的积极影响低于全国平均水平，主要体现在小微企业获得感不足

虽然山东省在登记注册以及和政府打交道的事务上得到了大部分市场主体的认同，但是在企业日常经营和营商环境方面收获的认同却少得多。38%的受访主体认为营商环境变差了，49%的市场主体认为商事制度改革对其经营没有影响和有消极影响，比例分别比全国平均水平高出3个百分点和9个百分点。

小微企业遇到的经营困难更多。如图8－13所示，企业规模越小，对于商事制度改革对改善经营环境的认可度越低。少于20人的企业对商事制度改革改善经营环境的认可度仅为37%，比全国平均水平低近20个百分点；规模为20～100人的企业对商改的认可度与全国水平基本持平；100～500人的企业对商改的认可度远远高于全国平均水平。其原因可能在于，目前山东省的商事制度改革侧重于节约和政府打交道的时间，并放宽了市场准入条件。因此，涌入市场的小微企业会面临更激烈的市场竞争和更为严苛的经营条件，这点和上一个问题相互呼应。

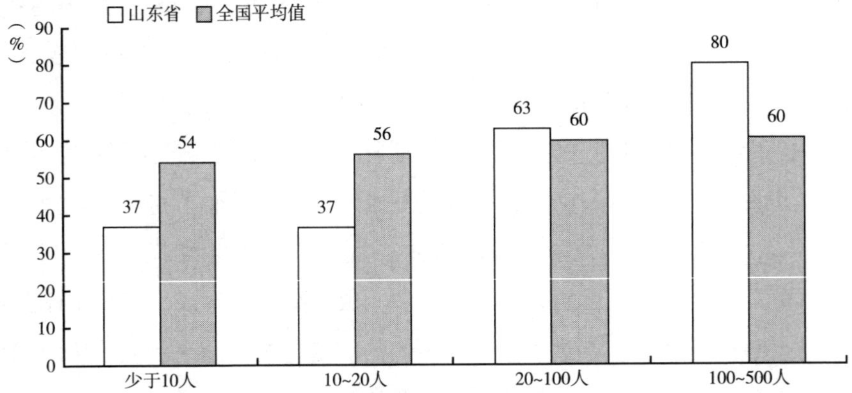

图8－13　小微企业认为商事制度改革对经营有积极影响的比例

（三）2018年，山东的"互联网+政务服务"建设仍有不足

山东"互联网+政务服务"的建设水平有待提升，主要表现为以下三点：31%的市场主体不知道网上办事大厅；仅有63%的市场主体查看网上信用信息系统；山东省市场主体平均使用2.5个网上办事系统，尚未实现"一网通办"的目标。

山东"互联网+政务服务"建设不足至少有两个原因。一个是宣传不够，表现为40~50岁年龄段的市场主体不知道网上办事大厅的比例偏高。如图8-14所示，按受访者年龄段分组来看，山东省小于30岁、30~40岁以及50岁以上等各年龄段受访者中不知道网上办事大厅的比例都显著低于全国平均水平，但是在40~50岁这一年龄段与全国平均水平持平。因此，相对而言，尽管山东省的受访者知晓网上办事大厅的比例高于全国平均水平，但是在40~50岁年龄段的受访者中存在一定的短板。这表明，山东省现有的网上办事系统宣传途径不能很好地覆盖中年群体，线下宣传不足。

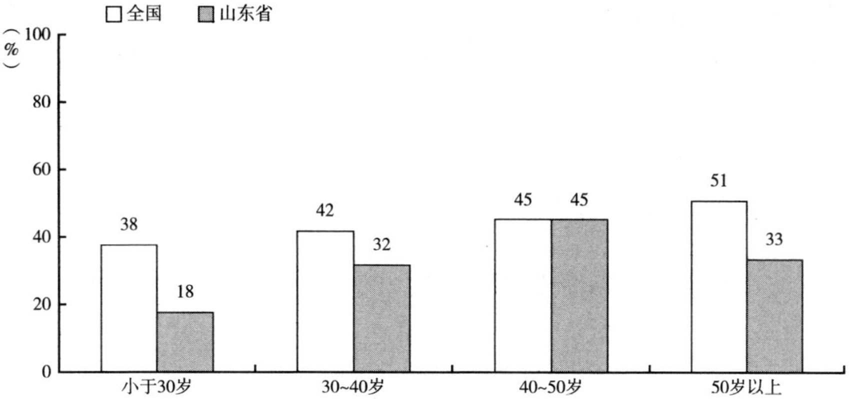

图8-14 各年龄段不知道有网上办事大厅的比例

注：50岁以上市场主体样本容量较小，代表性不足。

另一个是系统不好用。在山东，有24%的知道网上办事系统的市场主体选择不使用网上办事系统，现场调研时发现现有网上办事系统依然存在不好用的问题。第一，现有技术不足以支持数据互通。淄博市周村区一位市民

表示，在更换了三位工作人员的情况下，依然无法读取之前采集的数据，只好重新填写。临淄区的领导也表示，目前数据没办法通过网络多跑路，只好让干部多跑腿。第二，受限于企业人员素质，电子化自助办公的适应程度不高。东营市河口区自助电子操作区中，从填写到打印签字都需要工作人员实时指引，即便如此也经常出现系统报错现象，办事效率依然不高。

四　山东省完善营商环境建设的方向

根据山东省商事制度改革面临的新问题，结合社会经济新形势，我们提出以下四点建议。

（一）针对新问题，开拓山东商事制度改革的新领域

随着商事制度改革不断深化，“办照难”“办证难”“退出难”等旧问题渐渐消失，市场竞争激烈、成本高、融资难等新问题渐渐浮现。这对已有的商事制度改革措施既是肯定，也是挑战。针对新问题，山东省政府应该打破地域分割和行政垄断，清理废除妨碍统一市场和公平竞争的各种规定与做法，同时创新要素市场配置机制，规范发展融资担保、互联网金融、股权融资、要素交易等新业态。在做大市场这块大饼的同时，营造更加公平有序的竞争环境，有效缓解市场竞争激烈、成本高、融资难等新问题。

（二）重点向小微企业倾斜，优化小微企业经营环境

山东省的小微企业在商事制度改革中获得感更低，这说明山东省对于小微企业的关注度还不足。山东省 2017 年决定实施旨在优化小微企业治理结构和产业结构的“双升”战略。一方面推动特色重点产业升级，另一方面加大对小微企业的财政税收优惠力度。目前来看，该战略方向正确，但落实度不够，收效甚微。因此，山东省下一步应该深入推进小微企业“双升”战略，扩大战略面向对象，切实帮助小微企业进行产业升级、减轻小微企业的经营负担。

（三）提升“互联网+政务服务”建设水平

在大数据时代，智慧政务、信用监管是大势所趋。山东目前依然存在信用系统使用率不高，网上办事系统零散、不好用等问题。首先，山东省政府应该加大对网上办事系统和电子化业务的宣传力度，让更多人知道网上办事系统的用法。其次，山东省应该强化信用监管，大力推行“双随机、一公开”，建设更可靠的网上信用信息系统。最后，山东省可以整合电子业务、加快建设数据互通的网上办事平台，向“一网通办”改革目标发力，努力建设好用、易用、爱用的网上办事系统。

（四）强化山东商事制度改革优势

目前，山东商事制度改革在降低与政府打交道的时间和“最多跑一次”改革方面成效位居全国第一。登记注册时间、所需证件数、窗口数等指标接近全国最佳水平。这些成绩来之不易，要继续深入推进商事制度改革，强化已有的成功做法，做大做强现有优势，如全力推进压缩企业开办时间，扩大“一次办好”和“证照分离”改革范围等。

第九章 河南省营商环境报告*

课题组在河南省随机抽取了6个市，它们分别为郑州市、安阳市、许昌市、漯河市、信阳市和周口市，随机访谈获得有效问卷291份。调研结束后，课题组清理、整理了有关全国和河南商事制度改革的第一手数据资料与舆情反馈，并从全国视野考察河南商事制度改革的新进展、新挑战以及新方向。现将主要情况报告如下。

一 河南省营商环境建设的进展

（一）市场主体登记注册所需时间从商改前的7.9天下降至2018年的7.8天，变化不明显

如图9－1所示，在2014年商事制度改革前，市场主体在河南省登记注册平均需要7.9天，比全国平均数（8.4天）少0.5天。商事制度改革后，在河南省登记注册所需时间无明显变化。在2014年至2016年，所需时间不降反增，上升至8.6天；2017年继续上升至8.9天；2018年则下降至7.8天。

2018年，在河南省，受访的市场主体中没有在3天内完成登记注册的，

---

* 本章执笔：钟子健、李小瑛、贾帅帅。

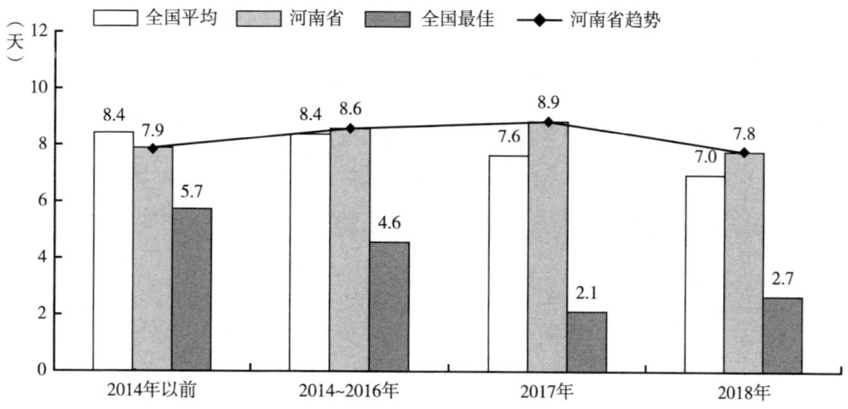

图 9－1　历年在河南登记注册所需时间

注：平均时长越短，代表商改成效越好。

平均所需登记注册时间为 7.8 天。从全国视野看，河南省比全国平均水平（7.0 天）慢 0.8 天，比全国最佳实践（2.7 天）慢 5.1 天。

（二）市场主体登记注册所需交涉的窗口数量从商改前的3.8个下降至2018年的3.2个

如图 9－2 所示，2014 年商事制度改革以前，在河南登记注册一家市场

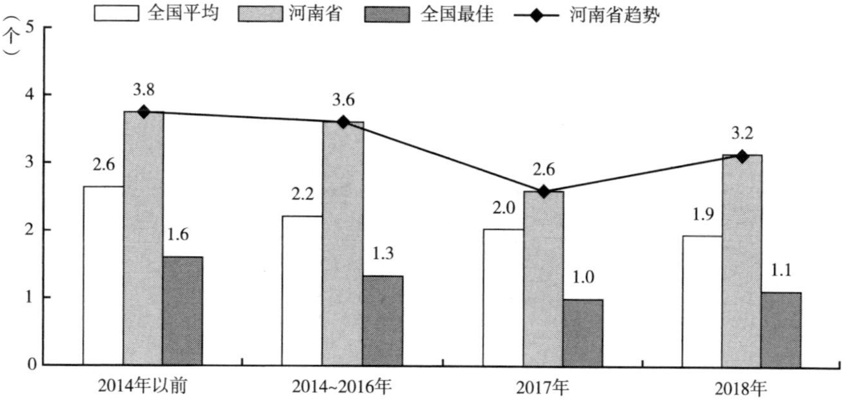

图 9－2　历年在河南登记注册所需交涉的窗口数量

注：窗口数量越少，代表商改成效越好。

主体平均需要与3.8个办事窗口打交道，比全国平均所需的2.6个多了1.2个窗口，明显落后于全国平均水平。商事制度改革后，在河南省登记注册所需交涉的窗口数量先下降后上升：在2014年至2016年，需要交涉的窗口数量下降至3.6个；2017年快速下降至2.6个；但2018年上升至3.2个。整体而言，市场主体登记注册所需交涉的窗口数量下降了约16%。

2018年，在河南，15%的市场主体实现一窗登记，平均需要跑3.2个窗口。从全国视野看，河南省市场主体登记注册所需交涉的窗口数量远高于全国平均水平（1.9个），是全国最佳水平的3倍，仍需大幅精减。

（三）市场主体所需办理证件数从商改前的4.3个下降至2018年的2.1个，接近全国平均水平

如图9-3所示，2014年商事制度改革前，市场主体在河南省登记注册所需办理证件数平均为4.3个，比全国平均数3.4个多0.9个证件，落后于全国平均水平。商事制度改革后，在河南省登记注册所需办理证件的数量大幅下降。2014年至2016年减少至3.3个证件，2017年为3.8个，2018年则下降至2.1个。整体而言，市场主体所需办理证件数下降了51%。

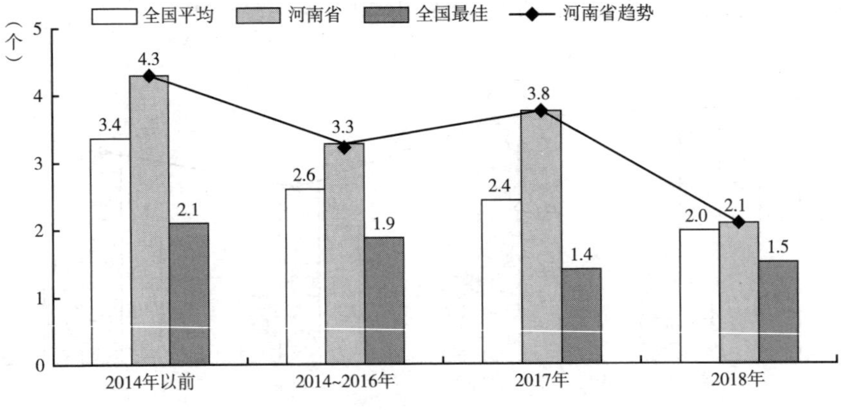

图9-3 历年在河南登记注册所需办理的证件数量

注：证件数量越少，代表商改成效越好。

2018 年，超过 40% 的河南省市场主体完成登记注册只需办理 1 个证件，平均需要办理 2.1 个证件。从全国视野看，河南省市场主体所需办理证件数接近全国平均水平（2.0 个），与全国最佳水平（1.5 个）相比，还有一定差距。

（四）84% 的市场主体在过去一年间有被上门检查的经历，高于全国平均水平

如图 9 -4 所示，整体而言，河南省 84% 的市场主体反馈在过去一年间有被上门检查的经历。从全国视野看，河南省的市场检查高于全国平均水平（79%）。从图形上看，河南省对商事制度改革以来成立的市场主体的检查频率高于全国平均水平。具体而言，对于 2014 ~2016 年、2017 年和 2018 年新成立的市场主体检查的频率分别比全国平均水平高出 1 个百分点、11 个百分点和 8 个百分点。

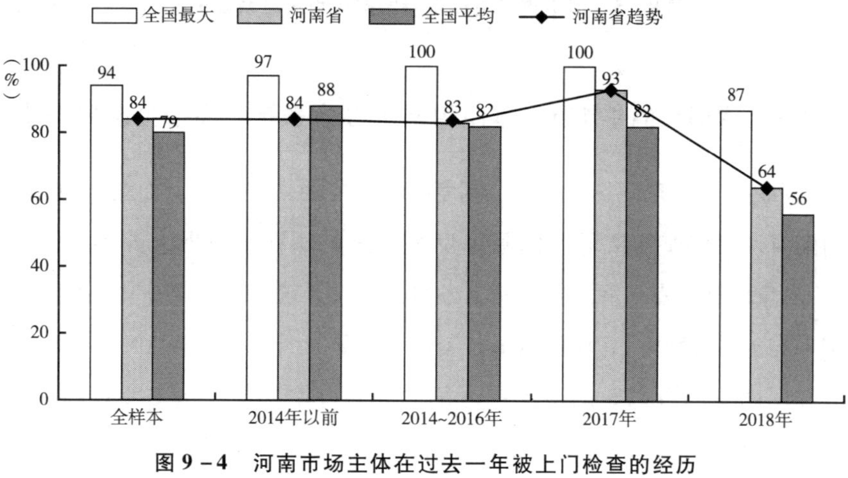

图 9 -4 河南市场主体在过去一年被上门检查的经历

（五）72% 的市场主体使用国家企业信用信息系统，高于全国平均水平

信用监管的起点是市场主体到国家企业信用信息系统查看相关市场主体

的信用信息。如图 9－5 所示，在河南省，有 72% 的市场主体选择到国家信用信息系统上查看交易对象的信用信息。这一比例高于全国平均水平，与全国最佳水平相差 8 个百分点。另外，在河南，只有 9% 的市场主体不查看，远低于全国平均水平（18%）。

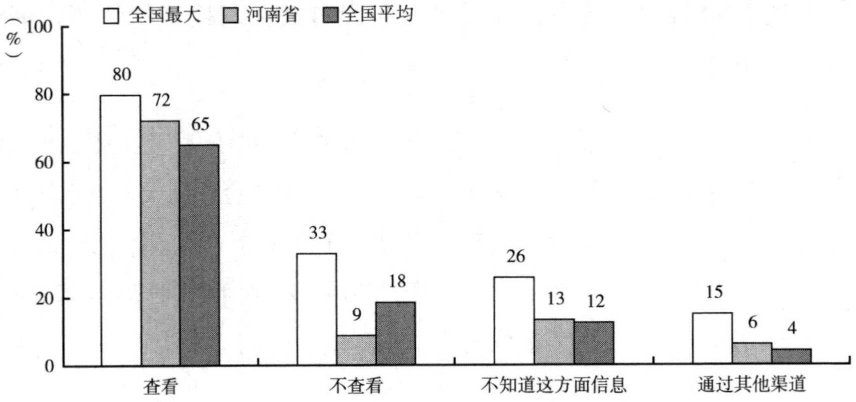

图 9－5　河南市场主体查看国家信用信息系统情况

（六）约51%的市场主体使用网上办事系统，高于全国平均水平

“互联网＋政务服务”是商事制度改革的主要内容之一。如图 9－6 所示，在河南省，有 55% 的市场主体明确反馈知道其所在地有网上办事大厅（系统）。从全国视野看，河南知晓网上办事大厅（系统）的市场主体占比略低于全国平均水平（59%），比国内最佳省份（82%）低了接近 30 个百分点。

在河南省，约 51% 的市场主体使用网上办事大厅。这主要是因为，在知道网上办事大厅（系统）的市场主体中，河南只有 7% 的市场主体不使用。这意味着，在河南省，约 51%（55% ×93%）的市场主体会使用网上办事大厅（系统）。从全国视野看，河南省的网上办事大厅（系统）使用率高于全国平均水平。在全国范围内，16% 的市场主体知道却不使用，全国范围的使用率只有 49.6%（59% ×84%）。

此外，在知道网上办事大厅（系统）的市场主体中，河南有 20% 的市

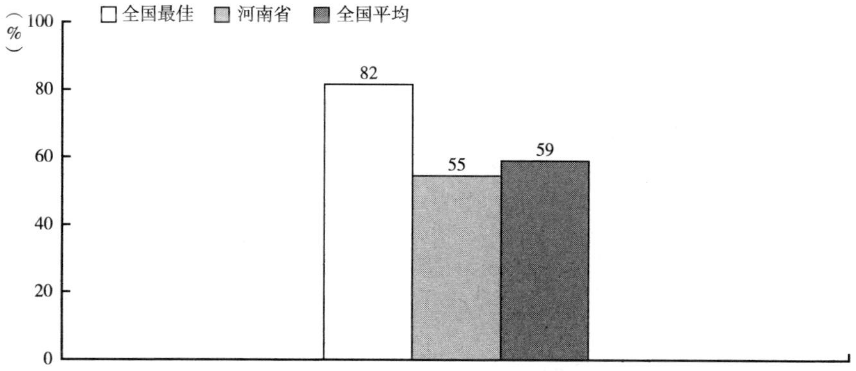

图 9-6　河南市场主体对网上办事大厅的知晓情况

场主体常用 1 个网上办事系统；31% 的常用 2 个办事系统。平均而言，河南省市场主体常用的网上办事系统为 2.5 个，尚未实现“一网通办”。

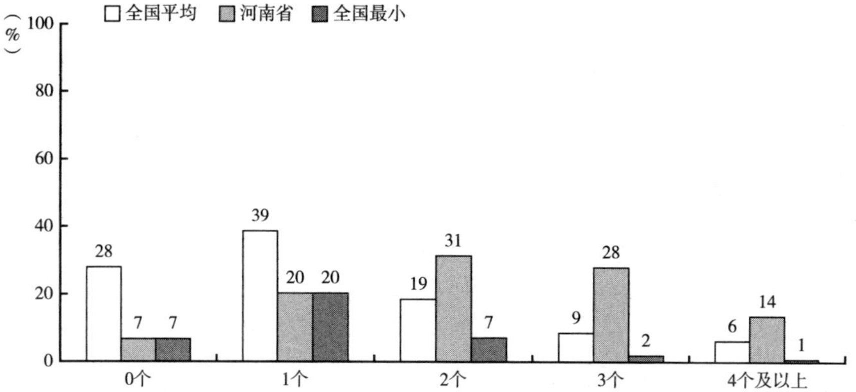

图 9-7　河南市场主体常用网上办事系统的比例

二　河南省营商环境建设的成效

（一）80% 的市场主体认为商事制度改革减少了与政府打交道的时间，70% 的市场主体认为降低了与政府打交道的费用

如图 9-8 所示，在河南省，80% 的市场主体认为商改措施能够减少市

场主体与政府打交道的时间。从全国视野看，比全国平均水平低了6个百分点，比全国最佳水平低13个百分点。

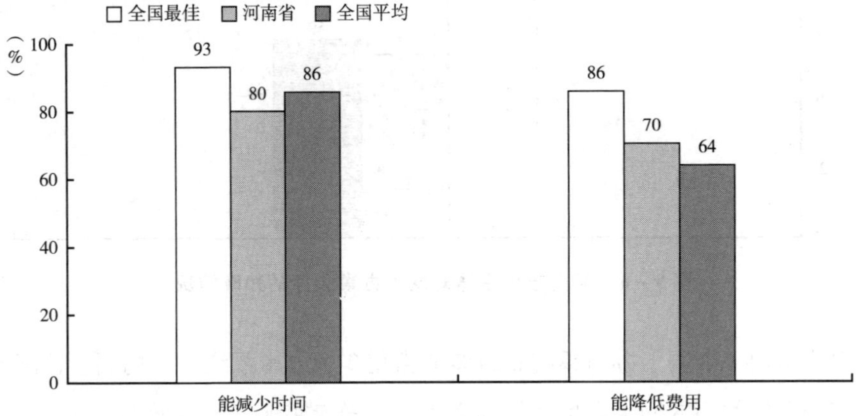

图9－8　2018年河南市场主体认为商改的成效

另外，70%的市场主体认为商改措施能够降低市场主体与政府打交道的费用。从全国视野看，比全国平均水平高了6个百分点，比全国最佳水平低16个百分点。

（二）69%的市场主体认为商改对其经营有积极影响

如图9－9所示，在河南省，69%的市场主体认为商改对经营有积极影响。从全国视野看，比全国平均水平高了9个百分点，比全国最佳水平低了11个百分点。另外，有24%的河南市场主体认为商事制度改革对经营没有影响。

（三）58%的河南市场主体认为营商环境有改善

如图9－10所示，河南省58%的市场主体认为营商环境有所改善，比全国平均水平高了18个百分点，为全国最佳水平；18%的市场主体认为没有改变，低于全国平均水平；24%的市场主体认为变差了，低于全国平均水平。这表明，在2018年，从全国视野看，河南市场主体普遍认为商事制度改革有利于营商环境建设。

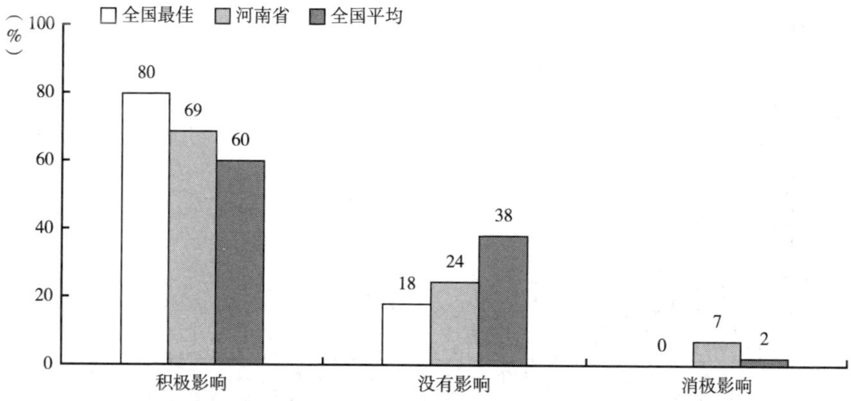

图 9－9　2018 年河南市场主体认为商改对经营有积极影响的比例

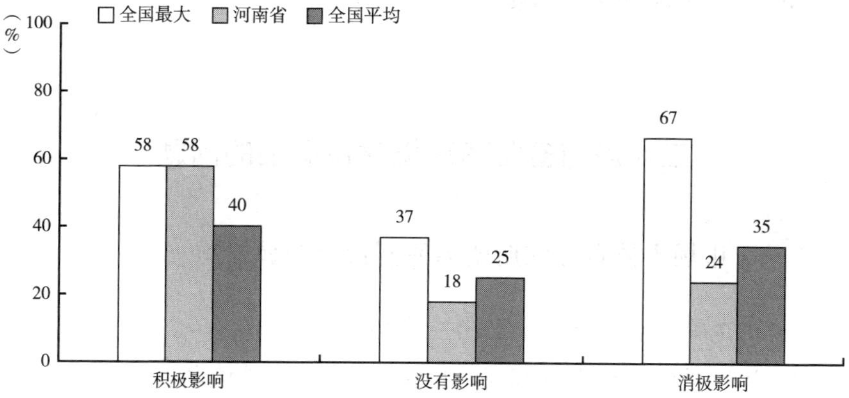

图 9－10　2018 年河南市场主体认为商改对当地营商环境的影响

（四）全国市场主体投票结果显示，河南营商环境全国第26名

市场主体的认可是对商事制度改革最直接的肯定。图 9－11 报告了市场主体对全国各地营商环境的主观评价。在全国 16 个省份 84 个地市，每一位受访者都给出了其所认为的“做生意环境相对较好的三个省份”。从图形上看，上海第一、广东第二、北京第三，河南第 26。具体而言，全国只有不到 1% 的非河南市场主体认为河南做生意的环境相对较好。这说明，全国市场主体并不认为河南商事制度改革以及营商环境建设取得了显著的效果。

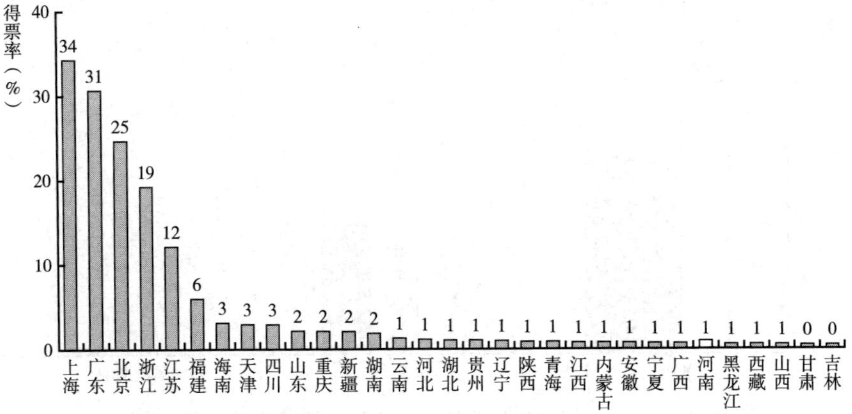

图 9－11　全国营商环境排名

注：得票率越高，代表商改成效越好。

三　河南省营商环境建设面临的问题

（一）市场主体登记注册所需时间没有明显缩短

在全国范围内，市场主体登记注册时间下降了 16.7%。“企业开办时间再减少一半”是中央政府 2018 年初所提出的商事制度改革的目标与承诺。由图 9－1 可知，在河南省，商事制度改革以来，市场主体登记注册所需时间并没有缩短，一直高于全国平均水平。2018 年，河南省比全国平均水平（7.0 天）多了 0.8 天；比全国最佳实践（2.7 天）多了 5.1 天。

（二）“最多跑一次”“一窗受理”改革落后于全国平均水平

“企业和群众办事力争只进一扇门，最多跑一次”，是中央政府 2018 年初所提出的商事制度改革的目标与承诺，更是市场主体的诉求。如图 9－12 所示，2018 年，在河南省只有 17% 的市场主体办成一件事只需要跑一次，比全国平均水平低了 13 个百分点，不到全国最佳水平的 1/3。这意味着，河南在“最多跑一次”改革上明显落后了。

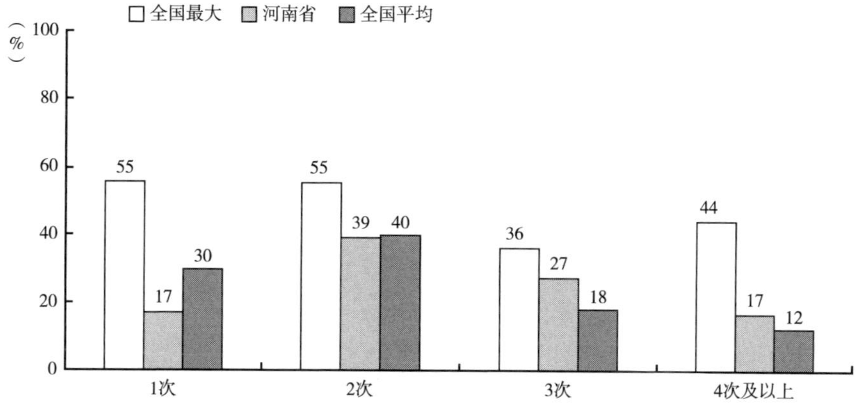

图 9-12　2018 年河南市场主体实现“最多跑一次”的比例

另外，如图 9-13 所示，在 2018 年，41% 的河南市场主体办成一件事只需要与一个窗口打交道，比全国平均水平低了 27 个百分点，约为全国最佳水平的一半。这意味着，河南在“一窗受理”改革上也大幅落后。

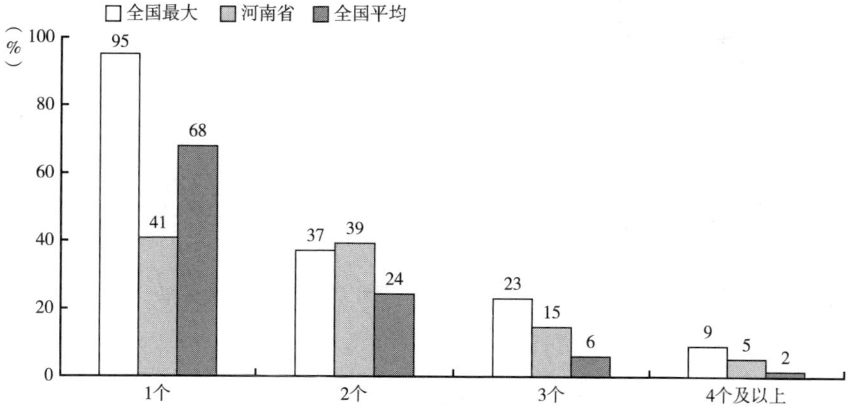

图 9-13　2018 年河南市场主体实现“一窗受理”的比例

从市级层面上看，河南各市在“最多跑一次”和“一窗受理”改革上进展都不大。如图 9-14 所示，在 2018 年调研的 6 个市中，所有城市“最多跑一次”的水平均未超过全国平均水平（30%）。安阳与全国平均水平大致相当，其他各市明显低于全国平均水平。所有城市“一窗受理”的水平均不及全国平均水平（68%）。许昌市作为省内表现最佳的城市，也比全国平均水平低了4个百分点。

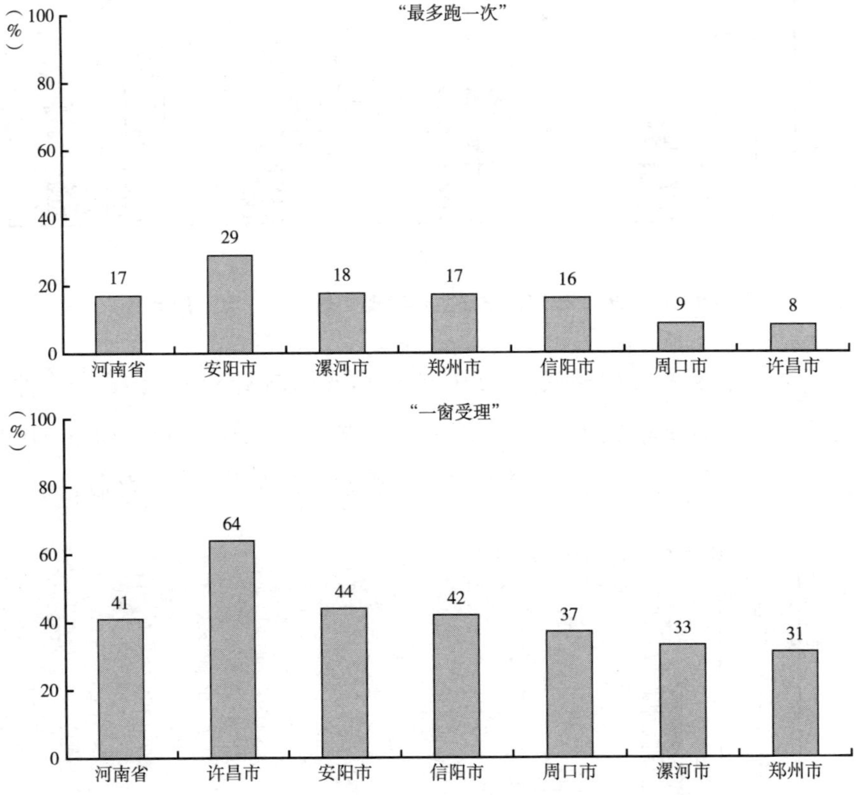

图9-14　2018年河南各市实现“最多跑一次”及“一窗受理”的比例

（三）个别地市推进“互联网+政务服务”方式生硬

河南省大力推进无纸化办公，个别地市推广方式生硬，并没有真正便利市场主体办理业务。比如在漯河市的市级政务大厅，办事人员并不多。下午是从一点开始上班，工作人员准点到岗。虽然这里承接受理线下业务，但是基本上每位来办理业务的人员都被工作人员推荐到旁边的电脑做网上受理。

由于电子化办公系统刚投入使用，很多市民不能熟练地操作这个系统，有的人甚至无从下手。有一位北京的客商因公司迁移来漯河办理工商变更手续，本想在窗口办理，但工作人员极力推荐他使用网上办事系统，这位客商一直无法正确操作，加之要赶回京的高铁，只得先放弃办理。还有一位中年人为自己的实体工厂办理工商手续，依旧被工作人员推荐走无纸化办公程序。可是他年纪比较大，对电脑办公业务不熟悉，自己的下属也没在身边，在大厅耗了一天的时间也没办好。

（四）市场主体面临的主要困难

商事制度改革一直围绕着解决“办照难”“办证难”“退出难”等问题不断深化，但从市场主体的反馈看，这些问题中仅有“办证难”是河南市场主体目前所面临的主要困难。如图 9－15 所示，对于“在本地做生意目前遇到的主要困难是什么”，河南市场主体提及开办企业难、办理许可证难、退出市场难的比重分别为 2%、10% 和 2%，仅有办理许可证难是市场主体目前所面临的主要困难。从全国视野看，河南市场主体认为办理许可证难的比例高于全国平均水平 3 个百分点。这说明，河南“办证难”的问题仍比较明显。

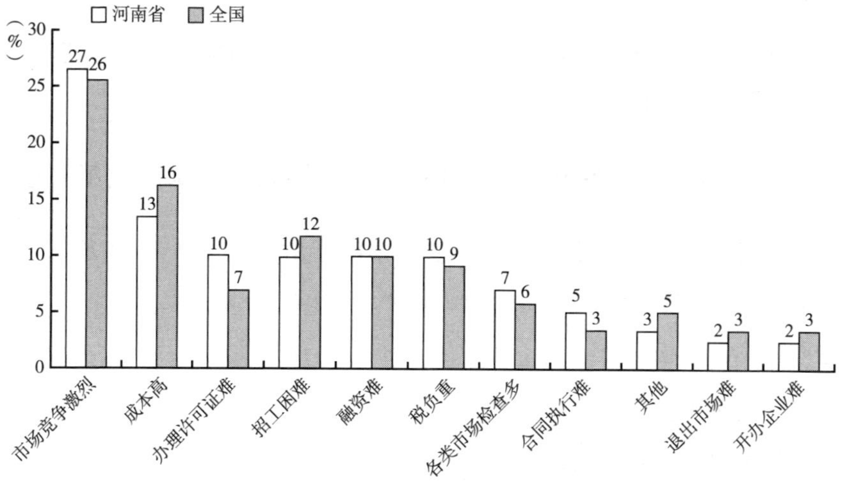

图 9－15　市场主体经营面临的主要困难

河南市场主体反馈目前最主要的三个困难分别是市场竞争激烈、成本高和办理许可证难。这三个困难被提及的比重分别为 27%、13% 和 10%。其中，市场竞争激烈和成本高也是全国市场主体所普遍面临的主要困难，不是目前商事制度改革能够直接解决的。

四　河南省完善营商环境建设的方向

商事制度改革直面长期以来困扰“放管服”领域的突出问题与关键难题，坚持以人民为中心的发展思想，深化改革，做到老百姓关心什么、期盼什么，改革就要抓住什么、推进什么，注定是一场攻坚战和持久战。根据河南省商事制度改革面临的新问题，结合社会经济新形势，我们提出以下四点建议。

（一）再创河南商事制度改革新优势

从供给侧的角度看，“35 证合一”等作为河南商事制度改革的一张名片，成为全国模范。不过，从需求侧的角度看，市场主体登记注册所需时间、所需打交道的窗口数量等指标一直低于全国平均水平。这些成绩来之不易，要强化已有的成功做法，切实降低市场主体的登记注册时间，再创河南商事制度改革新优势。

（二）推进“最多跑一次”改革，补齐河南商事制度改革的短板

从全国视野看，河南商事制度改革中明显的短板是在“最多跑一次”改革方面落后了。“最多跑一次”抓住了市场主体办事的核心诉求，是倒逼政府自身改革、转变职能的重要抓手。从全国 16 个省份调研情况看，2018 年大部分省份正在积极推进这项改革。目前，只有 17% 的河南省市场主体办成一件事只需要跑一次，比全国平均水平低了 13 个百分点，不到全国最佳水平的 1/3，成为河南商事制度改革中的短板。

（三）统筹线上服务和线下服务，增创河南商事制度改革的新优势

在大数据时代，数字政府是大势所趋。河南顺应时代，大力推进无纸化办公，走在全国前列，比如约 51% 的市场主体使用网上办事系统，高于全国平均水平。不过，从需求侧的角度看，河南市场主体的“互联网 + 政务服务”使用率高，可能缘于市场主体无法使用线下服务，“被迫”使用线上服务。“数字政府”建设需要从供给端和需求端两端协同发力，统筹线上服务和线下服务，再创河南营商环境建设新优势。

（四）切实解决“办证难”问题，转向市场开放，开拓河南商事制度改革的新领域

河南市场主体仍旧面临着“办证难”的问题，这一现象主要集中在服务业、工业及建筑业。市场主体的快速增加一定程度上加剧了市场竞争激烈、成本高的问题，这已经成为包括河南在内的全国市场主体所面临的主要困难。开放更多市场领域，可以有效解决市场竞争激烈和成本高的新困难。因此，以设立自贸区为契机，扩大市场开放应是河南商事制度改革的新重点。

第十章
湖南省营商环境报告*

课题组在湖南省随机抽取了6个市，它们分别为长沙市、衡阳市、邵阳市、岳阳市、常德市和怀化市，随机访谈收回有效问卷386份。调研结束后，课题组清理、整理了有关全国和湖南商事制度改革的第一手数据资料与舆情反馈，并从全国视野考察湖南商事制度改革的新进展、新挑战以及新方向。现将主要情况报告如下。

一　湖南省营商环境建设的进展

（一）市场主体登记注册所需时间从商改前的8.8天下降至2018年的5.3天，快于全国平均水平

如图10－1所示，在2014年商事制度改革前，市场主体在湖南省登记注册平均需要8.8天，比全国平均水平（8.4天）多0.4天。商事制度改革后，在2014～2016年，市场主体在湖南省登记注册的平均时间上升至9.9天；2017年，登记注册平均时间迅速下降至6.8天；2018年则进一步下降至5.3天。整体而言，商事制度改革以来，市场主体注册登记所需时间下降了约40%。

---

* 本章执笔：陈秋雯、李小瑛、林建浩。

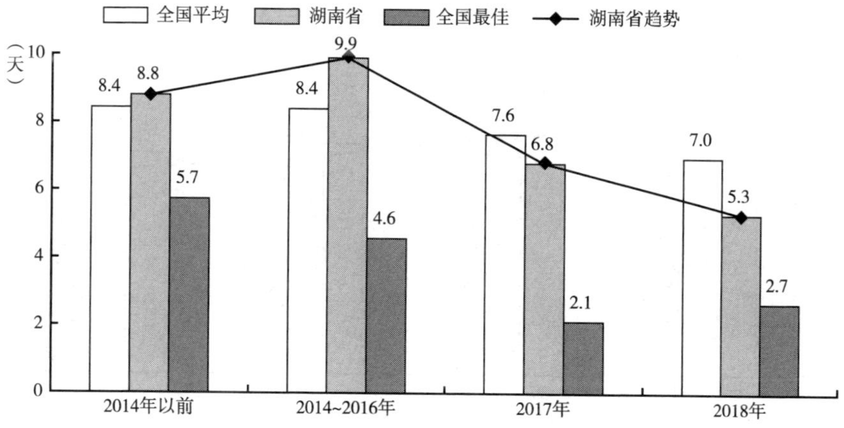

图 10－1　历年湖南市场主体登记注册所需时间

注：平均时长越少，代表商改成效越好。

从全国视野看，2018 年，湖南市场主体登记注册所需时间低于全国平均水平。在湖南，平均需要 5.3 天，比全国平均水平（7.0 天）快了接近 2 天；不过，与全国最佳水平（2.7 天）相比，还是慢了 2 天多。

（二）市场主体登记注册所需交涉的窗口数量从商改前的2.2个下降至2018年的1.8个，略优于全国平均水平

如图 10－2 所示，2014 年以前，在湖南登记注册一家市场主体平均需要与 2.2 个办事窗口打交道，低于全国平均水平（2.6 个）。商事制度改革后，在湖南省登记注册所需交涉的窗口数量逐年下降：2014 年至 2016 年下降至 2.1 个，2017 年下降至 1.9 个，2018 年则下降至 1.8 个。整体而言，商事制度改革以来，市场主体注册登记所需交涉的窗口数量下降了 18%。

从全国视野看，2018 年，湖南市场主体登记注册所需交涉的窗口数量略优于全国平均水平。在湖南，平均需要 1.8 个，比全国平均水平（1.9 个）少了 0.1 个窗口；不过，与全国最佳水平（1.1 个）相比，还是多了接近 1 个窗口。

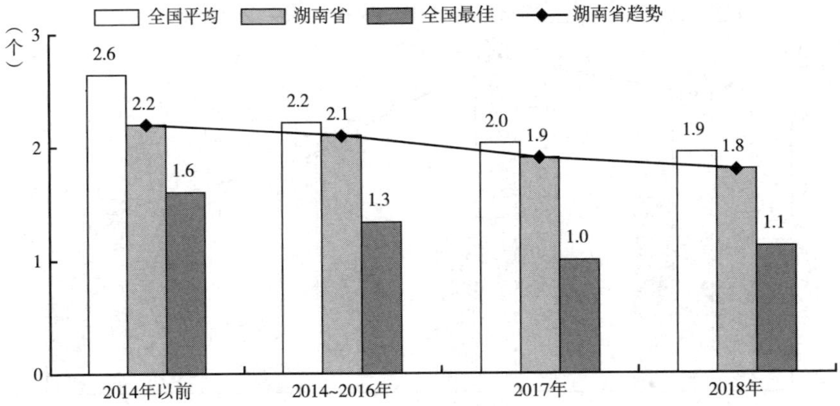

图 10－2　历年湖南市场主体登记注册所需交涉的窗口数量

注：窗口数越少，代表商改成效越好。

（三）市场主体所需办理许可证数从商改前的3.8个下降至2018年的1.9个，接近全国平均水平

如图 10－3 所示，2014 年前，湖南省市场主体所需办理许可证平均为 3.8 个，比全国平均水平（3.4 个）多 0.4 个证件。商事制度改革后，湖南省市场主体所需办理许可证数量大幅下降：2014 年至 2016 年减少至 2.5 个

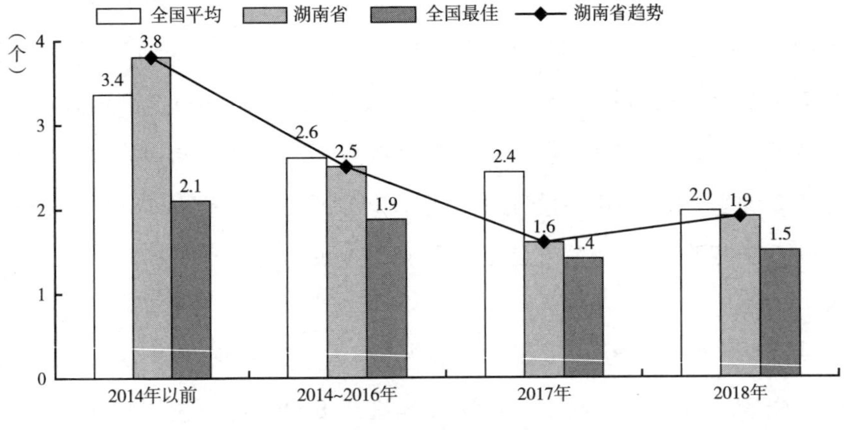

图 10－3　历年湖南市场主体所需办理的许可证数量

注：证件数量越少，代表商改成效越好。

证件，2017 年下降至 1.6 个，2018 年则为 1.9 个。整体而言，商事制度改革以来，市场主体所需办理许可证数量下降了 50%。

从全国视野看，2018 年，湖南市场主体所需办理许可证数量大致处于全国平均水平。在湖南平均需要办理 1.9 个，比全国平均水平（2.0 个）少了 0.1 个；不过，与全国最佳水平（1.5 个）相比，还是多了 0.4 个。

（四）79%的市场主体在过去一年间有被上门检查的经历，与全国同步

如图 10－4 所示，整体而言，湖南省 79% 的市场主体反馈在过去一年间有被上门检查的经历，与全国平均水平（79%）持平。

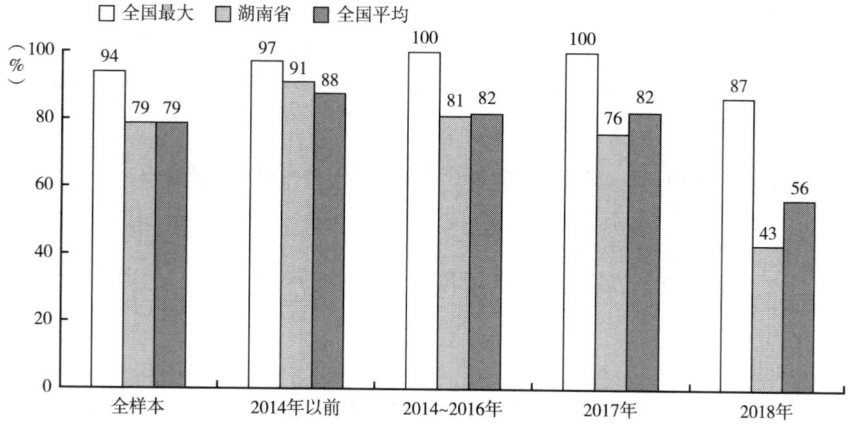

图 10－4　历年湖南市场主体在过去一年被上门检查的经历

在湖南省，市场主体成立的时间越早，被上门检查的可能性越高。2014 年以前成立的市场主体中，91% 反馈有被检查；2014～2016 年成立的市场主体中，81% 反馈有被检查；2017 年成立的市场主体中，76% 反馈有被检查；2018 年成立的市场主体中，43% 反馈有被检查。

（五）72%的市场主体使用国家企业信用信息系统，高于全国平均水平

信用监管的起点是市场主体到国家企业信用信息系统查看相关市场主体

的信用信息。如图 10 - 5 所示，在湖南省，72% 的市场主体选择到国家企业信用信息系统查看交易对象的信用信息。从全国视野看，这一比例比全国平均水平（65%）高了 7 个百分点，比全国最佳水平（80%）低了 8 个百分点。另外，湖南省 21% 的市场主体不知道和不查看国家企业信用信息系统。

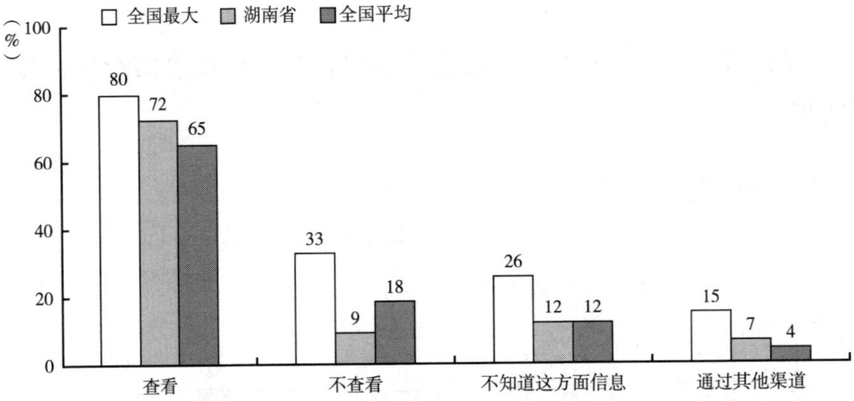

图 10 - 5　湖南市场主体查看国家企业信用信息系统情况

（六）45% 的市场主体使用网上办事大厅（系统），高于全国平均水平

“互联网 + 政务服务”是商事制度改革的主要内容之一。如图 10 - 6 所示，在湖南省，64% 的市场主体明确反馈知道其所在地有网上办事大厅（系统）。从全国视野看，湖南省知晓网上办事大厅（系统）的市场主体占比比全国平均水平（59%）高了 5 个百分点，比全国最佳水平（82%）低了 18 个百分点。

湖南省有 45% 的市场主体使用网上办事大厅（系统）。如图 10 - 7 所示，在知道网上办事大厅（系统）的市场主体中，湖南有 29% 的市场主体常用网上办事大厅（系统）个数为 0。通过简单计算可知，在湖南省，约有 45%（64% ×71% =45%）的市场主体会使用网上办事大厅（系统），略高于 42%（59% ×72% =42%）的全国平均水平。

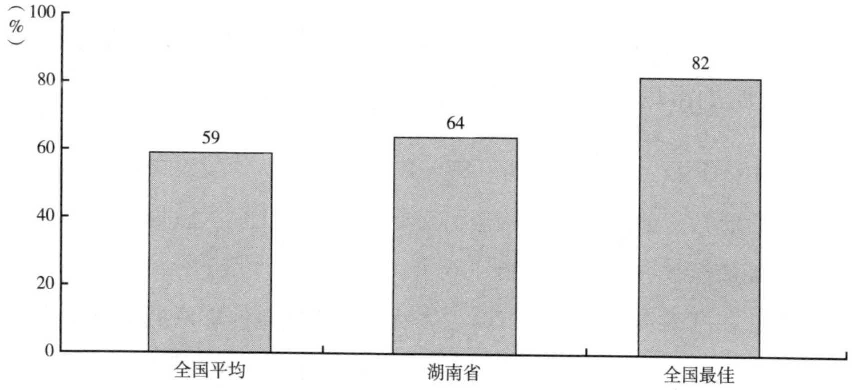

图 10－6　湖南市场主体对网上办事大厅的知晓情况

注：比例越高，代表商改成效越好。

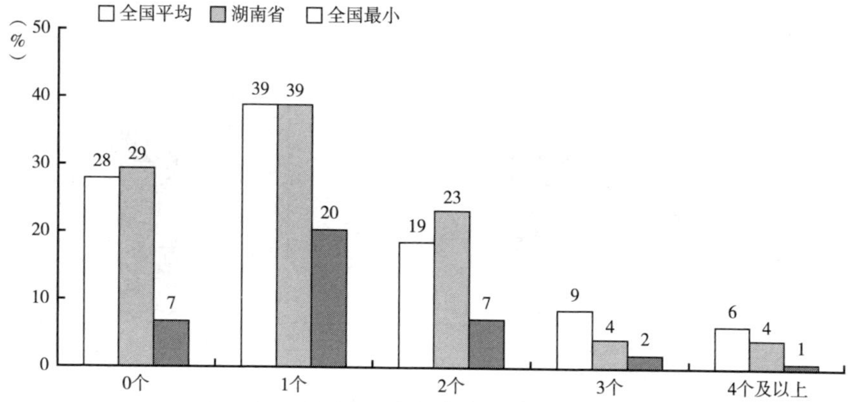

图 10－7　湖南市场主体常用网上办事大厅（系统）的比例

另外，在知道网上办事大厅（系统）的市场主体中，湖南有 39% 的市场主体常用 1 个网上办事大厅（系统），23% 常用 2 个办事大厅（系统）。平均而言，湖南省市场主体常用的网上办事大厅（系统）为 1.64 个。

二　湖南省营商环境建设的成效

本报告针对湖南省商事制度改革的效果，根据市场主体反馈的主观评价来描述。

（一）87%的市场主体认为商事制度改革减少了与政府打交道的时间，61%的市场主体认为降低了与政府打交道的费用

如图10－8所示，在湖南省，87%的市场主体认为商改措施能够减少市场主体与政府打交道的时间。从全国视野看，这一比例大致处于全国平均水平，比全国最佳水平（93%）低了6个百分点。

另外，在湖南省，61%的市场主体认为商改措施能够降低市场主体与政府打交道的费用。从全国视野看，这一比例略低于全国平均水平（64%），且比全国最佳水平（86%）低了25个百分点。

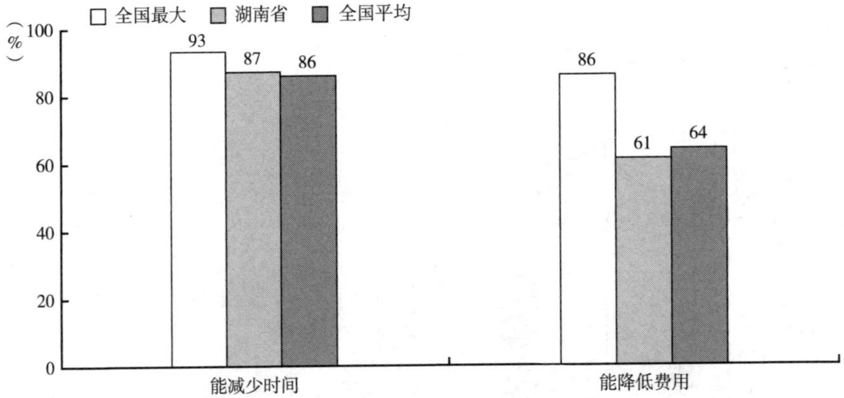

图10－8　2018年湖南市场主体认为商改的成效

（二）45%的市场主体认为商改对其经营有积极影响

如图10－9所示，在湖南，45%的市场主体认为商事制度改革对其经营有积极影响。从全国视野看，这一比例比全国平均水平（60%）低了15个百分点，比全国最佳水平（80%）低了35个百分点。

（三）43%的市场主体认为商改对营商环境建设有积极影响

如图10－10所示，在湖南，43%的市场主体认为商事制度改革改善了当

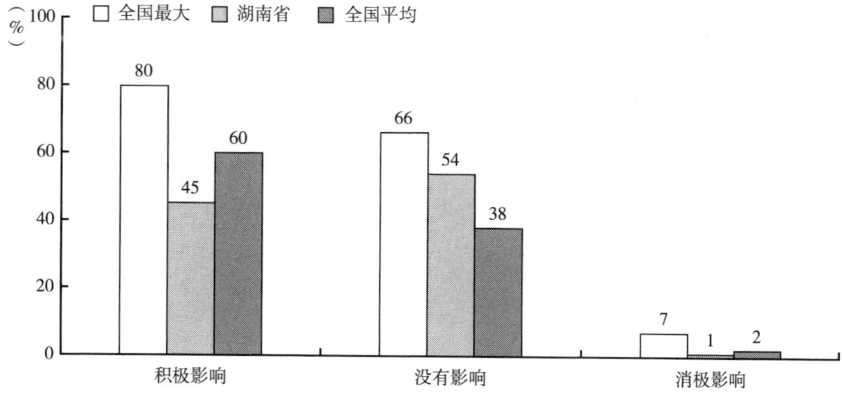

图 10－9　2018 年湖南市场主体认为商改对经营的影响

地的营商环境。从全国视野看，这一比例比全国平均水平（40%）高 3 个百分点，但比全国最佳水平（58%）低了 15 个百分点。另外，28% 的市场主体认为没有影响，29% 认为有消极影响。这表明，类似于全国平均水平，只有不到一半的市场主体认为目前的商事制度改革有利于改善湖南的营商环境。

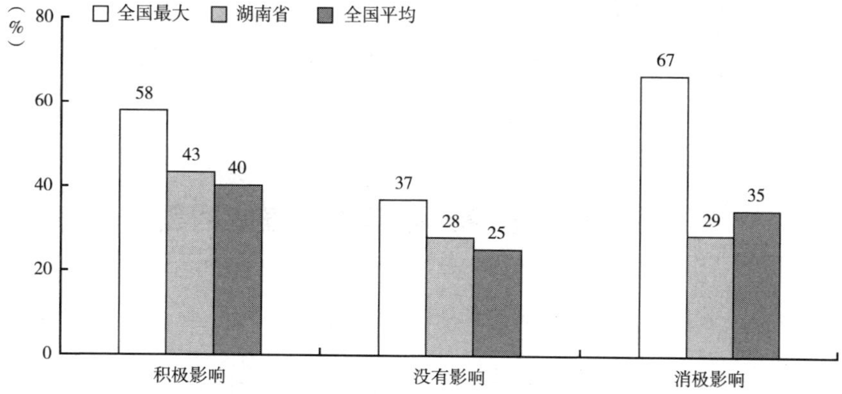

图 10－10　2018 年湖南市场主体认为商改对当地营商环境的影响

（四）全国市场主体投票结果显示，2018年，湖南营商环境排全国第13名

市场主体的认可是对商改成效最真实的反映。图 10－11 报告了市场主

体对全国各地营商环境的主观评价。在全国 16 个省份 84 个地市，每一位受访者都给出了其所认为的“做生意环境相对较好的三个省份”。图 10－11 报告了全国各地的得票情况，湖南省处于全国第 13 名。从图形上看，除了上海、广东、北京、浙江、江苏明显领先于湖南省外，其他省份与湖南省的得票率差别实则并不大。从全国范围来看，湖南省营商环境的排名处于中游。

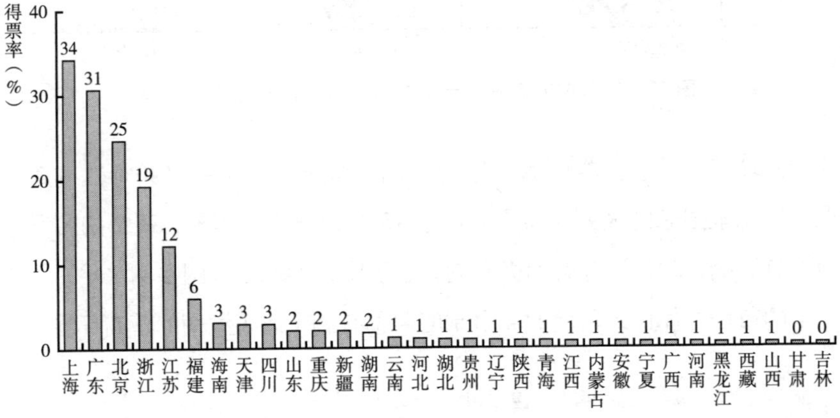

图 10－11　全国营商环境排名

三　湖南省营商环境建设面临的问题

（一）“一天注册”落后于全国平均水平

尽管目前湖南省市场主体的登记注册平均需要 5.3 天，快于全国平均水平，但是，如图 10－12 所示，只有 7% 的市场主体能够在一天内完成登记注册，比全国平均水平（19%）低了 12 个百分点，比全国最佳水平（53%）低了 46 个百分点。

在湖南，“一天注册”落后的主要原因是部分地市在这方面没有任何进展。由图 10－13 可知，在调查样本中，除了怀化市有 50% 的市场主体实现

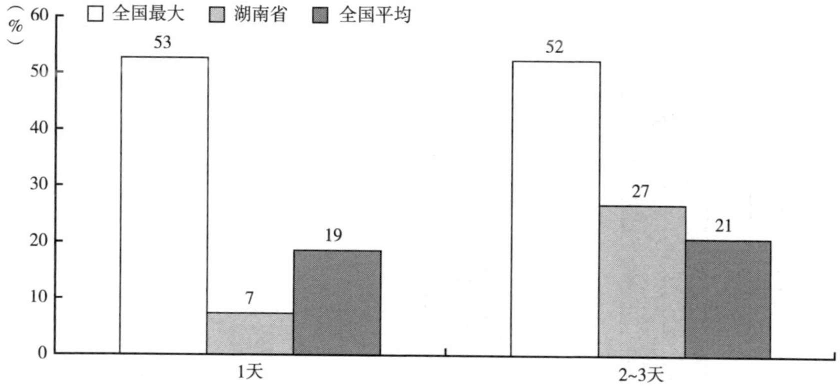

图 10－12　2018 年湖南市场主体实现“一天注册”的比例

了“一天注册”外，其他地市在“一天注册”上都进展不大，特别是衡阳、岳阳和常德基本没有任何进展。

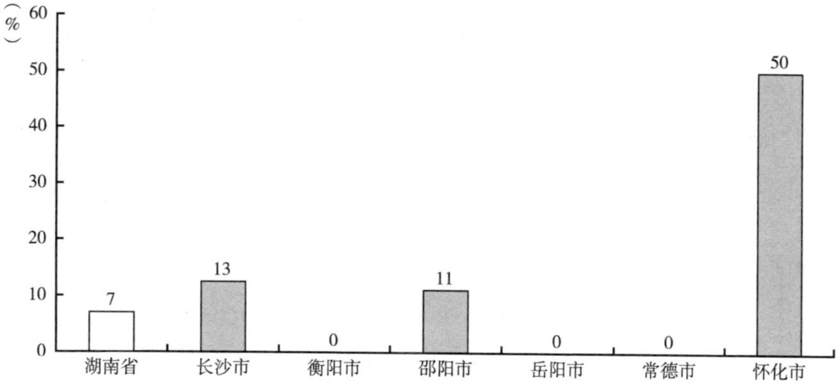

图 10－13　2018 年湖南各地市实现“一天注册”的比例

（二）“一窗办理”落后于全国平均水平

如图 10－14 所示，在 2018 年，63% 的湖南市场主体实现了一窗登记，比全国平均水平（71%）低了 8 个百分点，比全国最佳水平（95%）低了 32 个百分点。并且，湖南省 37% 的市场主体需要交涉 2 个窗口，为全国最差实践。

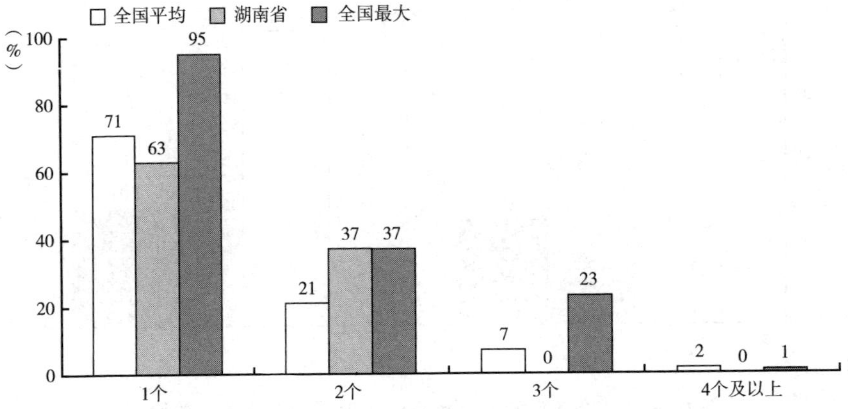

图 10－14　2018 年湖南市场主体实现“一窗办理”的比例

湖南在“一窗办理”改革上相对落后主要是因为，岳阳市在这项改革上进展不大，进而拉低了湖南省“一窗办理”比例。如图 10－15 所示，2018 年，在调研的 6 个市中，在邵阳，82% 的市场主体实现“一窗办理”，超过了全国平均水平（71%）；衡阳、长沙和常德也超过了全国平均水平；而怀化市略低于全国平均水平。但是，在岳阳市，只有 45% 的市场主体可以实现“一窗办理”，是 6 个调研地市中的短板所在。

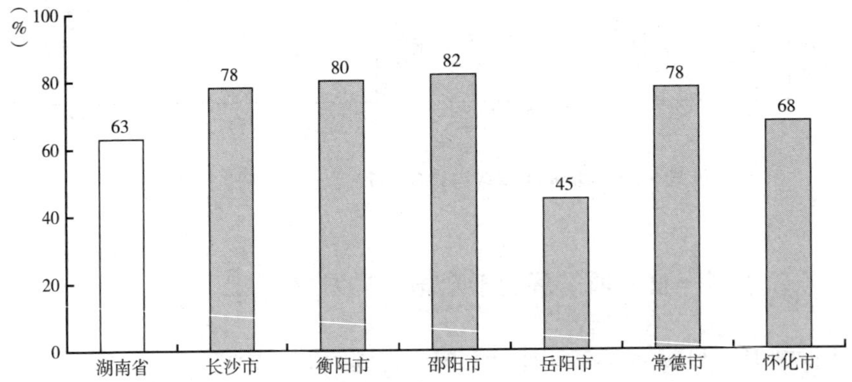

图 10－15　2018 年湖南各地市实现“一窗办理”的比例

（三）“互联网 + 政务服务”使用率空间不均衡

“互联网 + 政务服务”是信息化时代的必然趋势。湖南顺应时代，在全国率先部署了“数字政府”建设。平均而言，从市场主体的反馈看，湖南市场主体“互联网 + 政务服务”的使用率高于全国平均水平。不过，其“互联网 + 政务服务”使用率存在显著的空间不均衡性。

这个问题有两个方面的原因。一方面，湖南各地市市场主体知道网上办事大厅（系统）的比例极度不均衡。如图 10 - 16 所示，在 6 个调研地市中，长沙市 85% 的市场主体知道网上办事大厅（系统），比例最高。在其他 5 个调研地市中，这一比例集中于 50% ~ 65%，比长沙低了 20 多个百分点。

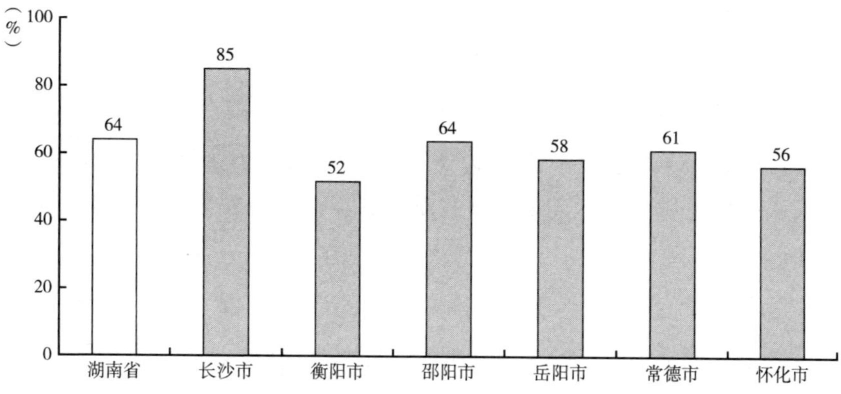

图 10 - 16　2018 年湖南各地市市场主体知道网上办事大厅（系统）的比例

另一方面，湖南各地市中，市场主体知道却不使用网上办事大厅（系统）的比例也不均衡。如图 10 - 17 所示，在长沙市，知道网上办事大厅（系统）却不使用的比例最低，为 18%，怀化市是 50%。通过简单计算，可以知道，在长沙市，高达 70%（85% ×82%）的市场主体使用网上办事大厅（系统）；但是，在怀化市，只有 28%（56% ×50%）的市场主体使用网上办事大厅（系统）。因此，湖南省“互联网 + 政务服务”使用率存在空间不均衡性。

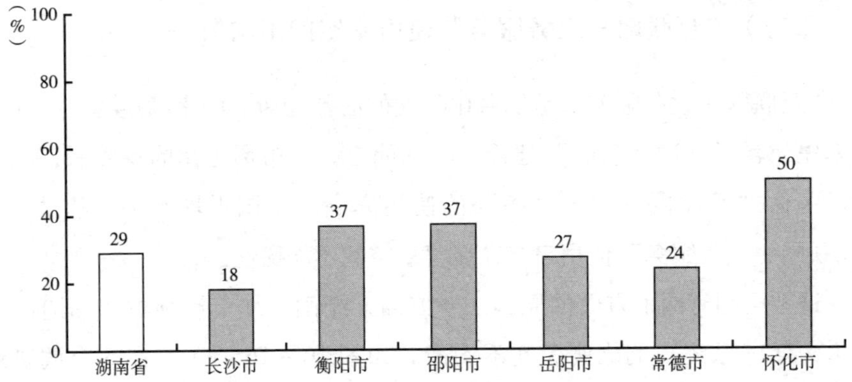

图 10－17　2018 年各地市场主体知道却不使用网上办事大厅（系统）的比例

（四）商事制度改革对市场主体经营的积极影响低于全国平均水平

从全国视野看，在湖南省，商事制度改革对市场主体经营的直接帮助并不大：一是湖南市场主体中认为商事制度改革降低了其与政府打交道费用的占比比全国平均水平低了 3 个百分点，比全国最佳水平低了 25 个百分点；二是湖南市场主体中认为商事制度改革对其经营有积极影响的占比比全国平均水平低了 15 个百分点，比全国最佳水平低了 35 个百分点。

需要指出的是，这是湖南省普遍存在的问题。首先，如图 10－18 所示，从市场主体所属行业看，在农业、工业和服务业等各行业中，湖南各行业市场主体办事人员认为商事制度改革对其经营有积极影响的比重都低于全国各行业市场主体对应的平均水平。其次，如图 10－19 所示，从市场主体规模看，各种规模的湖南市场主体办事人员认为商事制度改革对其经营有积极影响的比重都低于全国各规模市场主体对应的平均水平。

（五）市场主体所面临的主要困难在商事制度改革范围之外

商事制度改革一直围绕着解决“办照难”“办证难”“退出难”等问题不断深化。不过，从市场主体的反馈看，这些问题已经不再是市场主体目前

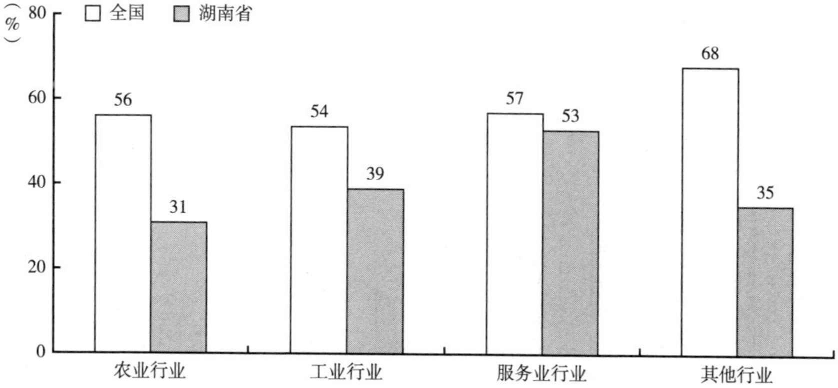

图 10－18 2018 年认为商改对其经营有积极影响的比重（分行业考察）

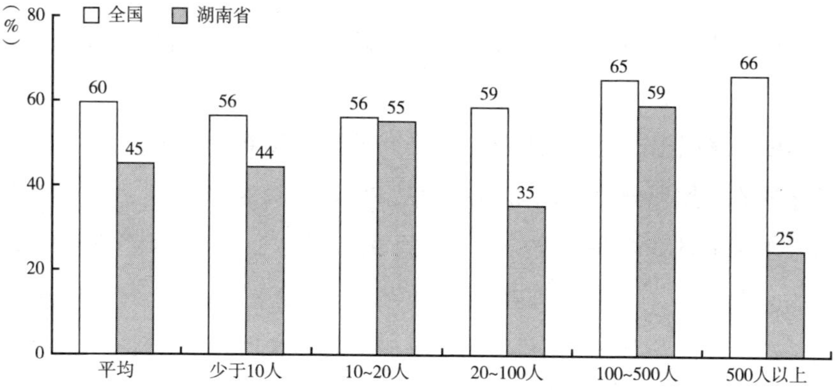

图 10－19 2018 年认为商改对其经营有积极影响的比重（按规模考察）

所面临的主要困难。如图 10－20 所示，对于“在本地做生意目前遇到的主要困难是什么”这个提问，湖南市场主体提及开办企业难、办理许可证难、退出市场难的比重分别为 3%、6% 和 4%，这说明“办照难”“办证难”“退出难”不再是湖南市场主体目前所面临的主要困难。另外，在全国范围内，这三个困难被提及的比重分别为 3%、7% 和 3%，同样不再是全国范围内市场主体目前所面临的主要困难。

湖南市场主体目前最主要的三个困难分别是市场竞争激烈、成本高和招工困难，被提及的比重分别为 24%、17% 和 15%。同时，这三个困难也是

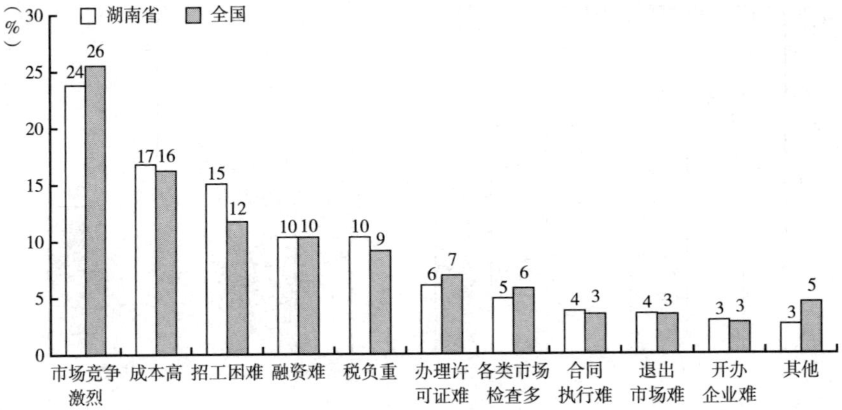

图 10－20　2018 年湖南市场主体经营面临的主要困难

全国市场主体所普遍面临的主要困难，显然，这并不是目前的商事制度改革能够直接解决的。

需要明确指出的是，这些新困难是商事制度改革不断取得巨大成效过程中所伴随的必然现象。湖南市场主体从 2012 年底的 202.31 万户，增加到 2018 年 8 月底的 368.68 万户。市场主体的大量增加，既是商事制度改革所取得的巨大成就，同时又对商事制度改革提出了新的挑战。因为市场主体的倍增，在产品市场上，市场供给可能是倍增的，这也必然导致产品市场上竞争越来越激烈；在生产要素市场上，市场需求也可能是倍增的，这也必然导致招工越来越难，生产要素价格不断上升，进而使企业成本不断上升。因此，湖南市场主体目前所面临的新困难，根植于商事制度改革带来的市场主体增长。

四　湖南省完善营商环境建设的方向

湖南省商事制度改革直面长期以来“放管服”领域的突出问题与关键难题，坚持以人民为中心的发展思想，深化改革，做到老百姓关心什么、期盼什么，改革就要抓住什么、推进什么，这注定会是一场攻坚战和持久战。

根据湖南省商事制度改革面临的新问题，结合社会经济新形势，我们提出以下三点建议。

（一）继续深化市场准入便利化改革，再创湖南商事制度改革新优势

目前，湖南商事制度改革在市场准入便利度上，比如登记注册所需时间、所需交涉窗口数量、所需办理证件数量等，优于全国平均水平且不断向全国最佳水平趋近。不过，从全国视野看，在市场准入便利度上，湖南还存在明显的短板，比如在“一天注册”和“一窗办理”改革上，湖南明显落后于全国平均水平。这两项改革抓住了市场主体办事的核心诉求，是倒逼政府自身改革、转变职能的重要抓手。湖南亟须补齐这两个短板，把其变成自身商事制度改革的新优势。

（二）全省统筹“数字政府”建设，重视需求侧建设，再创湖南营商环境建设新优势

在大数据时代，智慧政务、信用监管是大势所趋。湖南省顺应时代，于2017年12月31日正式上线运行湖南省“互联网+政务服务”一体化平台，在供给侧上走在全国前列。从需求侧的角度看，整体而言，湖南市场主体的“互联网+政务服务”使用率高于全国平均水平，但是，各地市的使用率显示出明显的空间不均衡性。“数字政府”建设需要从供给端和需求端两端统筹发力，当前，湖南省仍需重视需求侧建设，再创湖南营商环境建设新优势。

（三）转向“市场开放”，开拓湖南“放管服”改革新领域，为湖南经济高质量发展奠定坚实的市场主体基础

随着商事制度等“放管服”改革，湖南市场主体从202.31万户增加到368.68万户。大量增加的市场主体既是湖南商事制度改革所取得的成绩，也对商事制度改革提出了更高的要求。因为，短期内倍增的市场主体必然带来市场竞争激烈、成本高和招工难等难题，而这也已经成为包括湖南在内的全国市场主体所面临的主要困难。这些新困难，不同于“办照难”“办证难”“退出难”，不是直接源于政府提供的公共服务，而是更多根植于市场供求和市场范围。因此，从长期看，只有更多地在市场领域扩大开放，才可以从根本上解决市场主体所面临的新挑战，服务于市场主体的健康成长，为湖南经济进一步转型升级、实现高质量发展奠定坚实的微观市场主体基础。

第十一章
广东省营商环境报告*

课题组在广东省随机抽取了6个市，它们分别为广州市、江门市、湛江市、阳江市、潮州市和揭阳市，随机访谈成功的有效问卷是390份。调研结束后，课题组清理、整理了有关全国和广东商事制度改革的第一手数据资料与舆情反馈，并从全国视野考察了广东商事制度改革的新进展、新挑战以及新方向。现将主要情况报告如下。

一　广东省营商环境建设的进展

（一）在广东，市场主体登记注册所需时间从商改前的9.4天下降至2018年的2.7天，目前处于全国最佳水平

如图11－1所示，在2014年前（商事制度改革前），市场主体在广东省登记注册平均需要9.4天，比全国平均数（8.4天）多1天。商事制度改革后，在广东省登记注册所需时间大幅下降。在2014年至2016年，迅速下降至5.0天，开始低于全国平均所需天数；2017年下降至4.5天；2018年则下降至2.7天，成为全国调查样本中所需天数最少的省份。

2018年，在广东省，超过30%的市场主体在1天内完成登记注册。平

* 本章执笔：马晶、徐现祥、林建浩。

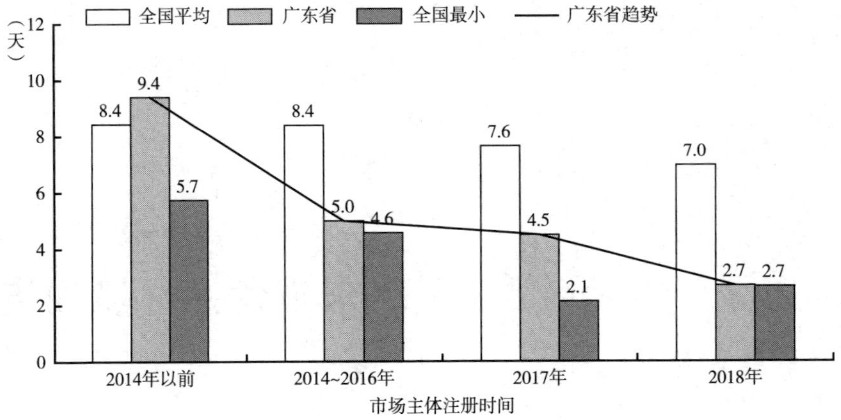

图 11－1　历年在广东登记注册所需时间

均只需要 2.7 天，比全国平均所需的 7.0 天快了 4.3 天；与广东改革前的 9.4 天相比，下降幅度超过了 70%。

（二）在广东，市场主体登记注册所需交涉的窗口数从商改前的 3.5个下降至2018年的1.6个，接近全国最佳水平

如图 11－2 所示，2014 年以前，在广东登记注册一家市场主体平均需要与 3.5 个办事窗口打交道，比全国平均 2.6 个多了约 1 个窗口，明显落后

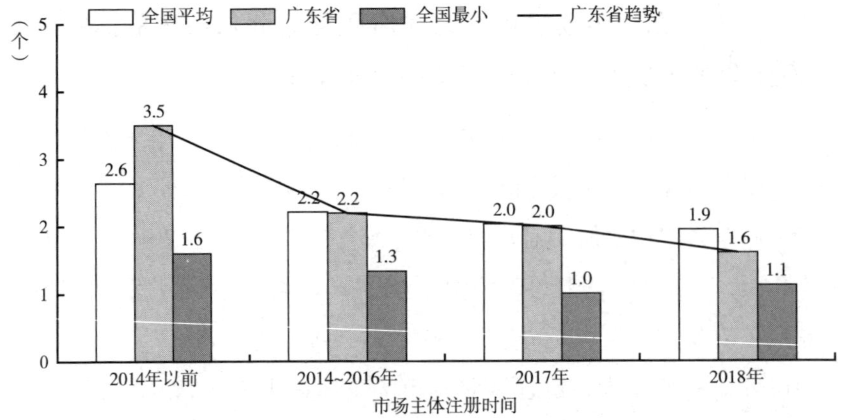

图 11－2　历年在广东登记注册所需交涉的窗口数量

于全国平均水平。商事制度改革后，在广东省登记注册所需交涉的窗口数量大幅下降：在 2014 年至 2016 年，需要交涉的窗口数量快速下降至 2.2 个，处于全国平均水平；2017 年下降至 2.0 个，处于全国平均水平；2018 年则下降至 1.6 个，开始优于全国平均水平。

2018 年，在广东，46% 的市场主体实现一窗登记。平均只需要跑 1.6 个窗口，接近全国最佳水平（1.1 个窗口）；与广东改革前的 3.5 个相比，下降幅度超过了 50%。

（三）在广东，市场主体登记注册所需办理证件数从商改前的4.5个下降至2018年的1.8个，接近全国最佳水平

如图 11－3 所示，2014 年前，在广东省，市场主体登记注册所需办理证件数平均为 4.5 个，比全国平均数 3.4 个多 1.1 个证件，落后于全国平均水平。商事制度改革后，在广东省登记注册所需办理证件的数量大幅下降。2014 年至 2016 年，减少至 2.9 个证件，仍然落后于全国平均水平；2017 年下降至 2.1 个，开始优于全国平均水平；2018 年则下降至 1.8 个，优于全国平均水平。

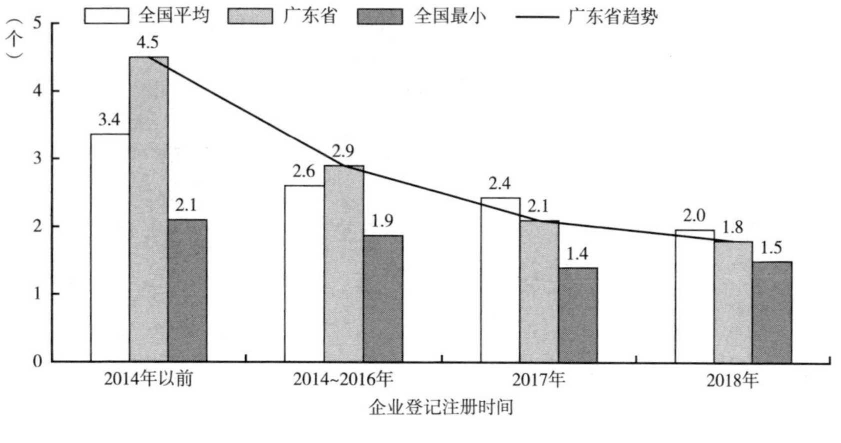

图 11－3　历年在广东登记注册所需办理的证件数量

2018 年，在广东，超过 40% 的市场主体只需办理 1 个证件。平均只需要办理 1.8 个证件，接近于全国最佳水平（1.5 个证件）；与改革前的 4.5 个相比，下降幅度达 60%。

（四）在广东省，85%的市场主体在过去一年间有被上门检查经历，成立的时间越早被检查的可能性越高，与全国大致同步

如图 11－4 所示，整体而言，在广东省，85% 的市场主体反馈，在过去一年间有被上门检查的经历，明显高于全国平均水平。在全国，79% 的市场主体反馈有被上门检查的经历。

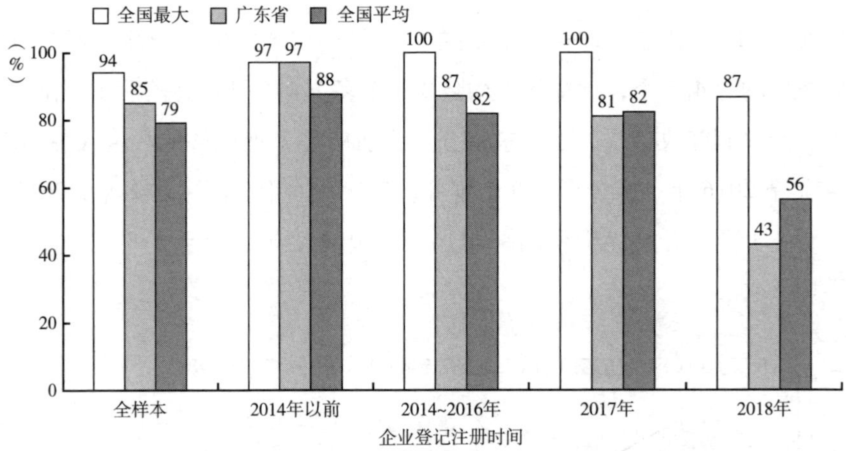

图 11－4　广东市场主体在过去一年被上门检查的经历

具体而言，市场主体成立的时间越早，被上门检查的可能性越高。2014 年以前成立的市场主体，97% 反馈有被检查，比全国平均水平高了约 10 个百分点；2014～2016 年成立的市场主体，87% 反馈有被检查，比全国平均水平高了 5 个百分点；2017 年成立的市场主体，81% 反馈有被检查，与全国平均水平基本持平；2018 年成立的市场主体，43% 反馈有被检查，比全国平均水平低了约 13 个百分点。

（五）在广东，约60%的市场主体使用网上信用信息系统，低于全国平均水平

信用监管的起点是市场主体到国家信用信息系统查看相关企业的信用信息。如图 11 - 5 所示，在广东省，仅 58% 的市场主体选择到国家信用信息系统上查看交易对象的信用信息。这一比例，低于全国平均水平，与全国最高水平相差了 22 个百分点。这主要是因为，在广东，约 27% 的市场主体不知道和不查看国家信用信息系统；15% 的市场主体通过其他渠道查看交易对象的信用信息。

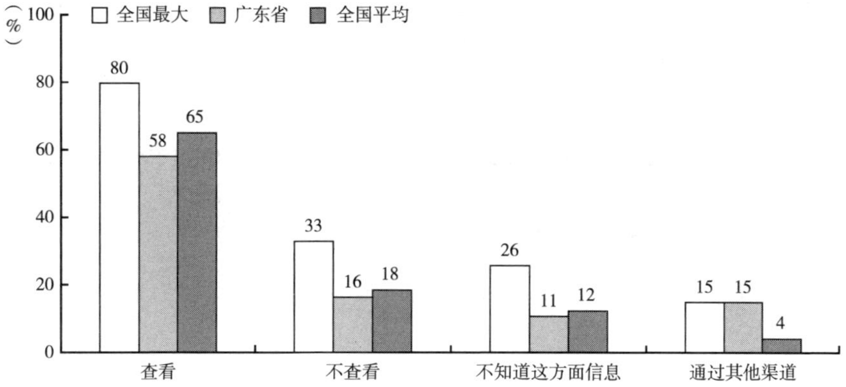

图 11 - 5　广东市场主体查看国家信用信息系统情况

（六）在广东，约1/2的市场主体知道网上办事大厅，约1/3的市场主体使用网上办事系统，低于全国平均水平

“互联网 + 政务服务”是商事制度改革的主要内容之一。如图 11 - 6 所示，在广东省，只有 49% 的市场主体明确反馈知道其所在地有网上办事大厅（系统）。在全国，59% 的市场主体明确反馈知道；在国内最佳省份，82% 的市场主体明确反馈知道。从全国视野看，在广东，网上办事大厅的知晓率比全国平均水平低了 10 个百分点。

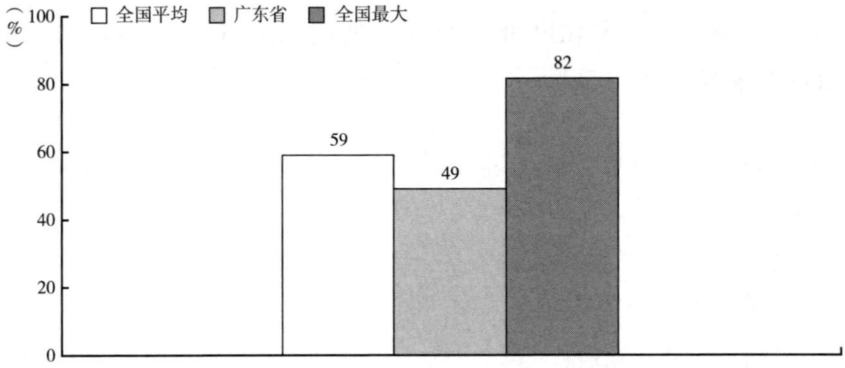

图 11 －6　广东市场主体对网上办事大厅的知晓情况

如图 11 －7 所示，在知道网上办事大厅（系统）的广东市场主体中，有 29% 的市场主体常用网上办事系统为 0，全国平均水平是 28%。通过简单计算可知，这意味着，在广东省，仅有约 35%（49% ×71%）的市场主体会使用网上办事大厅（系统），低于全国平均水平 42%（59% ×72%）。

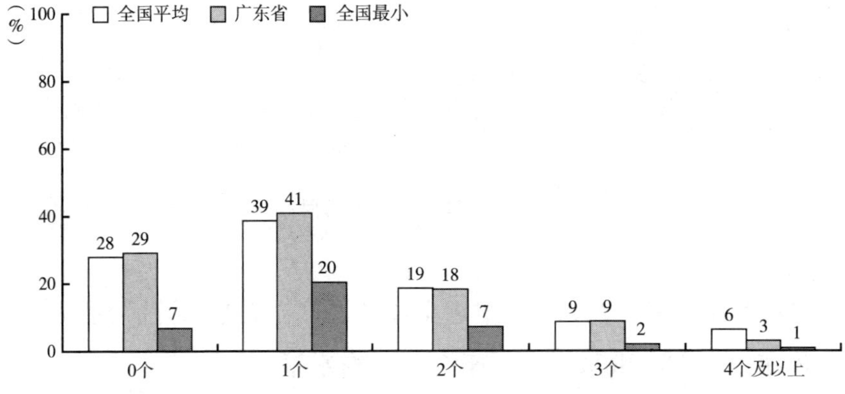

图 11 －7　在广东知道有网上办事系统的市场主体中不使用情况

此外，在知道网上办事大厅（系统）的市场主体中，广东有 41% 的市场主体常用 1 个网上办事系统，18% 常用 2 个办事系统，与全国平均水平大致相当。平均而言，广东省市场主体常用的网上办事系统为 1.58 个，尚未实现“一网通办”。

二 广东省营商环境建设的成效

（一）2018年，51%的广东市场主体认为营商环境有改善，接近全国最佳水平

如图 11－8 所示，在广东，51%的市场主体认为营商环境有所改善，比全国平均水平高了 11 个百分点，接近全国最佳水平；27%的市场主体认为没有改变，与全国平均水平基本持平；22%的市场主体认为变差了，低于全国平均水平。这表明，在 2018 年，从全国横向比较的角度看，广东营商环境建设改善幅度相对较大。

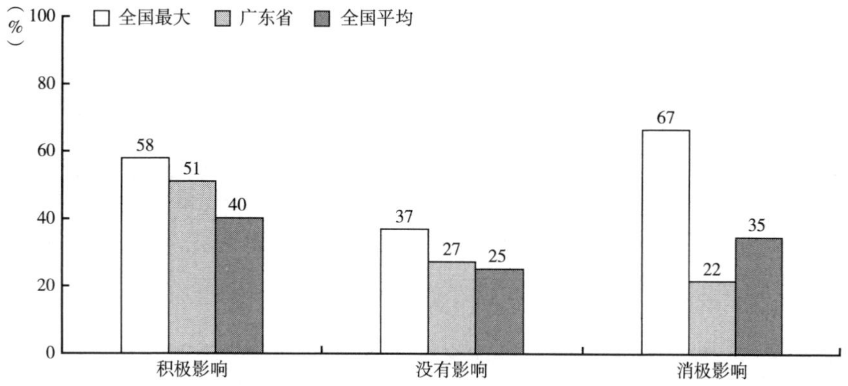

图 11－8 2018 年广东市场主体认为商改对当地营商环境的影响

（二）2018年，全国市场主体投票结果显示，广东营商环境排全国第二名

市场主体的认可是对改革工作最真实的肯定。图 11－9 报告了市场主体对全国各地营商环境的主观评价。在全国 16 个省份 84 个地市，每一位受访者都给出了其所认为的“做生意环境相对较好的三个省份”。从图形上看，上海第一、广东第二、北京第三、浙江第四。具体而言，广东共获得 905

票，全国约31%的非广东市场主体认为广东做生意的环境相对较好。这是全国市场主体对广东商事制度改革以及营商环境建设的充分肯定。

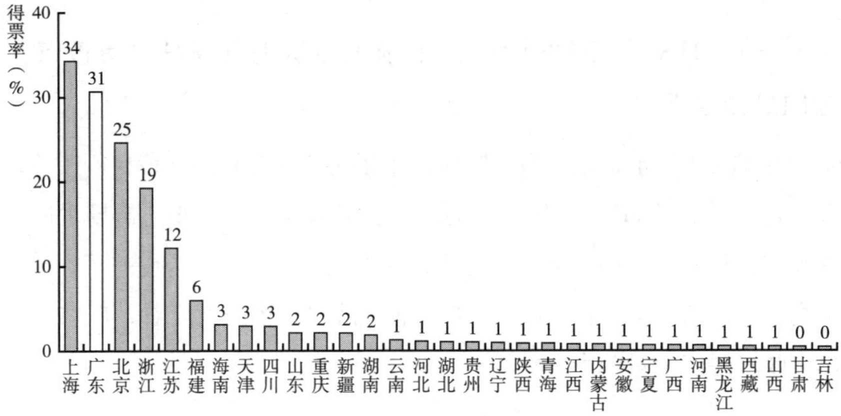

图 11－9　全国营商环境排名

（三）2018年，约90%的广东市场主体认为商事制度改革减少了与政府打交道的时间，高于全国平均水平；54%的市场主体认为降低了与政府打交道的费用，低于全国平均水平

如图11－10所示，在广东省，89%的市场主体认为商改措施能够减少市场主体与政府打交道的时间，比全国平均水平高了3个百分点，比全国最

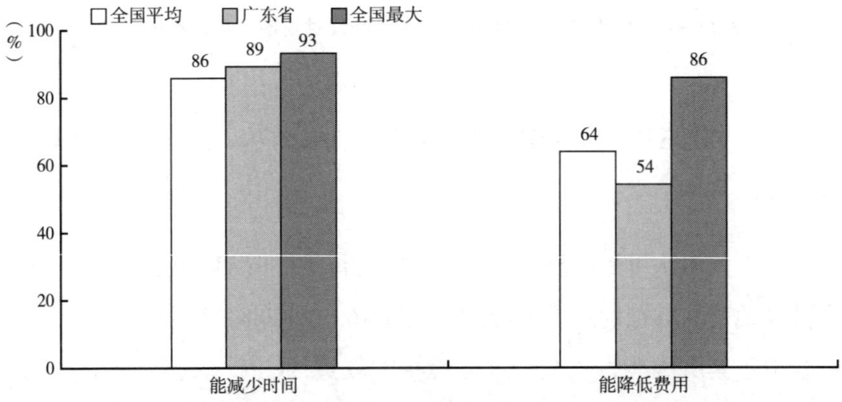

图 11－10　2018 年广东市场主体认为商改的成效

佳水平低 4 个百分点。

另外，54% 的市场主体认为商改措施能够降低市场主体与政府打交道的费用，比全国平均水平低了 10 个百分点，比全国最佳水平低 32 个百分点。这表明，广东的商事制度改革主要是降低了企业的时间成本。

（四）2018年，56% 的广东市场主体认为商改对其经营有积极影响，低于全国平均水平

如图 11－11 所示，在广东，56% 的市场主体认为商改对经营有积极影响，比全国平均水平低 4 个百分点，比全国最佳水平低了 24 个百分点。40% 的市场主体认为对经营没有影响，比全国平均水平高了 2 个百分点；4% 的市场主体认为对经营有消极影响，比全国平均水平高了 2 个百分点。这表明，从全国比较的角度看，广东商事制度改革对市场主体经营的影响与全国平均水平相差不大。

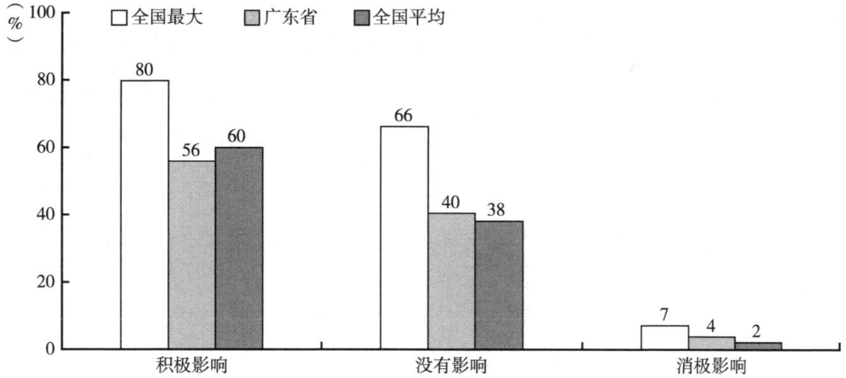

图 11－11　2018 年广东市场主体认为商改对经营的影响

三　广东省营商环境建设面临的问题

（一）2018年，广东的“最多跑一次”改革落后于全国平均水平

“企业和群众办事力争只进一扇门，最多跑一次”是中央政府 2018 年

初所提出的商事制度改革的目标和承诺，更是市场主体的诉求。如图 11－12 所示，在 2018 年，27% 的广东市场主体办成一件事需要跑一次，比全国平均水平低了 3 个百分点，只有全国最佳水平的一半左右。这意味着，广东在“最多跑一次”改革上明显落后了。

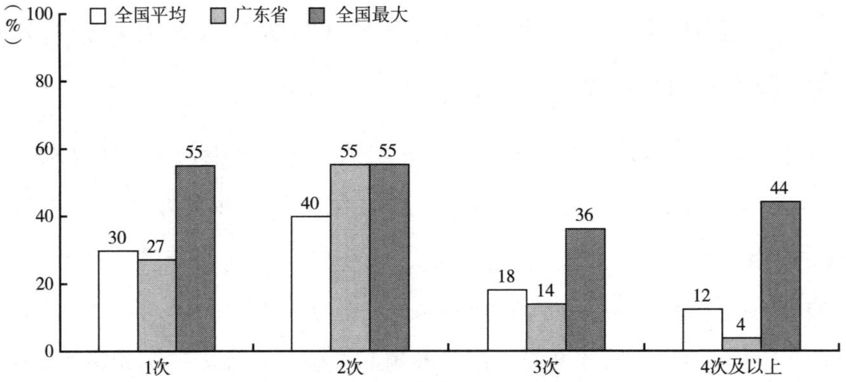

图 11－12　2018 年广东市场主体实现“最多跑一次”的比例

广东在“最多跑一次”改革上的落后是因为各市在这项改革上进展都不大。如图 11－13 所示，2018 年，在调研的 6 个市中，广州市是最好的，40% 的市场主体可以实现“最多跑一次”，超过了全国平均水平，阳江与全国平均水平大致相当，其他 4 个市明显低于全国平均水平。比如湛江市，只有 17% 的市场主体可以实现“最多跑一次”，只有全国平均水平的约一半。

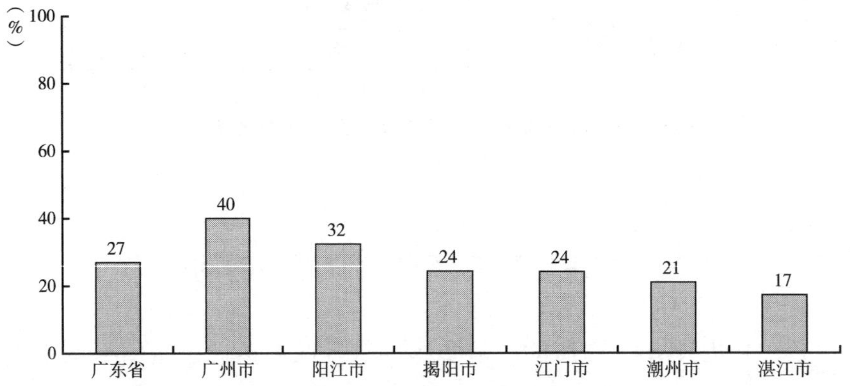

图 11－13　2018 年广东各市实现“最多跑一次”的比例

（二）2018年，广东市场主体的“互联网 + 政务服务”使用率低于全国平均水平

“互联网 + 政务服务”是信息化时代的必然趋势，广东在 2019 年初已率先推出“数字政府”建设。不过，从市场主体的反馈看，广东市场主体“互联网 + 政务服务”的使用率低于全国平均水平，主要表现为“三低”：一是网上办事大厅的知晓率低，广东 49% 的知晓率低于全国平均水平；二是网上办事系统的使用率低，广东 35% 的使用率低于全国平均水平；三是网上信用信息系统的使用率低，广东 58% 的使用率低于全国平均水平。

广东“互联网 + 政务服务”使用率低至少有两个原因。一个是宣传不够，表现为各个年龄段市场主体使用率普遍较低。如图 11 - 14 所示，从回答不知道的市场主体年龄结构看，广东与全国并没有太大区别。这表明，广东使用率低并不是某个年龄段市场主体使用率造成的，而是各个年龄段的使用率普遍较低。

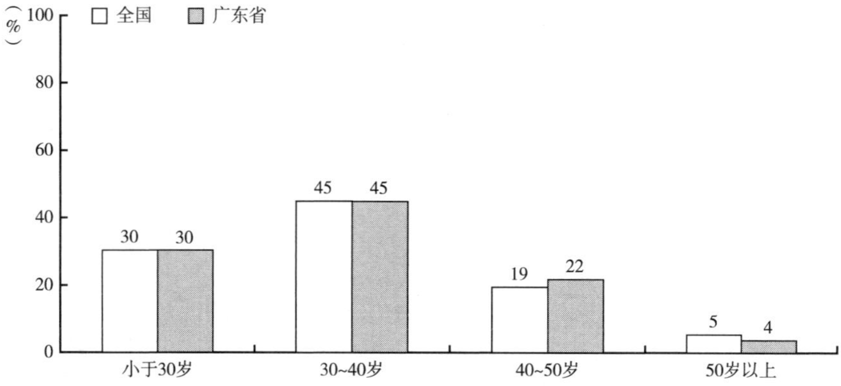

图 11 - 14　不知道有网上办事大厅的年龄构成

另一个是系统不好用。在实地调研过程中，广东省市场主体对网上办事大厅的抱怨颇多。市场主体普遍反映网上办事大厅“功能还是比较简单，

不好用，功能有待完善”，“系统用到一半就崩溃，没法进行下一步”。“使用到最后，还是要提交纸质材料”也是市场主体经常反映的问题。

（三）目前，广东商事制度改革对市场主体经营的积极影响低于全国平均水平

广东的商事制度改革虽然改善了广东的营商环境，但是对市场主体经营的直接帮助并不够大。这主要表现为以下两点：一是广东市场主体认为商事制度改革降低了其与政府打交道费用的比例，比全国平均水平低了 10 个百分点，比全国最佳水平低了 32 个百分点；二是广东市场主体认为商事制度改革对其经营有积极影响的比重，比全国平均水平低了 4 个百分点、比全国最佳水平低了 24 个百分点。

这主要是因为，广东商事制度改革对非小微企业经营的积极影响低于全国平均水平。如图 11－15 所示，从所有制看，无论是国有企业、合资企业还是私营企业，认为广东商改对其经营有积极影响的比重都比全国平均水平少了超过 10 个百分点。从市场主体规模看，就业人数大于 10 人的市场主体，认为广东商改对其经营有积极影响的比重比全国平均水平低了 3～24 个百分点。这表明，广东商事制度改革对非小微企业经营的积极影响相对不大。

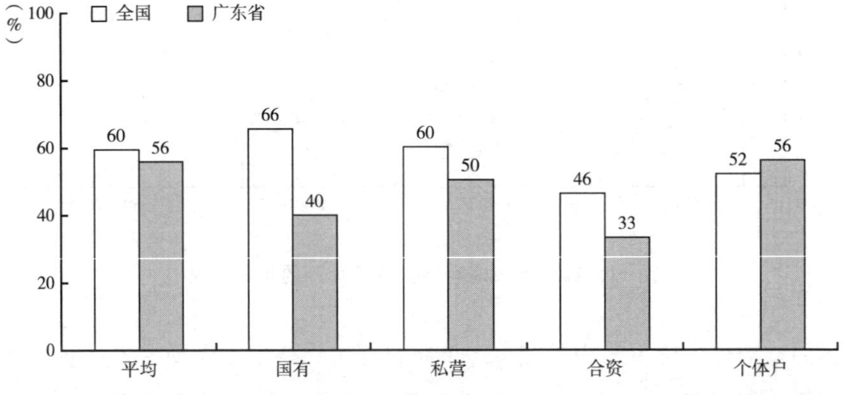

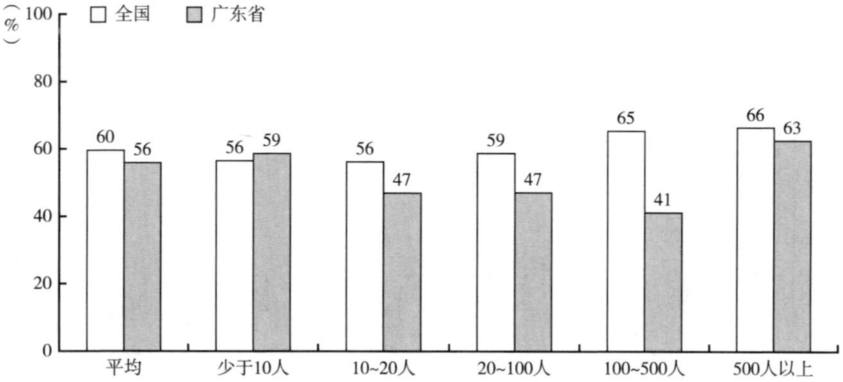

图 11－15　广东商事制度改革对各类型企业经营的积极影响

（四）目前，广东市场主体所面临的主要困难在商事制度改革范围之外

商事制度改革一直围绕着解决“办照难”“办证难”“退出难”等问题不断深化，不过，从市场主体的反馈看，这些问题已经不再是市场主体目前所面临的主要困难。如图 11－16 所示，对于“在本地做生意遇到目前遇到的主要困难是什么”，广东市场主体提及开办企业难、办理许可证难、退出市场难的比重分别为 2%、6%和 6%，不再是市场主体目前所面临的主要困难。在全国范围内，这三个困难被提及的比重分别为 3%、7%和 3%，同样不再是市场主体目前所面临的主要困难。

广东市场主体反馈目前最主要的三个困难分别是，市场竞争激烈、招工困难和成本高。这三个困难被提及的比重分别为 26%、17%和 15%。虽然这三个困难也是全国市场主体所普遍面临的主要困难，但是广东的情况略微严重些。主要表现为，广东市场主体提及招工困难的比重高于全国平均水平。显然，这些主要困难不是目前的商事制度改革能够直接解决的。

需要明确指出的是，这些新困难是商事制度改革不断取得巨大成效过程中所伴随的必然现象。广东市场主体从 2012 年底的 515 万户，增加到 2018

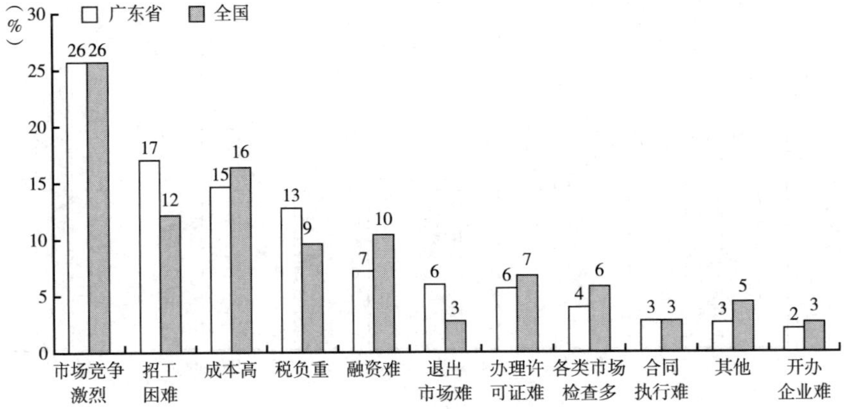

图 11－16　2018 年广东市场主体经营面临的主要困难

年底的 1097 万户，几乎翻了一番。市场主体的倍增，既是商事制度改革所取得的巨大成就，又对商事制度改革提出了新的挑战。因为市场主体的倍增，意味着，在产品市场上，市场供给可能是倍增的，必然导致产品市场上竞争越来越激烈；在生产要素市场上，市场需求可能是倍增的，必然导致招工越来越难，生产要素价格不断上升，企业成本不断上升。

因此，广东市场主体目前所面临的新困难，根植于商事制度改革带来的市场主体倍增，却不在目前商事制度改革的范围之内。

四　广东省完善营商环境建设的方向

商事制度改革直面长期以来困扰“放管服”领域的突出问题与关键难题，坚持以人民为中心的发展思想，深化改革，做到老百姓关心什么、期盼什么，改革就要抓住什么、推进什么，注定是一场攻坚战和持久战。根据广东省商事制度改革面临的新问题，结合社会经济新形势，我们提出以下四点建议。

（一）再创广东商事制度改革新优势

目前，广东商事制度改革在市场准入便利度上，比如登记注册所需时间、所需打交道的窗口数量等，处于或接近全国最佳水平；广东营商环境居全国第二位，接近全国最佳水平。这些成绩来之不易，要强化已有的成功做法。比如东莞建设了商事制度改革基地，在改革开放已满40周年之际，要固化、强化商事制度改革，再创广东商事制度改革新优势。

（二）推进“最多跑一次”改革，补齐广东商事制度改革的短板

从全国视野看，广东商事制度改革中明显的短板是，在“最多跑一次”改革上落后了。“最多跑一次”抓住了市场主体办事的核心诉求，是倒逼政府自身改革、转变职能的重要抓手。从全国16个省份调研情况看，2018年大部分省份正在积极推进这项改革。目前，在广东省，平均而言，只有27%的市场主体办成一件事仅需要跑一次，低于全国平均水平，成为广东商事制度改革中的短板，广东需要补齐这个短板。

（三）重视“数字政府”的需求侧建设，增创广东商事制度改革的新优势

在大数据时代，智慧政务、信用监管是大势所趋。广东顺应时代，2017年12月在全国率先部署“数字政府”建设，2018年11月印发《广东省“数字政府”建设总体规划（2018－2020年）》。这表明，广东“数字政府”建设在供给侧上走在全国前列。不过，从需求侧的角度看，广东市场主体的“互联网＋政务服务”使用率低于全国平均水平，主要表现在广东知晓网上办事大厅的市场主体比例比全国平均水平低了10个百分点。“数字政府”建设需要从供给端和需求端两端协同发力，再创广东营商环境建设新优势。切实加强宣传，提高市场主体的知晓率、使用率和黏性，是当下亟须开展的工作。

（四）转向“市场开放”，开拓广东商事制度改革的新领域

随着商事制度等“放管服”改革，广东市场主体从500多万户增加到1000多万户。倍增的市场主体既是广东商事制度改革所取得的成绩，也对

商事制度改革提出了更高的要求。因为，短期内倍增的市场主体必然带来市场竞争激烈、招工难和成本高的问题，这已经成为包括广东在内的全国市场主体所面临的主要困难。市场主体关心什么、期盼什么，改革就要抓住什么、推进什么。这些新困难，不同于“办照难”“办证难”“退出难”，更多根植于市场供求和市场范围，只有开放更多市场领域，才可以从根本上解决市场竞争激烈和成本高的新困难，同时也有利于广东经济进一步转型升级、率先实现高质量发展。

第十二章
广西壮族自治区营商环境报告*

课题组在广西壮族自治区随机抽取了6个市，它们分别为南宁市、防城港市、钦州市、贵港市、玉林市和崇左市，随机访谈成功的有效问卷是322份。调研结束后，课题组清理、整理了有关全国和广西商事制度改革的第一手数据资料与舆情反馈，并从全国视野考察广西商事制度改革的新进展、新挑战以及新方向。现将主要情况报告如下。

一　广西壮族自治区营商环境建设的进展

（一）市场主体登记注册所需时间大致与全国同步

如图12－1所示，在2014年前，市场主体在广西登记注册平均需要8.5天，与全国平均数（8.4天）基本持平。商事制度改革后，在广西登记注册所需时间略有减少。除2017年外，在2014年至2016年以及2018年都接近全国平均水平。整体而言，广西实施商事制度改革以来，市场主体登记注册所需时间下降了16%。

---

* 本章执笔：苏逸宁、贾帅帅、李小瑛。

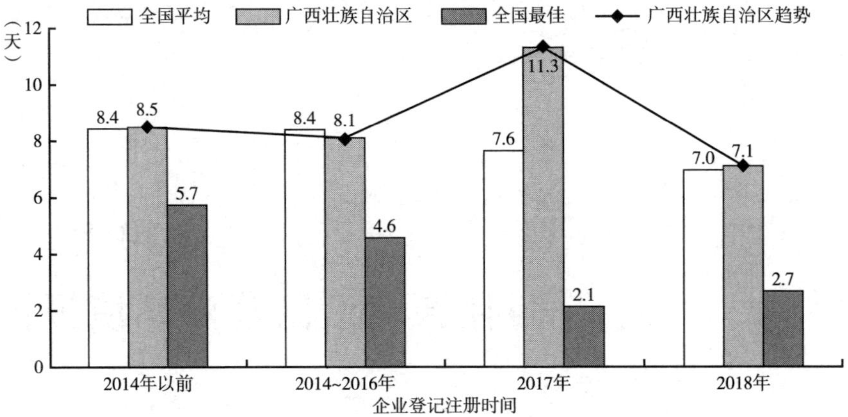

图 12-1 历年广西市场主体登记注册所需时间

注：平均时长（天数）越少，代表商改成效越好。

（二）市场主体登记注册所需交涉的窗口数量从商改前的4.2个下降至2018年的2.4个，接近全国平均水平

如图 12-2 所示，2014 年以前，在广西登记注册一家市场主体平均需要与 4.2 个办事窗口打交道，比全国平均所需的 2.6 个多了 1.6 个窗口，明显落后于全国平均水平。商事制度改革后，在广西登记注册所需交涉的窗口数量有较为明显的下降：在 2014 年至 2016 年，需要交涉的窗口数量快速下降至 2.8 个；2017 年下降至 2.6 个；2018 年则下降至 2.4 个，接近全国平均水平。整体而言，广西实施商事制度改革以来，市场主体登记注册所需交涉的窗口数量下降了 43%。

（三）市场主体所需办理证件数从商改前的4.0个下降至2018年的1.9个，接近全国平均水平

如图 12-3 所示，2014 年前，市场主体在广西登记注册所需办理证件数平均为 4.0 个，比全国平均数 3.4 个多 0.6 个证件。商事制度改革后，在广西登记注册所需办理证件的数量明显减少。2014 年至 2016 年减少至 2.9

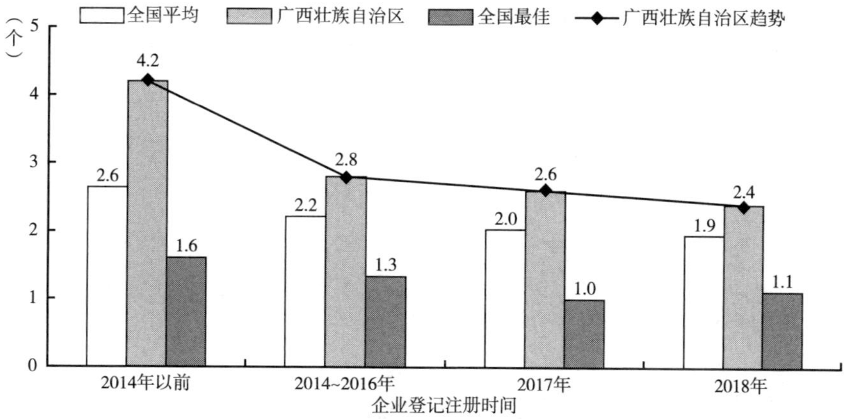

图 12－2 历年广西市场主体登记注册所需交涉的窗口数量

注：窗口数量越少，代表商改成效越好。

个证件，2017 年下降至 2.5 个，2018 年则下降至 1.9 个。整体而言，广西实施商事制度改革以来，市场主体所需办理证件数下降了 52.5%。从全国视野看，广西目前接近全国平均水平。2018 年，全国平均水平是市场主体需办理 2 个证件，广西是 1.9 个。

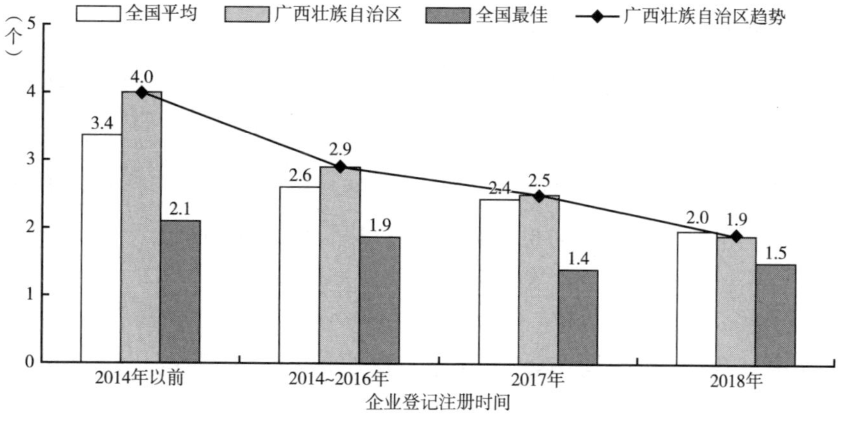

图 12－3 历年广西市场主体所需办理的证件数量

注：证件数量越少，代表商改成效越好。

（四）93%的市场主体在过去一年间有被上门检查的经历，明显高于全国平均水平

如图 12－4 所示，在广西，93%的市场主体反馈在过去一年间有被上门检查的经历。从全国视野看，明显高于全国平均水平（79%），接近全国上门检查频率最高的地区（94%）。

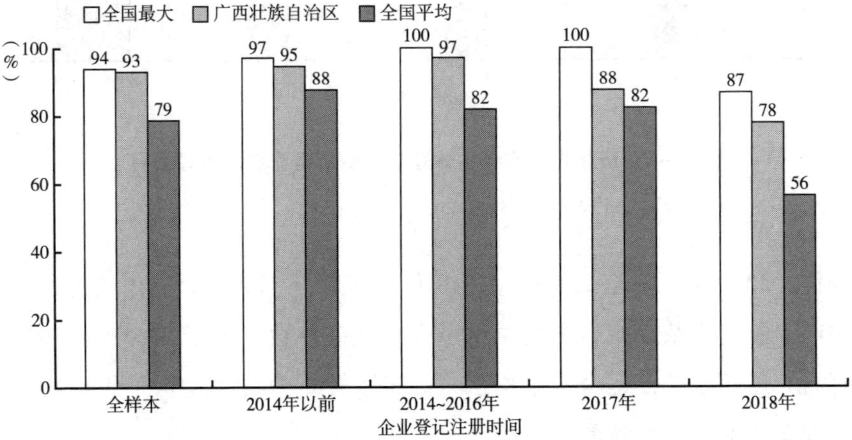

图 12－4　历年广西市场主体在过去一年被上门检查的比例

在广西，成立时间越早的市场主体被上门检查的可能性越高。2014 年以前成立的市场主体，95%反馈有被检查；2014～2016 年成立的市场主体，97%反馈有被检查；2017 年成立的市场主体，88%反馈有被检查；2018 年成立的市场主体，78%反馈有被检查。与全国平均水平相比，广西各个时间段成立的市场主体被上门检查的比重都较高。

（五）62%的市场主体使用全国企业信用信息系统，接近全国平均水平

信用监管的起点是市场主体到国家企业信用信息系统查看相关市场主体的信用信息。如图 12－5 所示，在广西，62%的市场主体选择到国家信用信

息系统上查看交易对象的信用信息。这一比例接近全国平均水平，与全国最佳水平相差了18个百分点。

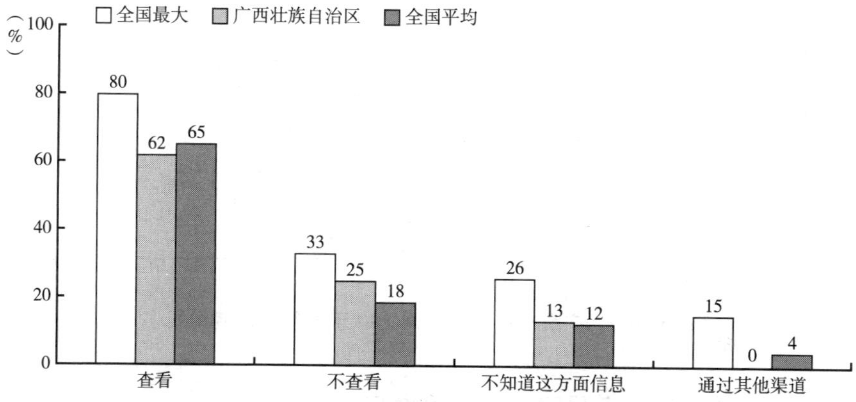

图12－5 广西市场主体查看国家信用信息系统情况

另外，在广西，25%的市场主体不查看；13%的市场主体不知道这方面信息，接近全国平均水平。

（六）约23%的市场主体使用网上办事系统，低于全国平均水平

“互联网＋政务服务”是商事制度改革的主要内容之一。如图12－6所示，在广西，49%的市场主体明确反馈知道其所在地有网上办事大厅（系统）。在全国，59%的市场主体明确反馈知道。这说明，从全国视野看，在广西，网上办事大厅的知晓率低，比全国平均水平低了10个百分点。

在知道网上办事大厅（系统）的市场主体中，54%的市场主体不使用。因此，在广西，约23%（49%×46%）的市场主体会使用网上办事大厅。从全国视野看，广西大致只有全国平均水平的一半。在全国，知道却不使用的比例为28%，因此，全国的网上办事大厅使用率是42%（59%×72%）。

此外，在知道网上办事大厅（系统）的市场主体中，广西有31%的市场主体常用1个网上办事系统；10%的常用2个办事系统。

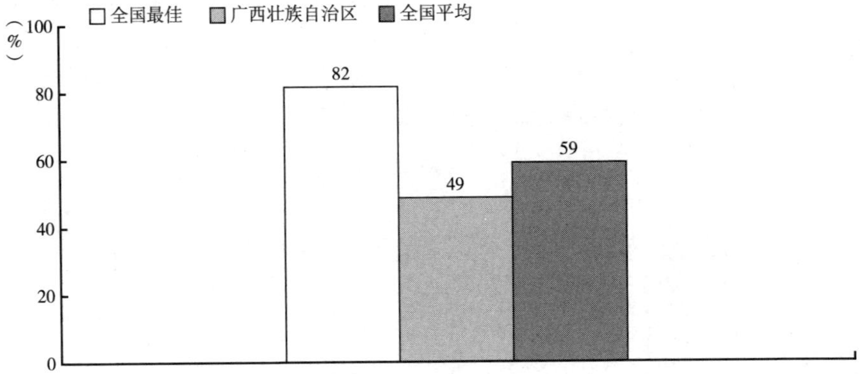

图 12－6　广西市场主体对网上办事大厅的知晓情况

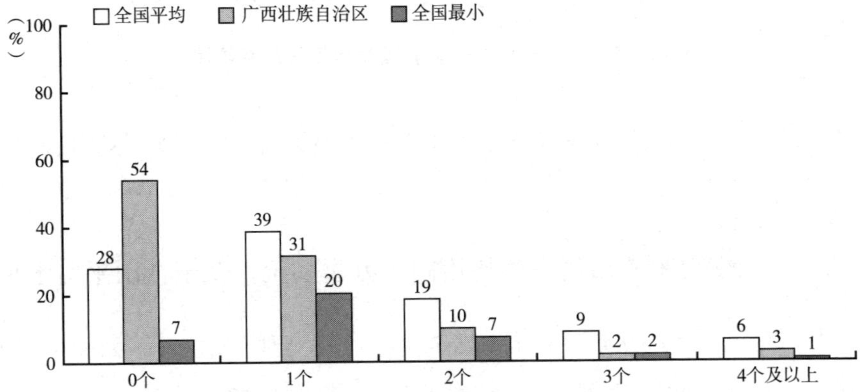

图 12－7　在广西知道有网上办事系统的市场主体中不使用情况

二　广西壮族自治区营商环境建设的成效

（一）77%的市场主体认为商事制度改革减少了与政府打交道的时间，37%的市场主体认为降低了与政府打交道的费用

如图 12－8 所示，77%的受访者认为商事制度改革减少了与政府打交道的时间。该项数据低于 86%的全国平均水平，表明在政务便捷化与效率提

高方面仍有一定进步空间。

同时，图 12－8 显示，37% 的受访者认为商改降低了与政府打交道的费用。由于多证合一、证照分离等措施相继推行，市场主体办理相关工商业务的手续等得到简化，对材料的要求更为详细与集中，一定程度上减少了因多次办理、重复办理等造成的相关费用支出。一方面，该项数据与 64% 的全国平均水平相比有较大差距；但另一方面，根据实地调研了解，目前市场主体办理工商业务所产生的费用（不计交通费用、耗材费用等间接产生的费用）极少，大部分受访者表示在办理过程中已无须支付费用。

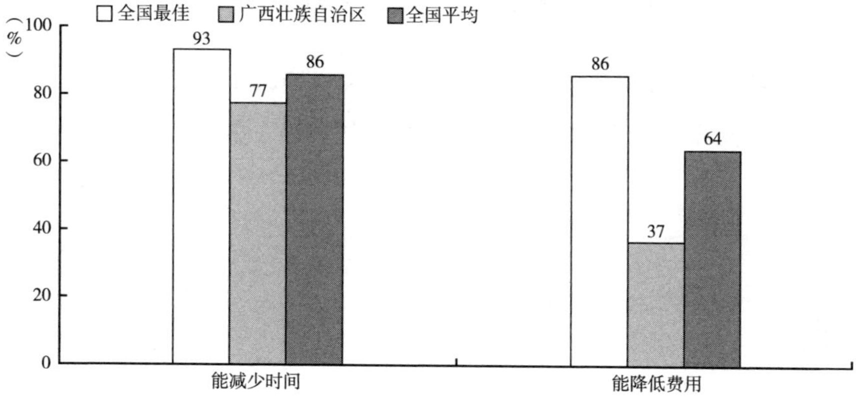

图 12－8　2018 年广西市场主体认为商改的成效

（二）43% 的市场主体认为商改对其经营有积极影响

如图 12－9 所示，有 43% 的广西市场主体认为商改对其经营有积极影响，55% 认为无明显影响，仅 2% 认为有消极影响。认为有积极影响的比例比全国平均水平低 17 个百分点，表明广西的商事制度改革并没有惠及大部分市场主体。

（三）根据总体样本数据，34% 的市场主体认为营商环境有改善

如图 12－10 所示，在广西受访群体中，约 34% 的市场主体认为当地营

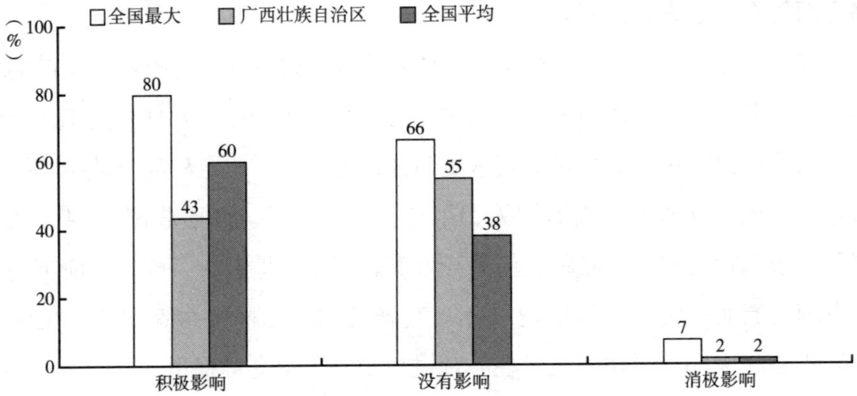

图 12－9　市场主体认为商改对其经营影响的比例

商环境有所改善，27%认为无明显变化，39%认为当地营商环境变差。结合下方所述营商环境排名分析，目前广西营商环境仍面临较大挑战。

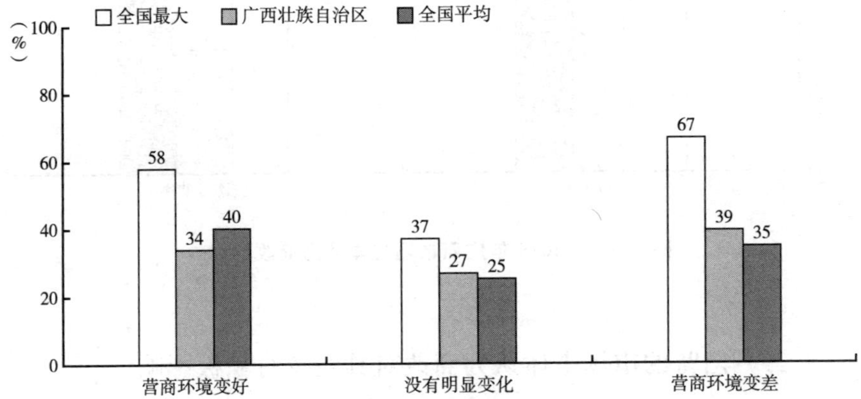

图 12－10　市场主体认为营商环境变化的比例

（四）全国市场主体投票结果显示，广西营商环境排全国第25名

营商环境是影响广西商事制度改革效果的重要因素之一。图 12－11 为本次调查所得全国营商环境排名。在 31 个样本中，广西位列第 25 名，总体排名滞后。广西市场主体面临的主要困难包括市场竞争激烈、成本高、招工困难等，具体分析于第三部分进一步阐述。

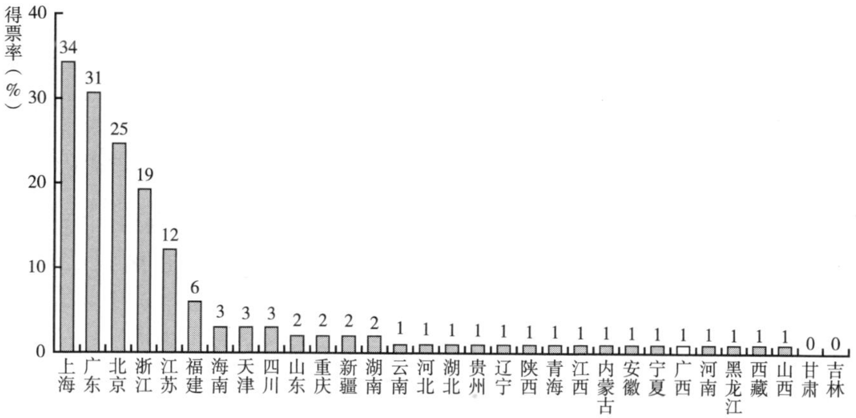

图 12－11　全国营商环境排名

三　广西壮族自治区营商环境建设面临的问题

（一）市场主体被上门检查比例高

商事制度改革一直强调加强事中事后监管，建设以信用监管为核心的市场监管新机制。随机抽查理念逐步推广到整个市场监管领域，要求随机抽取检查对象、随机选派执法检查人员、抽查检查结果及时公开，强调要实现“双随机、一公开”全覆盖。然而，从市场主体的反馈看，在过去一年，高达 93% 的市场主体都有被政府部门上门检查的经历，即使 2018 年刚成立的市场主体，占比也达到 78%。从全国视野看，广西几乎是被检查比例全国最高的省份。这表明，信用监管还没有真正落地，市场主体被上门检查的比重过高。

（二）“互联网＋政务服务”使用率低

“互联网＋政务服务”是信息化时代的必然趋势，全国各地先后推出“数字政府”建设。然而，在广西，网上办事大厅使用率只有约 23%，只有全国平均水平的一半左右。

广西“互联网 + 政务服务”使用率低有两个原因。一是知晓率低。在广西，只有 49% 的市场主体知道网上办事大厅，比全国平均水平低了 10 个百分点。按年龄划分，网上办事大厅知晓率较低的办事群众主要集中在30 ~ 40 岁年龄段。图 12 – 12 显示，在不知道网上办事大厅的受访者中，该年龄段就占了 61% 。这意味着大多数该年龄段的办事群众尚未接触到互联网政务的相关信息。

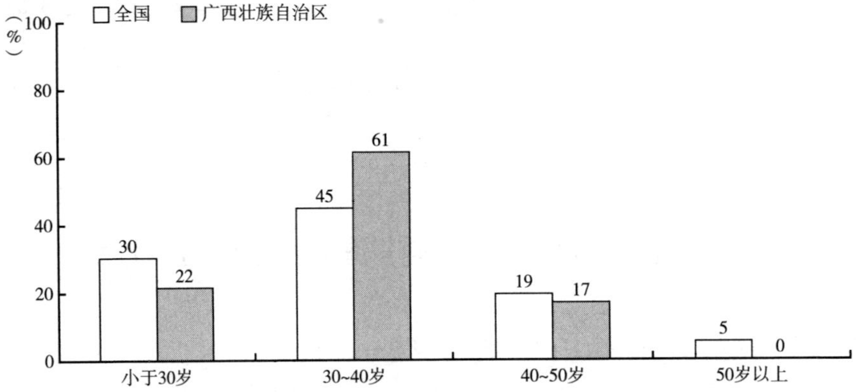

图 12 – 12　不知道有网上办事大厅的年龄构成

另一个是网上办事大厅的用户使用体验欠佳，导致知道但不使用的比例高达 54% 。通过实地调研了解，受访者不使用网上办事大厅的原因主要有两个：一是系统建设滞后，平台响应时间过长甚至无法操作；二是业务指引不到位，容错率低，相关信息仍需到政务中心咨询相关部门窗口。

（三）市场主体面临诸多新挑战

商事制度改革一直围绕着解决“办照难”“办证难”“退出难”等不断深化，不过，从市场主体的反馈看，这些问题中仅有“办证难”是广西市场主体目前所面临的主要困难。如图 12 – 13 所示，对于“在本地做生意目前遇到的主要困难是什么”这一问题，广西市场主体提及开办企业难、办理许可证难、退出市场难的比重分别为 3%、7% 和 3%。这说明，这三个困难不再是广西市场主体所面临的主要困难，成为“旧三难”。

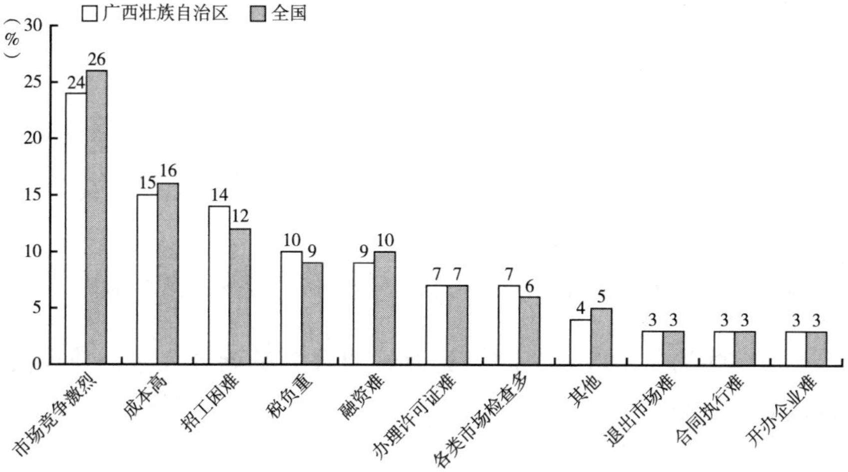

图 12－13　广西市场主体经营面临的主要困难

广西市场主体反馈目前最主要的三个困难分别是市场竞争激烈（24%）、成本高（15%）、招工困难（14%）。从全国视野看，这“新三难”是全国市场主体所普遍面临的主要困难，不是目前的商事制度改革能够直接解决的，但根植于商事制度改革。商事制度改革带来市场准入便利化，进一步激发市场活力，市场主体因此增多，从而带来更激烈的竞争。在广西，这种竞争极易被放大：一方面，广西大型企业与创新型企业不足，中小企业、个体户行业同质化严重，行业竞争愈加显著；另一方面，广西自身市场空间有限，对自治区外市场空间拓展不足，进一步加剧了区内市场主体的竞争。

四　广西壮族自治区完善营商环境建设的方向

商事制度改革直面长期以来困扰“放管服”领域的突出问题与关键难题，坚持以人民为中心的发展思想，深化改革，做到老百姓关心什么、期盼什么，改革就要抓住什么、推进什么，注定是一场攻坚战和持久战。根据广西商事制度改革面临的新问题，结合社会经济新形势，我们提出以下四点建议。

（一）继续深化市场准入便利化改革，再创广西商事制度改革新优势

目前，广西商事制度改革在市场准入便利度上，比如登记注册所需时间、所需交涉窗口数量、所需办理证件数量等，达到甚至超过全国平均水平。这些成绩来之不易，要强化已有的成功做法，在中华人民共和国成立70周年之际，继续深化市场准入便利化改革，再创广西商事制度改革新优势。

（二）强化信用监管，确立竞争性政策的基础性地位，建设竞争中性的营商环境

从事中事后监管的角度看，商事制度改革旨在建立健全以信用监管为核心的市场监管新机制。从全国视野看，广西几乎是市场主体被上门检查比例最高的省份，信用监管还没有真正落地。因此，广西需要深化市场监管改革，按照一视同仁的规则监管市场，建设中性的市场竞争环境，服务于市场主体的健康成长。

（三）重视“数字政府”的需求侧建设，增创广西商事制度改革的新优势

“互联网+政务服务”是信息化时代的必然趋势，全国各地先后推出“数字政府”建设。广西也推出了企业登记全流程电子化管理等网上办事系统。然而，从需求侧看，在广西，网上办事大厅使用率只有全国平均水平的一半左右。这主要是因为网上办事大厅的知晓率比全国平均水平低了10个百分点；知道却不使用的比例是全国平均水平的约两倍。“数字政府”建设需要从供给端和需求端两端协同发力，再创广西营商环境建设新优势。切实加强对“数字政府”建设的宣传，提高市场主体的知晓率、使用率和黏性，是当下亟须开展的工作。

（四）转向“市场开放”，开拓广西商事制度改革的新领域

随着商事制度等“放管服”改革，市场准入便利化进一步激发市场活力，市场主体因此增多，从而带来更激烈的市场竞争等新的困难，这已经成为包括广西在内的全国市场主体所面临的主要困难。这些新困难，不同于“办照难”“办证难”“退出难”，更多根植于市场供求和市场范围，只有寻找持续的增长点与有力的突破口，开放更多市场领域，才能从根本上解决市场竞争激烈和成本高的新困难，同时有利于广西经济进一步转型升级、率先实现高质量发展。

第十三章
贵州省营商环境报告*

课题组在贵州省随机抽取了3个市，分别为贵阳市、遵义市和毕节市，随机访谈成功的有效问卷是159份。调研结束后，课题组清理、整理了有关全国和贵州商事制度改革的第一手数据资料与舆情反馈，并从全国视野考察贵州商事制度改革的新进展、新挑战以及新方向。现将主要情况报告如下。

一 贵州省营商环境建设的进展

（一）市场主体登记注册时间的压缩效果有限，2018年仍然需要9.5天，比全国平均水平多2.5天

如图13－1所示，在2014年前（商事制度改革前），市场主体在贵州省登记注册平均需要10.1天，比全国平均数（8.4天）多1.7天。商事制度改革的初期，尤其是在2014年至2016年，在贵州省登记注册所需时间迅速下降至7.1天，低于全国平均所需天数。但2017年出现反复，登记注册时间再次高于全国平均水平。2018年，登记注册所需时间仍需9.5天，是全国调查样本中所需天数较多的省份。整体而言，在压缩开办企业时间方面，贵州省的商改效果是落后于全国的。

---

* 本章执笔：郑诗雅、林建浩、张莉。

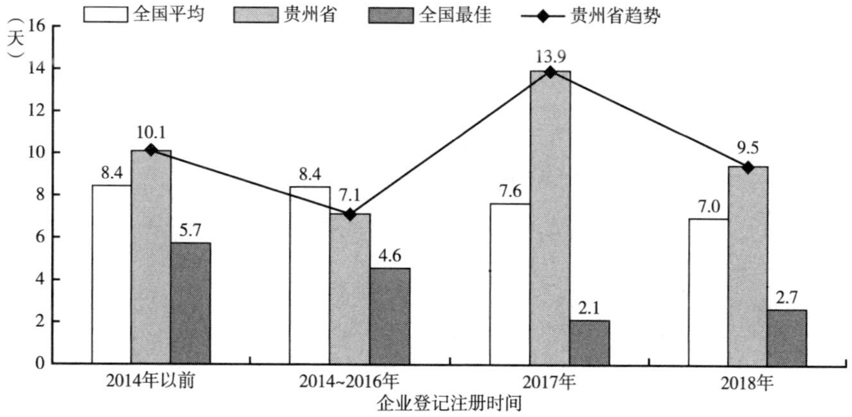

图 13－1　历年在贵州登记注册所需时间

注：登记注册时间越少，代表商改成效越好。

（二）市场主体登记注册涉及的窗口数量从商改前的2.9个下降至2018年的1.7个，略优于全国平均水平

如图 13－2 所示，2014 年以前，在贵州登记注册一家市场主体平均需要与 2.9 个办事窗口打交道，落后于全国平均水平。商事制度改革后，在贵州省登记注册所需交涉的窗口数量持续下降：在 2014 年至 2016 年，需要交涉的窗口数量略微下降至 2.8 个；2017 年下降至 2.1 个，接近全国平均水平；2018 年进一步下降至 1.7 个，开始低于全国平均水平。

2018 年，在贵州，超过 35% 的市场主体实现一窗登记。平均只需要跑 1.7 个窗口，领先全国平均水平（1.9 个窗口），但仍明显落后于全国最佳水平（1.1 个窗口）；与贵州改革前的 2.9 个相比，下降幅度超过 40%。整体而言，在“一窗通办”改革上，贵州的改革效果较为明显，呈现后来居上的趋势。

（三）市场主体登记注册所需办理证件数从商改前的3.2个下降至2018年的1.8个，优于全国平均水平

如图 13－3 所示，2014 年前，市场主体在贵州省登记注册所需办理证

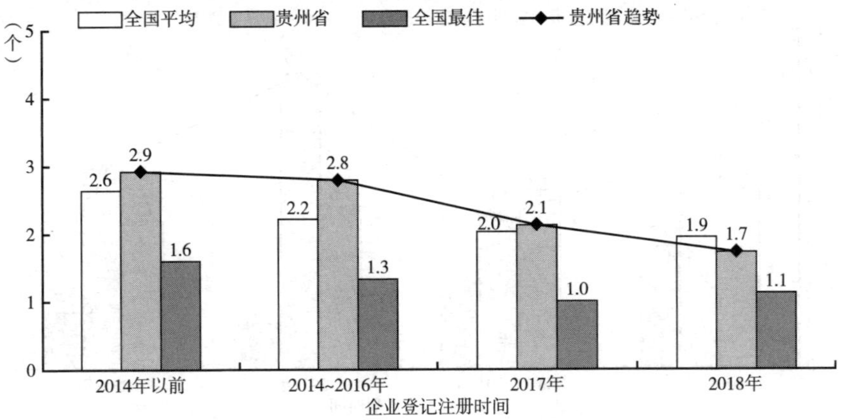

图 13－2　历年在贵州登记注册涉及的窗口数量

注：窗口数越少，代表商改成效越好。

件数平均为 3.2 个，略少于全国平均数（3.4 个）。商事制度改革后，在贵州省登记注册所需办理证件的数量总体而言有所下降。2014 年至 2016 年减少至 2.0 个证件，优于全国平均水平；2017 年出现波动上升至 2.8 个，落后于全国平均水平；2018 年则又迅速下降至 1.8 个，优于全国平均水平。

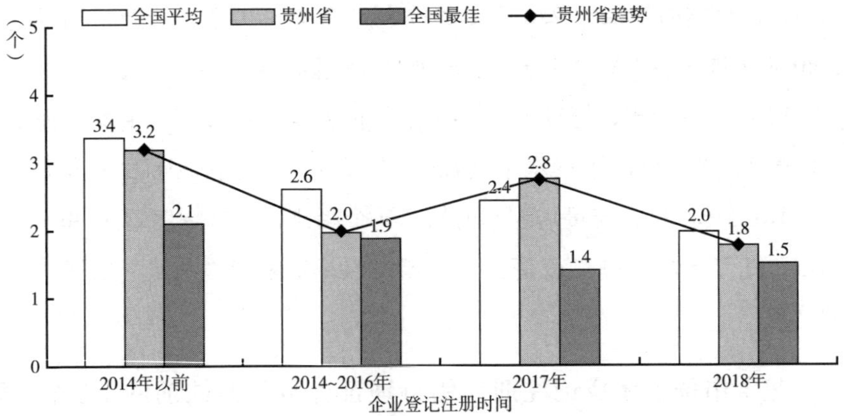

图 13－3　历年在贵州登记注册所需办理的证件数量

注：办理证件数量越少，代表商改成效越好。

2018 年，在贵州，近四成市场主体只需办理 1 个证件。平均只需要办理 1.8 个证件，接近全国最佳水平（1.5 个证件）；与改革前的 3.2 个相比，下降幅度超过 40%。

（四）68%的市场主体在过去一年间有被上门检查的经历，处于全国最低水平

如图 13－4 所示，整体而言，在贵州省，68%的市场主体反馈在过去一年间有被上门检查的经历，明显低于全国平均水平，是全国的最低水平。在全国，79%的市场主体反馈有被上门检查的经历。

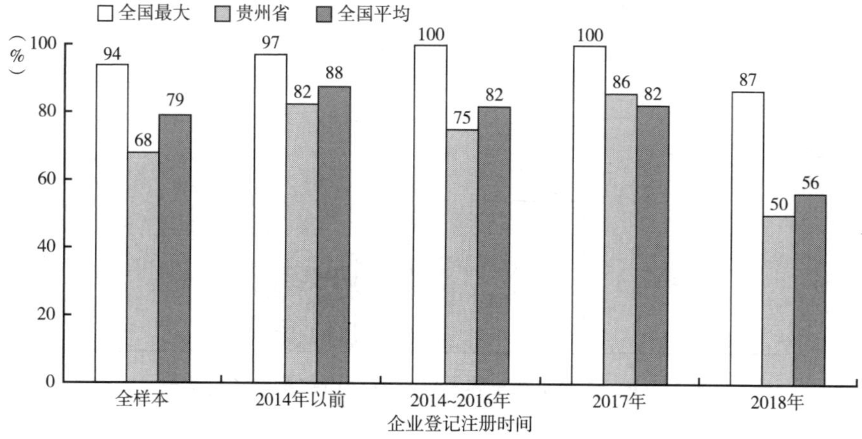

图 13－4　贵州市场主体在过去一年被上门检查的经历

如图 13－5 所示，在贵州，30%的市场主体指出被检查的次数有所增加，这一比例接近全国平均水平（32%）。同时，又有近 30%的市场主体提及检查部门的数量有所增加，而这一比例在全国为 25%，如图 13－6 所示。

（五）73%的市场主体使用国家企业信用信息公示系统，高于全国平均水平

信用监管的起点是市场主体到国家信用信息系统查看相关市场主体的信

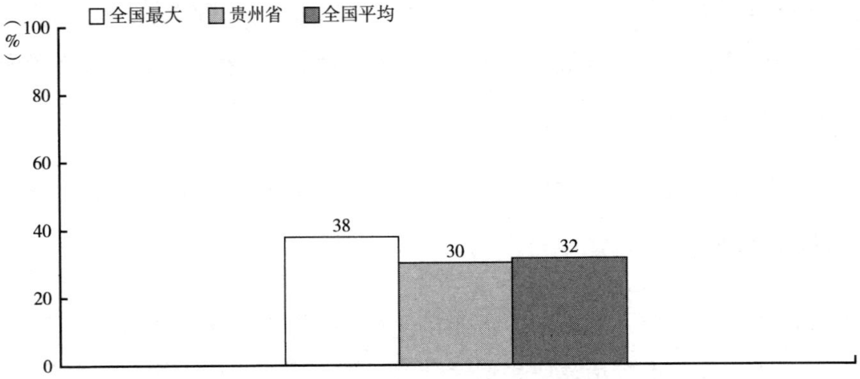

图 13－5　贵州市场主体反馈被检查次数增加的比例

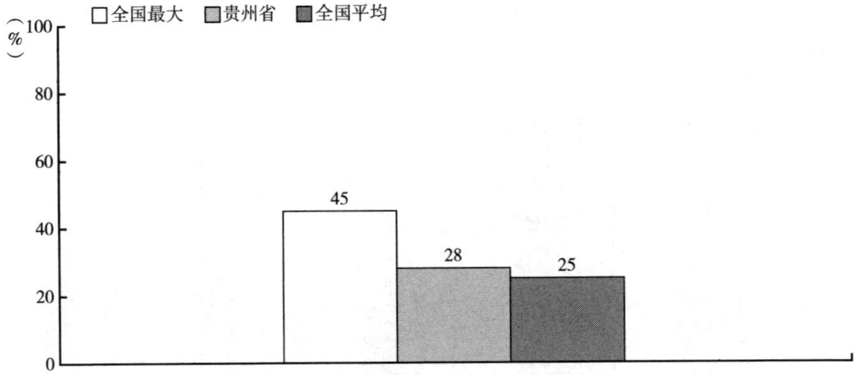

图 13－6　贵州市场主体反馈检查部门数量增加的比例

用信息。如图 13－7 所示，在贵州省，超过 70% 的市场主体选择到国家企业信用信息公示系统上查看交易对象的信用信息，这一比例高于全国平均水平，与全国最高水平差 7 个百分点。而有 11% 的市场主体不查看国家企业信用信息公示系统，7% 的市场主体不知道这方面信息，低于全国平均水平；其余近 10% 的市场主体通过其他渠道了解。

（六）2018年，贵州市场主体的“互联网＋政务服务”使用率高于全国平均水平

“互联网＋政务服务”是商事制度改革的主要内容之一。贵州省作为全

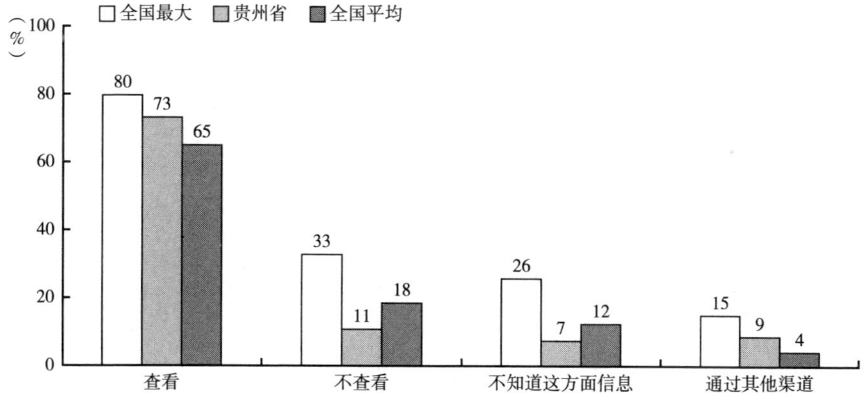

图 13－7　贵州市场主体查看国家企业信用信息公示系统情况

国“互联网＋政务服务”试点示范省，在实行一网办理、再造服务流程、深化信息公开等方面走出了贵州特色之路。

如图 13－8 所示，在贵州省，有 73% 的市场主体明确反馈知道其所在地有网上办事大厅（系统）；在全国范围内，59% 的市场主体明确反馈表示知道；在国内最佳省份，82% 的市场主体明确反馈表示知道。从全国视野看，在贵州，知晓网上办事大厅的市场主体远高于全国平均水平，接近全国最佳水平。

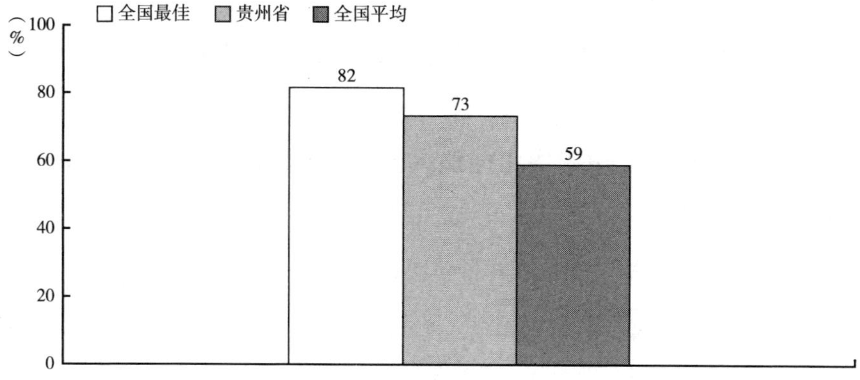

图 13－8　贵州市场主体对网上办事大厅的知晓情况

注：知晓比例越高，代表商改成效越好。

如图 13 - 9 所示，在知道网上办事大厅（系统）的市场主体中，贵州仍有 26% 的市场主体不使用网上办事系统，这与全国平均水平 28% 非常接近。换言之，约 54%（73% ×74%）的市场主体使用网上办事系统，高于全国平均水平 42%（59% ×72%）。

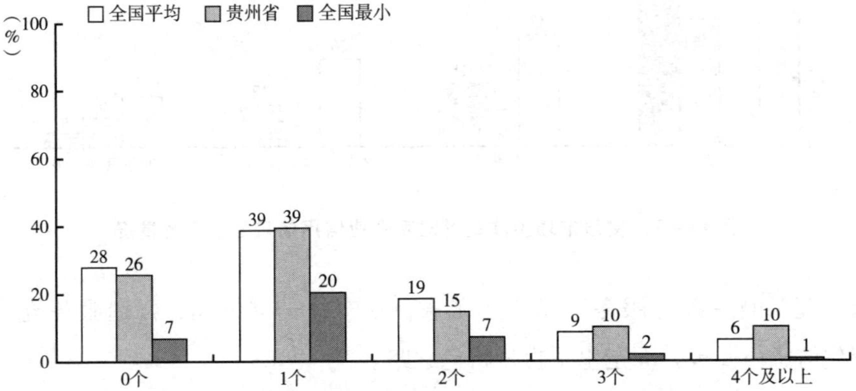

图 13 - 9　在贵州知道有网上办事系统的市场主体中不使用情况

此外，在知道网上办事大厅（系统）的市场主体中，贵州有 39% 的市场主体常用 1 个网上办事系统；15% 常用 2 个办事系统。平均而言，贵州省市场主体常用的网上办事系统为 2 个，贵州全省“办事一张网”的建设仍未完全实现。

二　贵州省营商环境建设的成效

（一）48% 的贵州市场主体认为商改对营商环境有积极影响，高于全国平均水平

如图 13 - 10 所示，在贵州，48% 的市场主体认为商改后的营商环境有所改善，比全国平均水平高了 8 个百分点；19% 的市场主体认为商改对当地营商环境没有影响，比全国平均水平低了 6 个百分点；34% 的市场主体认为商改对当地营商环境有消极影响，低于全国平均水平。这表明，在 2018 年，从全国横向比较的角度看，贵州市场主体对于商改在改善营商环境方面的认可度较高。

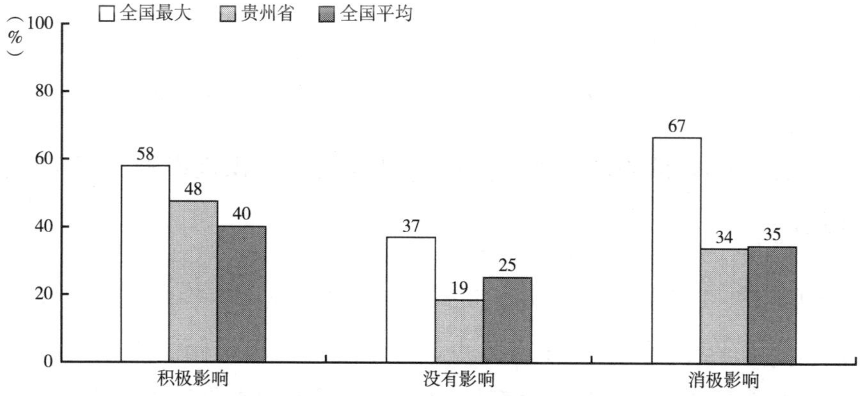

图 13－10 2018 年贵州市场主体认为商改对当地营商环境的影响

（二）87%的贵州市场主体认为商事制度改革减少了与政府打交道的时间，57%的市场主体认为降低了与政府打交道的费用

如图 13－11 所示，在贵州省，87%的市场主体认为商改措施能够减少市场主体与政府打交道的时间，比全国平均水平高了 1 个百分点，比全国最佳水平低 6 个百分点。

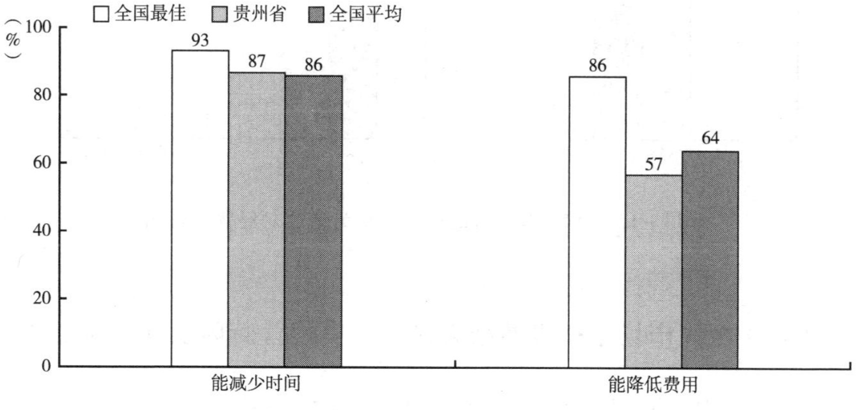

图 13－11 2018 年贵州市场主体认为商改的成效

注：时间与费用成本越低，代表商改成效越好。

另外，57%的市场主体认为商改措施能够降低市场主体与政府打交道的费用，比全国平均水平低了7个百分点，比全国最佳水平低29个百分点。这表明，贵州的商事制度改革主要是降低了企业的时间成本。

（三）53%的市场主体认为商改对其经营有积极影响，低于全国平均水平

如图13－12所示，在贵州，53%的市场主体认为商改对经营有积极影响，比全国平均水平低7个百分点，比全国最佳水平低了27个百分点。46%的市场主体认为对经营没有影响，比全国平均水平高了8个百分点；1%的市场主体认为对经营有消极影响，比全国平均水平低了1个百分点。这表明，从全国比较的角度看，贵州商事制度改革对市场主体经营的影响相对较小。

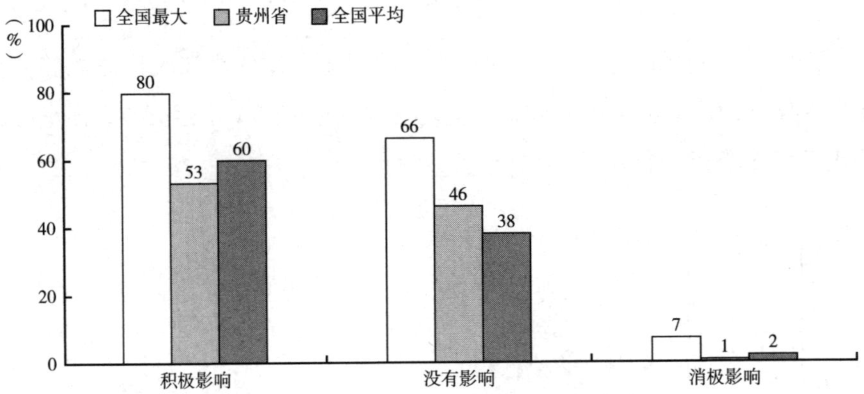

图13－12　2018年贵州市场主体认为商改对经营的影响

（四）全国市场主体投票结果显示，贵州营商环境排全国第17名

市场主体的认可是最真实的肯定。图13－13报告了市场主体对全国各地营商环境的主观评价。在全国16个省份84个地市，每一位受访者都给出了其所认为的“做生意环境相对较好的三个省份”。图13－13报告了全国

各地的得票情况。具体而言，贵州共获得 32 票，全国约 1% 的非贵州市场主体认为贵州做生意的环境相对较好。调研结果表明，贵州的商事制度改革还有较大的提升空间，营商环境需要进一步优化。

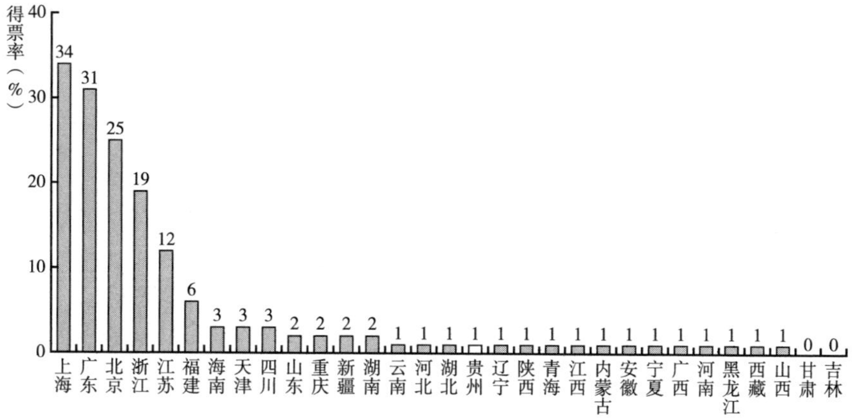

图 13－13 全国营商环境排名

三 贵州省营商环境建设面临的问题

虽然贵州在“互联网＋政务服务”方面取得全国领先的进展，但本省市场主体却认为贵州的营商环境改善有限，商改对其经营的积极影响也有限，在其他省份市场主体的认知中，贵州的营商环境全国排名也仅仅位于中段。本文认为贵州商改主要存在以下新问题：第一，贵州企业登记注册所需时间远高于全国平均水平，主要原因在于各市在这项改革上进展步伐不一；第二，贵州的“最多跑一次”改革力度不足，是深化商改的潜在着力点；第三，非农行业的企业获得感不强，是贵州市场主体对于商改的积极评价落后于全国平均水平的主要原因；第四，商改之外的问题成为影响营商环境的新问题，这些问题根植于商改，又超出商改。

（一）省内地区差异巨大，导致贵州企业登记注册时间压缩效果有限

2018 年，在贵州省，几乎没有市场主体在 1 天内能够完成登记注册，

能在 2 ~3 天完成登记注册的市场主体也仅有 20% 。平均需要 9. 5 天才能完成企业登记注册，比全国平均所需的 7 天慢了 2. 5 天；与贵州改革前的 10. 1 天相比，下降幅度不大，改革效果不明显。

贵州在市场主体登记注册时间改革上落后的一个重要原因是各市在这项改革上进展步伐不一。如图 13 –14 所示，2018 年，在调研的 3 个市中，毕节市的改革成效最好。毕节市的市场主体登记注册时间一直低于全国平均水平，甚至接近全国最佳水平。但是贵阳市和遵义市整体进展缓慢。贵阳市的市场主体登记注册时间在改革前后无明显变化；遵义市在改革后的市场主体登记注册时间更长了，2017 年甚至高达 16. 8 天。

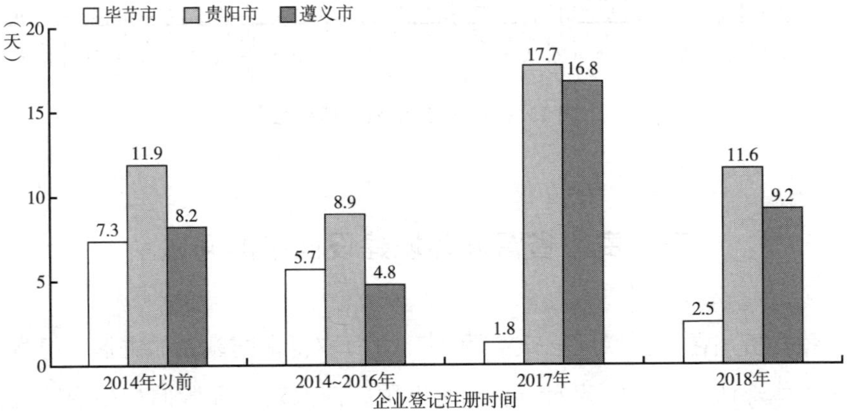

图 13 –14　历年在贵州登记注册时间

（二）调研各市“最多跑一次”改革进展缓慢，落后于全国平均水平

“企业和群众办事力争只进一扇门，最多跑一次”，是中央政府 2018 年初所提出的商事制度改革的目标与承诺，更是市场主体的诉求。如图 13 –15 所示，在 2018 年，14% 的贵州市场主体办成一件事需要跑一次，比全国平均水平低了 16 个百分点，不到全国最佳水平的 1/3。44% 的市场主体办成一件事需要跑两次。这意味着，贵州在“最多跑一次”改革上明显落后了。

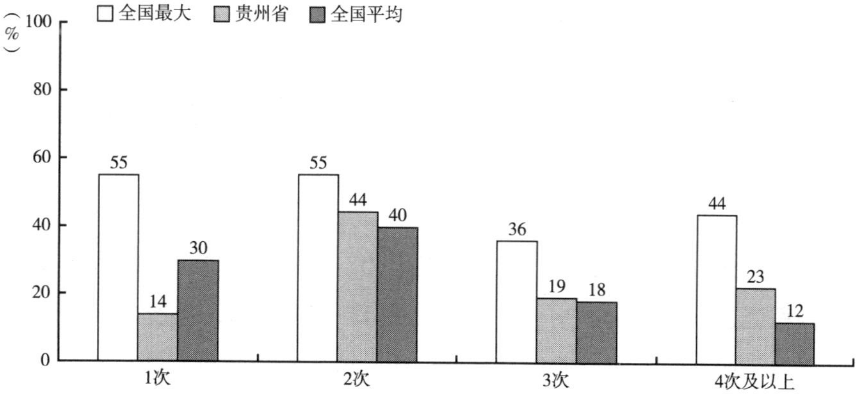

图 13-15　2018 年贵州市场主体实现“最多跑一次”的比例

贵州在“最多跑一次”改革上的落后是因为各市在这项改革上进展都不大。如图 13-16 所示，2018 年，在调研的 3 个市中，毕节市的改革成效最好，24% 的市场主体可以实现“最多跑一次”，但依然比全国平均水平少了 6 个百分点。贵阳市和遵义市明显低于全国平均水平，其中遵义市只有 8% 的市场主体可以实现“最多跑一次”，仅约为全国平均水平的 1/4。

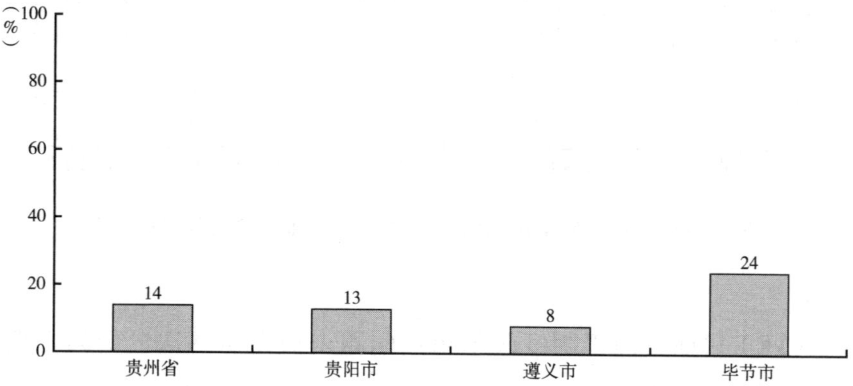

图 13-16　2018 年贵州各市实现“最多跑一次”的比例

（三）贵州商事制度改革对市场主体经营的积极影响低于全国平均水平，主要体现在非农行业的企业获得感不足

贵州的商事制度改革虽然取得不少进展，但是市场主体的获得感低于全

国平均水平，这主要表现为以下两点：一是贵州市场主体认为商事制度改革降低其与政府打交道费用的比例，比全国平均水平低了7个百分点，比全国最佳水平低了29个百分点；二是贵州市场主体认为商事制度改革对其经营有积极影响的比重，比全国平均水平低了7个百分点，比全国最佳水平低了27个百分点。

经过细分产业分析发现，这主要是因为，贵州商事制度改革对非农行业经营的积极影响低于全国平均水平。如图13－17所示，从产业类别看，无论是工业行业、服务业行业还是其他行业，认为贵州商改对其经营有积极影响的比重均比全国平均水平低。这表明，贵州商事制度改革对非农业行业经营的积极影响相对较小。

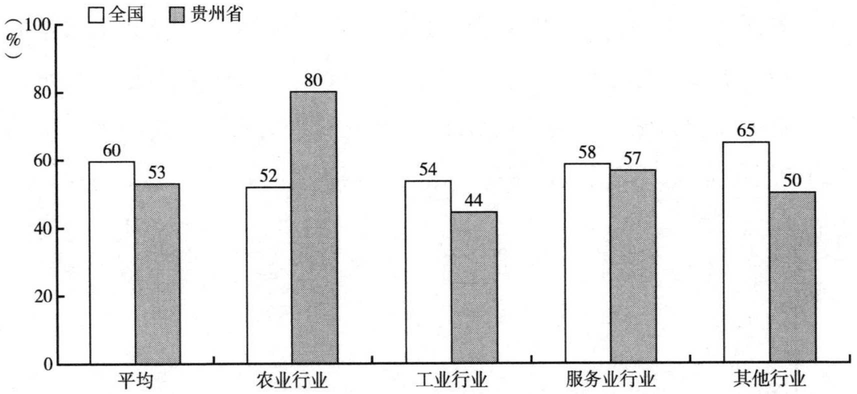

图13－17　贵州商事制度改革对“非农业行业”经营的积极影响

（四）目前，商事制度改革重点问题未被完全解决，新的主要困难又出现在商事制度改革范围之外

商事制度改革一直围绕着解决“办照难”“办证难”“退出难”等不断深化。从贵州市场主体的反馈看，尽管这些问题中的大部分已经不再是市场主体目前所面临的主要困难，但“办证难”这一问题在贵州省仍未被很好地解决。如图13－18所示，对于“在本地做生意目前遇到的主要困难是什

么”，在全国范围内市场主体提出开办企业难、退出市场难、办理许可证难的比重分别为 3%、3% 和 7%，已经不再是全国市场主体目前所面临的主要困难。前两个问题同样也不再是贵州市场主体所面临的主要困难，但在办理许可证方面，10% 的贵州市场主体认为有难度，超出了全国平均水平 3 个百分点。

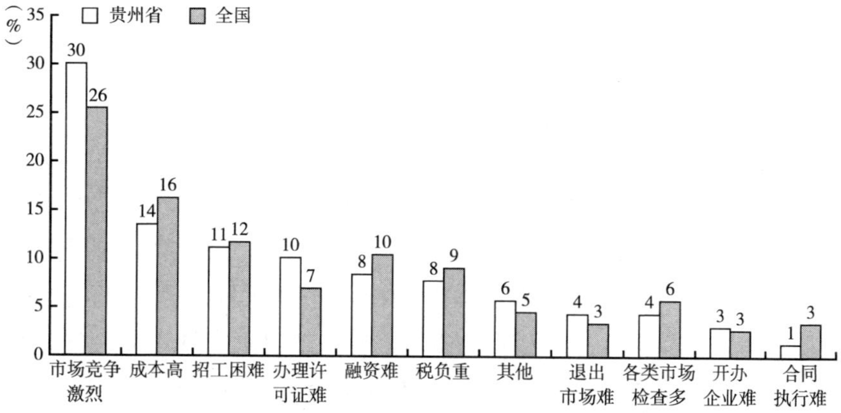

图 13－18　目前贵州市场主体经营面临的主要困难

贵州市场主体反馈目前最主要的三个困难分别是市场竞争激烈、成本高和招工困难。这三个困难被提及的比重分别为 30%、14% 和 11%。可以看到，这三个困难也是全国市场主体所普遍面临的主要困难，贵州在市场竞争这一方面略微严重些。

需要明确指出的是，这些新困难是商事制度改革不断取得巨大成效过程中所伴随的必然现象。随着改革的不断推进以及贵州大数据市场的发展，市场主体数量迅速增加，对企业的发展提出了新的挑战。由于市场主体数量的增加，产品供给增加，导致产品市场上竞争日益激烈；同时，对生产要素的需求增加使得生产要素的价格相应提高，成本高、招工困难等问题随之而来。

因此，贵州市场主体目前所面临的新困难，根植于商事制度改革带来的市场主体倍增。

四　贵州省完善营商环境建设的方向

2014 年以来，贵州持续推动商事制度改革，初步构建了高效便捷的准入环境，释放了经济增长的内在动力。但贵州商事制度改革也存在许多突出问题与关键难题，根据这些问题，结合社会经济新形势，我们提出以下四点建议。

（一）加快压缩市场主体登记注册时间

近些年来，贵州的商事制度改革让群众感受到便利，实干高效的政务环境足以应对商改所带来的办事任务压力。但目前贵州市场主体登记注册时间的优化效果不大，存在办事效率较低、流程较为烦琐的问题。从全国 16 个省份调研情况看，2018 年，75% 的省份都有受访对象实现 1 天内完成市场主体登记注册的，而贵州却无一受访案例达到这一标准。因此，贵州仍需深化“放管服”改革，简化企业从设立到具备一般性经营条件所必须办理的环节，压缩办理时间，切实降低制度性交易成本。

（二）持续提高非农行业的企业获得感

调研结果显示，贵州商改对农业行业经营的积极影响高于全国平均水平，但对工业行业、服务业行业和其他行业的影响较小。一方面，贵州需放宽服务业准入限制，完善市场监管体制，深化服务业供给侧结构性改革，优化服务业发展环境；另一方面，贵州应帮助工业企业开拓市场，支持工业企业改革改制，推动工业健康可持续发展。

（三）推进“最多跑一次是常态、跑多次是例外”改革

调研数据显示，在 2018 年，仅 14% 的贵州市场主体办成一件事只需要跑一次，不到全国最佳水平的 1/3。例如，商改在贵阳已推进了不少，但申报、审批等流程仍然相对冗杂，办证、变更等各项业务的简化在各个地区步

调不一。贵州需加大力度开展“最多跑一次”改革专项工作，从政策、制度、环境、服务多方面不断优化政府供给，为群众和企业提供更便利、更优质、更高效的服务，达到群众和企业到政府办事“最多跑一次是常态、跑多次是例外”的效果。

（四）逐渐提高市场开放程度，开拓贵州商事制度改革的新领域

随着商事制度的改革，贵州市场主体增加，市场竞争日益激烈，成本高、招工困难成为亟须解决的新问题。因此，贵州需要开放更多市场领域，通过开放来实现内部成长。无论是引进更多的外资和技术来帮助实现产业升级，还是生产出来的产品需要更多的市场来换取利润从而实现规模化经济，贵州都需要提高开放程度，从根本上解决市场竞争激烈、成本高、招工困难等问题。

第十四章
云南省营商环境报告*

课题组在云南省随机抽取了4个市，分别为昆明市、玉溪市、昭通市、普洱市，随机访谈成功的有效问卷是154份。调研结束后，课题组清理、整理了有关全国和云南商事制度改革的第一手数据资料与舆情反馈，并从全国视野考察云南省商事制度改革的新进展、新挑战以及新方向。现将主要情况报告如下。

一　云南省营商环境建设的进展

（一）在云南，市场主体登记注册所需时间从商改前的5.7天上升至2018年的6.4天，但仍优于全国平均水平

如图14－1所示，在2014年前（商事制度改革前），市场主体在云南省登记注册平均需要5.7天，处于全国最佳水平，比全国平均水平少2.7天。商事制度改革后，在云南省登记注册所需时间开始与全国平均水平趋近。在2014年至2016年，上升至7.9天，但保持低于全国平均所需天数；2017年下降至6.0天；2018年略上升为6.4天，接近全国平均值。整体而言，自启动商改以来，虽然云南省市场主体注册登记时间一直优于全国平均水平，但这种优势在不断缩小。

---

* 本章执笔：纪昕冉、林建浩、徐现祥。

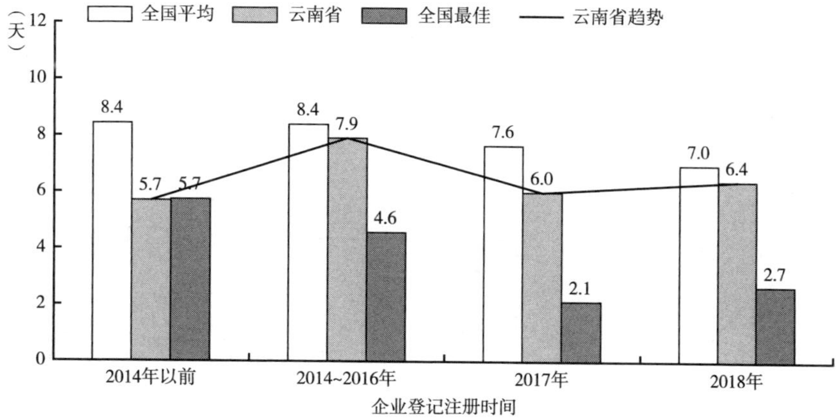

图 14－1　历年在云南省登记注册所需时间

注：注册时间越短，代表商改成效越好。

（二）在云南，市场主体登记注册所需交涉的窗口数量从商改前的2.3个下降至2017年的1.8个，略优于全国平均水平，但2018年出现反复

如图 14－2 所示，2014 年以前在云南登记注册一家市场主体平均需要与 2.3 个办事窗口打交道，比全国平均所需的 2.6 个少了约 0.3 个窗口。商事制度改革后，2014～2016 年在云南省登记注册所需交涉的窗口数量下降至 1.8 个，低于全国平均水平 0.4 个；2017 年维持在 1.8 个，但 2018 年出现反复，急剧上升至 3.0 个，明显高于全国平均水平。

（三）在云南，市场主体登记注册所需办理证件数从商改前的3.0个下降至2017年的1.4个，成为全国最佳水平，但2018年出现反复，上升至2.4个，高于全国平均水平0.4个

云南省相继实施了“三证合一”“五证合一”“多证合一”改革，共整合 22 个部门的 39 项涉企证照事项，有效解决了企业材料重复交、部门多次跑的问题。

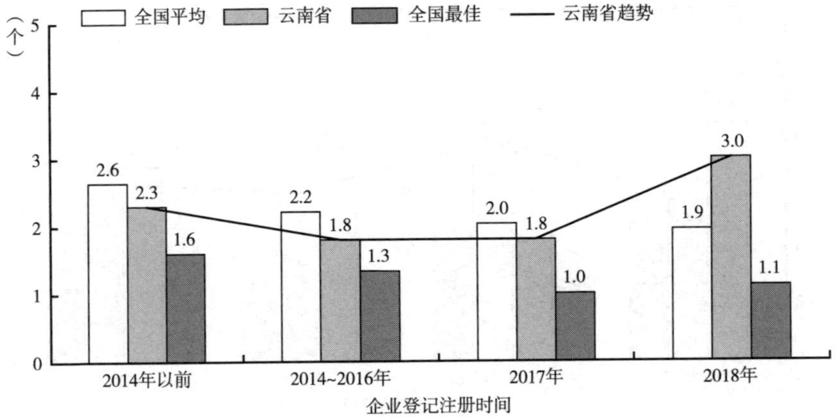

图 14－2　历年在云南登记注册所需交涉的窗口数量

注：窗口数越少，代表商改成效越好。

如图 14－3 所示，2014 年前，在云南省，市场主体登记注册所需办理证件数平均为 3.0 个，比全国平均数 3.4 个少 0.4 个证件，优于全国平均水平。商事制度改革后，在云南省登记注册所需办理证件的数量大幅下降。2014 年至 2016 年减少至 1.9 个证件，优于全国平均水平；2017 年下降至 1.4 个；2018 年则出现回弹现象，上升至 2.4 个，开始落后于全国平均水平。

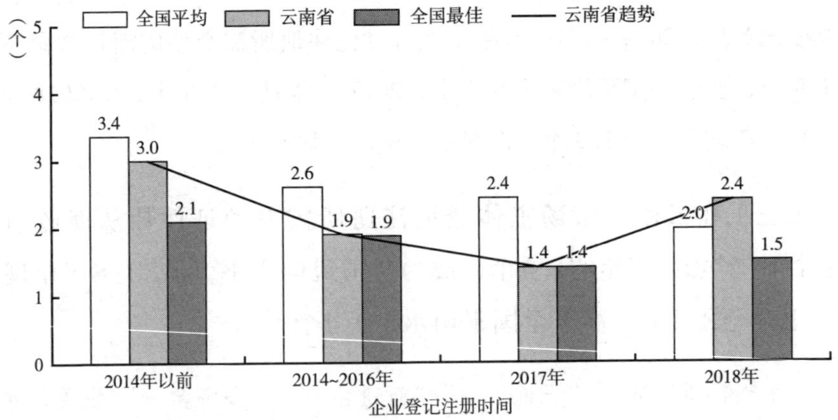

图 14－3　历年在云南登记注册所需办理的证件数量

注：证件数量越少，代表商改成效越好。

2018 年，在云南，超过 30% 的市场主体只需办理 1 个证件。平均需要办理 2.4 个证件，虽然与改革前的 3.0 个相比下降了 20%，但与当前全国最佳水平（1.5 个证件）相比仍有一定差距。

（四）在云南，43% 的市场主体知道网上办事大厅，约31% 的市场主体使用网上办事系统，低于全国平均水平

“互联网 + 政务服务”是商事制度改革的主要内容之一。如图 14－4 所示，在云南省，只有 43% 的市场主体明确反馈知道其所在地有网上办事大厅（系统）。从全国视野看，平均 59% 的市场主体明确反馈知道；最佳省份更是达到 82% 的知晓率，比较可知，云南网上办事大厅的知晓率比全国平均水平低了 16 个百分点，比最佳水平低了 39 个百分点。

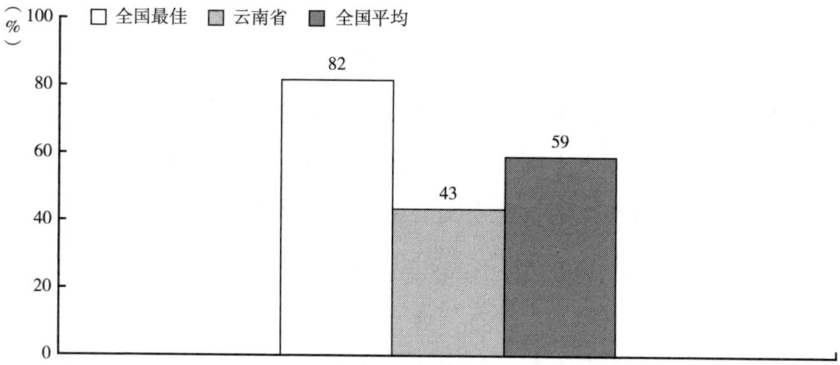

图 14－4　云南市场主体对网上办事大厅的知晓情况

注：知道网上办事大厅的比例越大，代表商改成效越好。

图 14－5 进一步呈现知晓网上办事大厅的市场主体对于信息系统的使用情况。其中，在知道网上办事大厅（系统）的云南市场主体中，29% 的市场主体常用网上办事系统个数为 0，对应的全国平均水平是 28%。换言之，在知道网上办事大厅（系统）的云南市场主体中，有 71% 使用了系统。通过简单计算可知，在云南省，仅有约 31%（43% ×71%）的市场主体会使用网上办事大厅（系统），全国平均水平则是 42%（59% ×72%）。

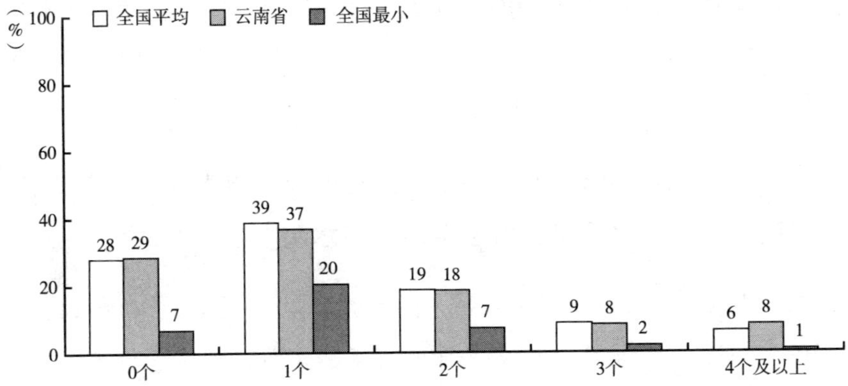

图 14－5 在云南知晓网上办事系统的市场主体常使用的信息系统数量

此外，在知道网上办事大厅（系统）的市场主体中，云南有 37% 的市场主体常用 1 个网上办事系统，18% 常用 2 个办事系统，8% 常用 3 个办事系统，与全国平均水平大致相当。平均而言，云南省市场主体常用的网上办事系统为 1.3 个，与全国平均水平持平，尚未实现“一网通办”。

整体而言，云南网上办事大厅的知晓率远低于全国平均水平，这表明相关宣传推广工作还有很大的提升空间。尤其是在调查的昭通市和普洱市，其网上办事大厅（系统）宣传不够，甚至还未形成网上办事大厅（系统）。网上办事大厅使用率的贡献则主要来自昆明和玉溪两个调查城市。其中，玉溪市已经逐渐推广网上提交材料、预审、预约取号、进度查询、办事指南查询等网上信息系统的使用，追求全程网办。

（五）在云南，85%的市场主体在过去一年间有被上门检查的经历，除2014～2016年成立的企业被检查比例较低外，其余年份成立的企业与全国平均水平大致趋同

如图 14－6 所示，整体而言，在云南省，85% 的市场主体反馈在过去一年间有被上门检查的经历，高于全国平均水平 6 个百分点，低于全国最高检查比例 9 个百分点。

在云南省，2014～2016 年成立的企业被上门检查的比例较低，仅有

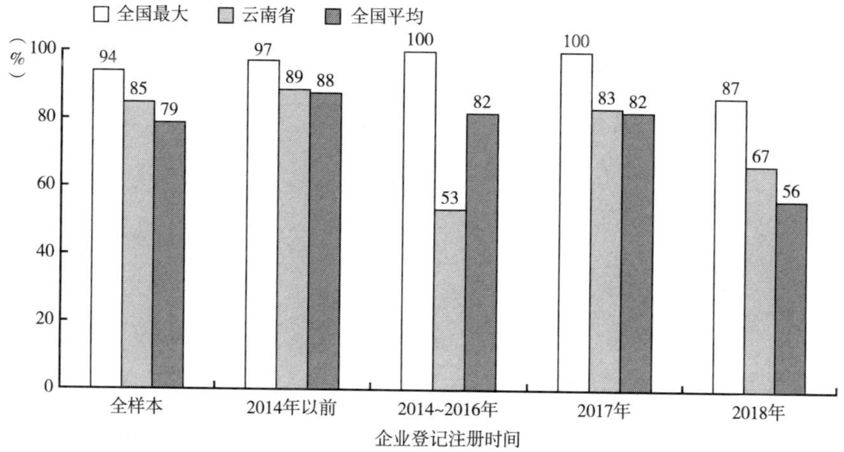

图 14－6　在云南省市场主体在过去一年被上门检查的经历

53%，远低于同期的全国平均水平（82%）。2014 年以前成立的市场主体，89% 反馈有被检查；2017 年成立的市场主体，83% 反馈有被检查，均与全国平均水平基本持平；2018 年成立的市场主体，67% 反馈有被检查，比全国平均水平高了 11 个百分点。

二　云南省营商环境建设的成效

（一）2018年，全国市场主体投票结果显示，云南营商环境位列全国第14名

市场主体的认可是最真实的肯定。在全国 16 个省份 84 个地市，每一位受访者都给出了其所认为的“做生意环境相对较好的三个省份”，图 14－7 是全国各省份的得票情况分布，体现了市场主体对全国各地营商环境的主观评价。其中，上海、广东和北京分列前三名，云南省仅排第 14 位；在西部地区 12 个省份中，位于四川、重庆和新疆之后，位列第四。具体而言，云南共获得 40 票，全国约 1% 的非云南市场主体认为云南做生意的环境相对较好。这是全国市场主体对云南商事制度改革以及营商环境建设的最真实反

映，整体而言，虽然云南在西部地区位于前列，但在全国仅仅位列中游，云南商事制度改革还有较大的提升空间，营商环境还需进一步完善。

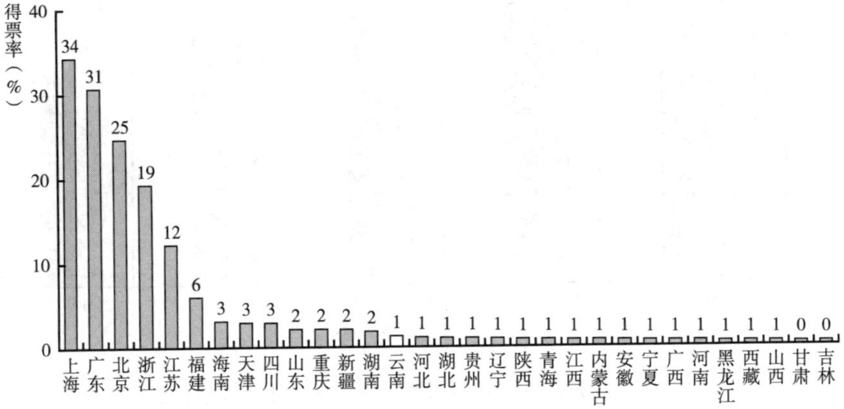

图 14－7　全国营商环境排名

注：排名越靠前，代表商改成效越好。

（二）2018年，88%的云南市场主体认为商事制度改革减少了与政府打交道的时间，略高于全国平均水平；61%的市场主体认为降低了与政府打交道的费用，略低于全国平均水平

如图 14－8 所示，在云南省，88% 的市场主体认为商改措施能够减少市场主体与政府打交道的时间，比全国平均水平高了 2 个百分点，比全国最佳水平低 5 个百分点。

另外，61% 的市场主体认为商改措施能够降低市场主体与政府打交道的费用，比全国平均水平低了 3 个百分点，比全国最佳水平低 25 个百分点。这表明，云南的商事制度改革主要是降低了企业的时间成本，在费用成本上还有待进一步降低。

（三）2018年，云南市场主体认为商改对营商环境有积极影响的比例仅有36%，低于全国平均水平4个百分点

如图 14－9 所示，在云南，仅有 36% 的市场主体认为商改后营商环境

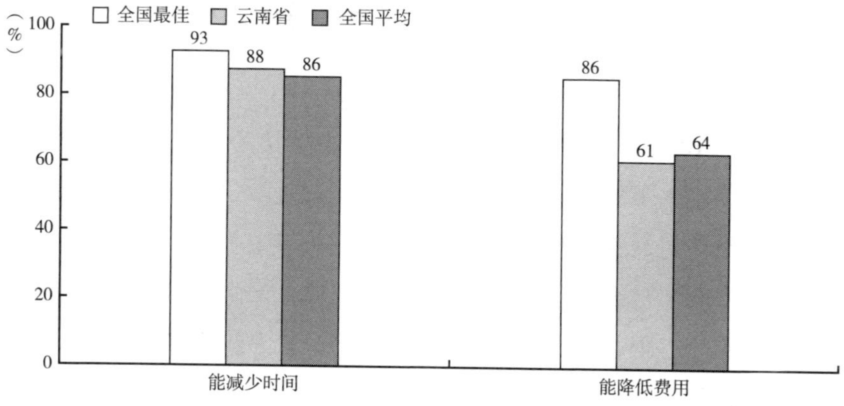

图 14－8　2018 年云南市场主体认为商改的成效

注：认同比例越高，代表商改成效越好。

有所改善，比全国平均水平低了 4 个百分点，比全国最佳水平低了 22 个百分点；29% 的市场主体认为没有改变；36% 的市场主体认为变差了，略高于全国平均水平。这表明，在 2018 年，从全国横向比较的角度看，云南市场主体对于营商环境建设的评价仍有较大改善空间。

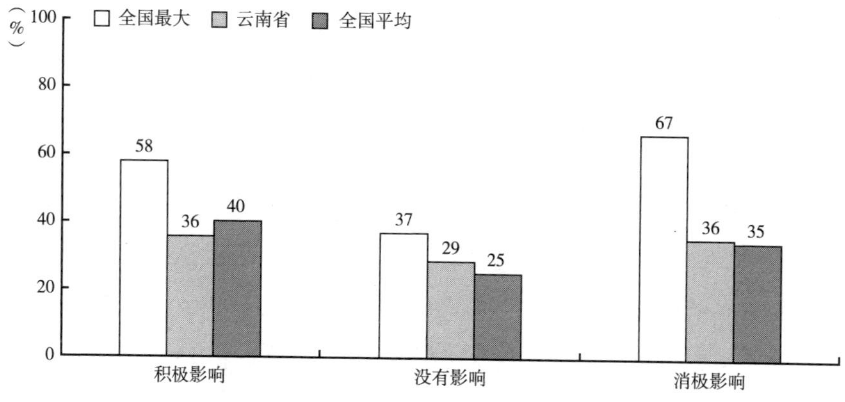

图 14－9　2018 年云南市场主体认为商改对当地营商环境的影响

注：认为有积极影响的比例越高，表明商改成效越好。

（四）云南商事制度改革对市场主体经营的积极影响低于全国平均水平，超六成市场主体认为没有影响

如图 14－10 所示，在云南，32% 的市场主体认为商改对经营有积极影响，比全国平均水平低 28 个百分点，不到全国最佳水平的一半；高达 66% 的市场主体认为对经营没有影响，是全国最高比例；1% 的市场主体认为对经营有消极影响。这表明，从全国比较的角度看，云南市场主体对于商事制度改革的获得感有限，对于商改影响的评价仍有较大改善空间。

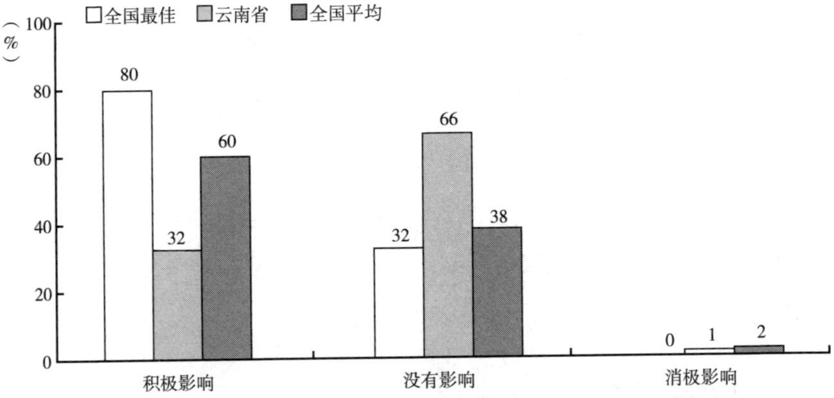

图 14－10　2018 年云南市场主体认为商改对经营的影响

注：认为有积极影响的比例越高，表明商改成效越好。

云南商事制度改革对非国企和中小规模市场主体经营的积极影响低于全国平均水平。如图 14－11 所示，从所有制看，国有企业认为云南商改对其经营有积极影响的比重比全国平均水平高了 14 个百分点，而私营企业和合资企业的认可度分别比全国平均水平低了 35 个百分点和 13 个百分点。如图 14－12 所示，在各种就业人数的市场主体当中，只有规模 500 人以上的市场主体，认为商改对经营有积极影响的比重高于全国平均水平。这表明，市场主体对云南商事制度改革的获得感存在不对称性，其中非国企和中小企业的获得感与认可度较低。

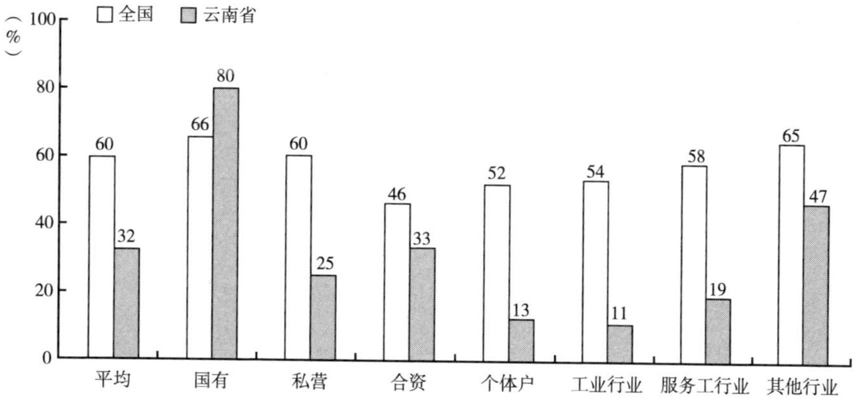

图 14－11　不同类型市场主体对商改积极影响的认可度

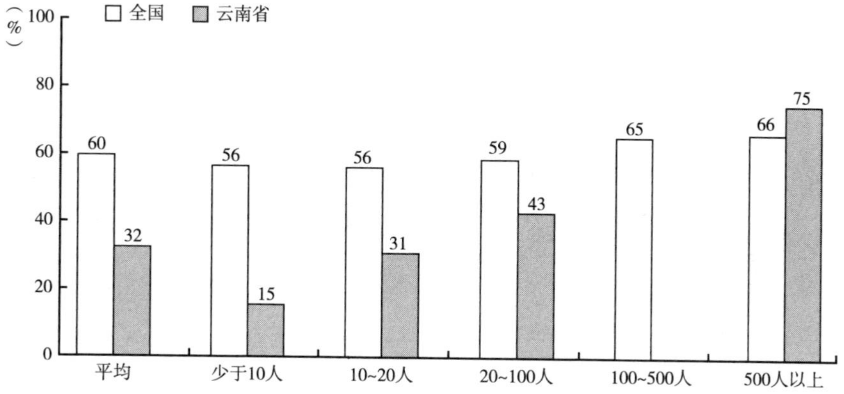

图 14－12　不同规模市场主体对商改积极影响的认可度

注：由于统计样本有限，100～500 人云南省数据缺失。

三　云南省营商环境建设面临的问题

虽然云南省的市场主体认为商改降低了其与政府打交道的时间成本和金钱成本，但同时，云南省的营商环境提升空间还很大，注册登记的效率改进出现反复，市场主体的获得感和评价也低于全国平均水平，其中隐含的新问题值得深思。其主要存在以下新问题：第一，云南省的“互联网＋政务服务”建设不足，加强“互联网+政务服务”是深化商改的潜在着力点；第二，“最多跑一次”改革推进不到位；第三，商改之外的问题成为影响营商环境的新问题，这些问题根植于商改，又超出商改，即新兴问题的出现值得关注；第四，中小规模企业、非国有企业获得感不强，是云南省市场主体对于商改积极评价落后于全国平均水平的主要原因。

（一）2018年，云南市场主体的“互联网+政务服务”知晓率低于全国平均水平

“互联网+政务服务”是信息化时代的必然趋势，云南也跟随一线城市的脚步开通基于互联网的政务办理渠道。但目前网上办事大厅的知晓率低于全国平均水平，其进步空间还很大。

如图14－13所示，从回答不知道的市场主体年龄结构看，云南与全国并没有区别。但是与全国同年龄内部的横向对比，40～50岁年龄区间内不知道网上办事大厅的人相对是最多的，而此年龄段营业人员占比也较高，因此还需要在这个年龄段加强互联网系统的宣传推广。

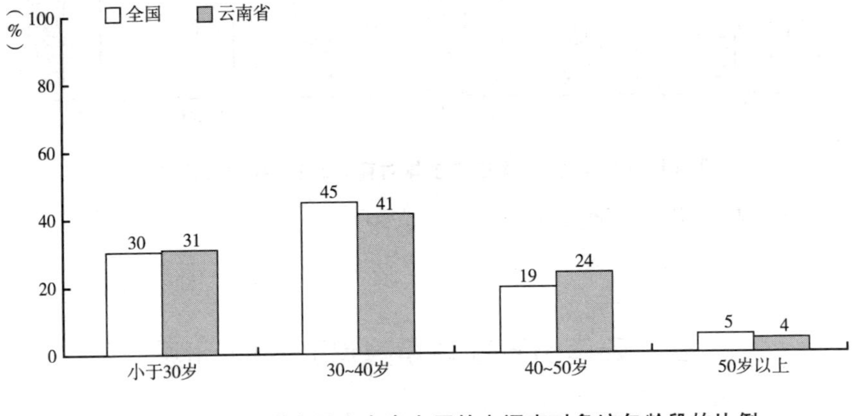

图14－13　不知道有网上办事大厅的占调查对象该年龄段的比例

需要进一步指出的是，玉溪市在“互联网+政务服务”方面做得比较好，红塔区作为“互联网+政务服务”试点，其微信公众号可以实现预约、查询进度的服务；部门间已经能够通过网络实现信息共享，打破各部门之间“信息孤岛”。

（二）在云南，59%的市场主体使用网上信用信息系统，低于全国平均水平

信用监管的起点是市场主体到国家信用信息系统查看相关市场主体的信用信息。如图 14－14 所示，在云南省，仅 59% 的市场主体选择到国家信用信息系统上查看交易对象的信用信息。这一比例低于全国平均水平，与全国最高水平相差了 21 个百分点。这主要是因为，在云南有约 42% 的市场主体不查看甚至不知道国家信用信息系统；此外，还有 1% 的市场主体通过其他渠道查看交易对象的信用信息。

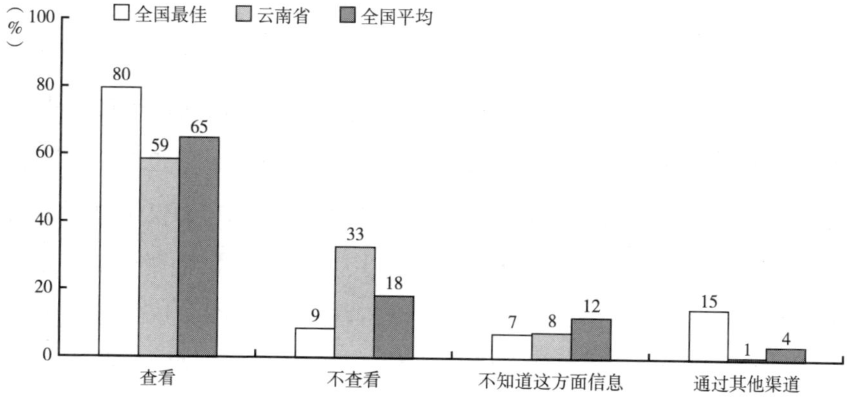

图 14－14　云南市场主体查看国家信用信息系统情况

注：查看人数比例越高，表明商改成效越好。

（三）2018年，云南的“最多跑一次”改革稍落后于全国平均水平

“企业和群众办事力争只进一扇门，最多跑一次”，是中央政府 2018 年初所提出的商事制度改革的目标与承诺，更是市场主体的诉求。如图 14－15 所示，在 2018 年，27% 的云南市场主体办成一件事只需要跑 1 次，比全国平均水平低了 3 个百分点，只有全国最佳水平的一半左右；22% 的市场主体办成一件事需要跑 2 次；跑 3 次的比例却达到全国最高水平。整体而言，过半市场主体需要跑 3 次及以上，云南在“最多跑一次”改革上明显落后了。

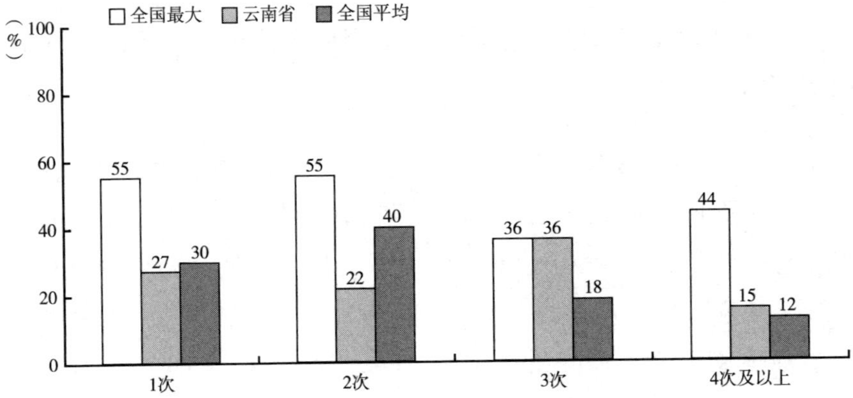

图 14－15　2018 年云南市场主体实现“最多跑一次”的比例

注：跑 1 次的比例越高，表明商改成效越好。

云南在“最多跑一次”改革上的落后是因为各市在这项改革上进展都不大。如图 14－16 所示，2018 年，在调研的 4 个市中，昭通市的改革成效最好，但也只有 33% 的市场主体可以实现“最多跑一次”，仅超过了全国平均水平 3 个百分点，玉溪市与全国平均水平大致相当，其他两个市明显低于全国平均水平。比如昆明市，只有 24% 的市场主体可以实现“最多跑一次”，普洱市只有 25% 的市场主体可以实现“最多跑一次”，皆低于全国平均水平。

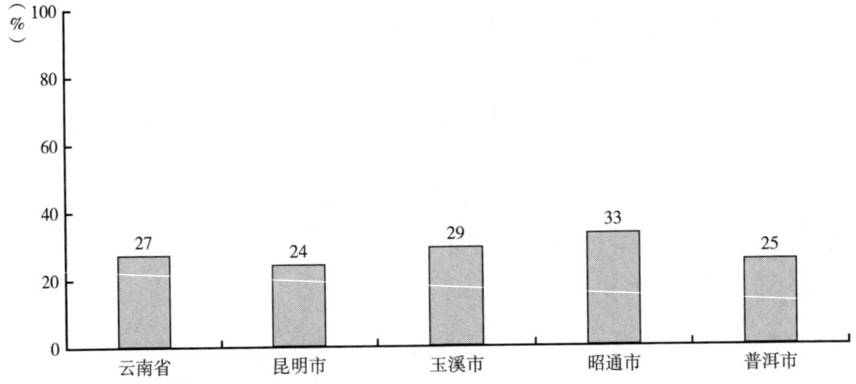

图 14－16　2018 年云南各市实现“最多跑一次”的比例

（四）目前，云南市场主体所面临的主要困难在商事制度改革范围之外

商事制度改革一直围绕着解决“办照难”“办证难”“退出难”等不断深化，不过，从市场主体的反馈看，这些问题已经不再是市场主体目前所面临的主要困难。如图 14 - 17 所示，对于“在本地做生意目前遇到的主要困难是什么”，云南市场主体主要面临问题是市场竞争激烈、成本高、融资难，相关问题被提及的比重分别为 50%、29% 和 20%，远高于全国范围内的比重 26%、16% 和 10%。可见，虽然这三个困难也是全国市场主体所普遍面临的主要困难，但是云南省的情况显得尤为严重。

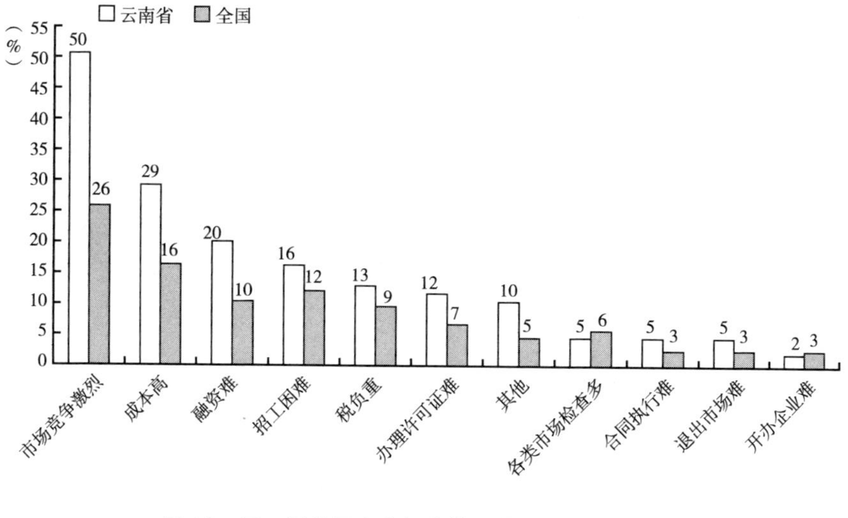

图 14 - 17　目前云南市场主体经营面临的主要困难

需要明确指出的是，这些新困难是商事制度改革不断取得巨大成效过程中所伴随的必然现象。因此，云南市场主体目前所面临的新困难，根植于商事制度改革带来的市场主体倍增。这些主要困难不是目前的商事制度改革能够直接解决的。

四　云南省完善营商环境建设的方向

云南商事制度改革直面长期以来困扰“放管服”领域的突出问题与关键难题，坚持以人民为中心的发展思想，深化改革，做到老百姓关心什么、期盼什么，改革就要抓住什么、推进什么，注定是一场攻坚战和持久战。根据云南省商事制度改革面临的新问题，结合社会经济新形势，我们提出以下四点建议。

（一）发现改革奇异点，遏制低效率反弹

目前，云南商事制度改革在市场准入便利度，比如登记注册所需时间、所需交涉窗口数量等方面均有回升趋势，还需进一步加大改革的力度并将其作为改革重心。

（二）抓住云南薄弱点，着力改进

云南省的营商环境处于调查省份的尾部，接近全国最低水平；市场主体反映的经营中三大问题市场竞争激烈、融资难、成本高的比例都远远超出全国平均水平。这些问题都反映出云南省在很多方面还需再下功夫，其提升空间仍然较大，抓住改革后云南省的劣势，为进一步完善找好目标，做好充分准备。

（三）推进“最多跑一次”改革，解决云南商事制度改革的参差不齐问题

从全国视野看，云南商事制度改革在“最多跑一次”改革上落后了全国平均水平较多。“最多跑一次”抓住了市场主体办事的核心诉求，是倒逼政府自身改革、转变职能的重要抓手。从全国 16 个省份调研情况看，2018 年大部分省份正在积极推进这项改革。目前，在云南省，平均而言，只有 27% 的市场主体办成一件事需要跑一次，比全国平均水平低，主要是由于各

市在这方面的改革参差不齐，其中昆明和普洱明显低于全国平均水平，拉低了云南省的改革成效，云南需要做到各市均衡改革，一同完善。

（四）重视“数字政府”的需求侧建设，增创云南商事制度改革的新优势

在大数据时代，智慧政务、信用监管是大势所趋。云南省顺应时代，跟随一线城市的脚步，也推广使用了网络信息系统等数字化信息渠道。然而，云南市场主体的“互联网 + 政务服务”使用率却低于全国平均水平，主要表现在云南省内知晓网上办事大厅的市场主体比例比全国平均水平低了 16 个百分点；使用网上信用信息系统查看信息的市场主体比例比全国平均水平低了 6 个百分点。“数字政府”建设需要从供给端和需求端两端发力，切实加强对“数字政府”建设的宣传，提高市场主体的知晓率、使用率和黏性，是当下亟须开展的工作。

第十五章 陕西省营商环境报告*

课题组在陕西省随机抽取了5个市，分别为西安市、铜川市、汉中市、榆林市、安康市，随机访谈成功的有效问卷是296份。调研结束后，课题组整理了有关陕西商事制度改革的第一手数据资料与舆情反馈，并从全国视野考察陕西商事制度改革的新进展、新挑战以及新方向。现将主要情况报告如下。

一　陕西省营商环境建设的进展

（一）注册营业执照的效率

1. 在陕西，市场主体登记注册所需时间呈下降趋势，虽然在2017年曾达到8.8天的同期最长纪录，但在2018年又回落到5.9天

如图15－1所示，在2014年前（商事制度改革前），市场主体在陕西省登记注册平均需要8.4天，与全国平均水平相同。商事制度改革后，其成效在陕西省立竿见影，在2014年至2016年下降至6.0天，明显低于全国平均所需天数。2017年大幅上涨至8.8天，这一现象可能与2017年采集到的

* 本章执笔：胡俊杰、李小瑛、贾帅帅。

样本量过少有关，2017 年的极端值不影响整体下降的大趋势。2018 年，陕西省有 14% 的市场主体表示在 1 天内能完成登记注册，整体平均只需要 5.9 天，比全国平均所需的 7.0 天快了 1.1 天。

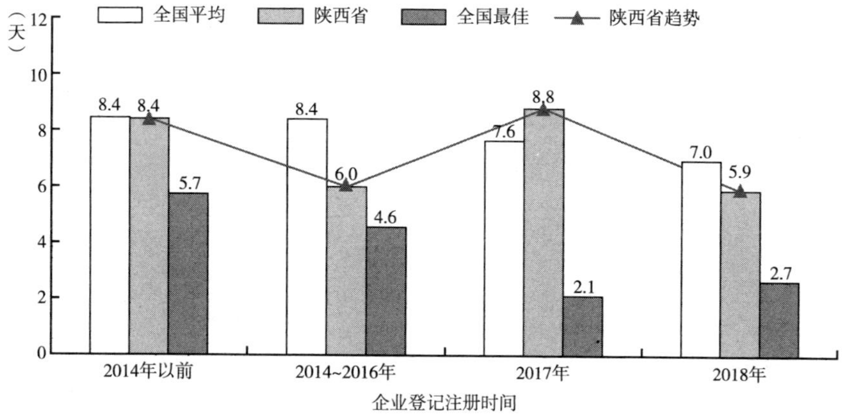

图 15－1　历年在陕西登记注册所需时间

注：平均时长越短，代表商改成效越好。

2. 在陕西，市场主体登记注册所需交涉的窗口数量呈现一定的波动性，波动范围在2.1～2.8个窗口

如图 15－2 所示，2014 年以前，在陕西登记注册一家市场主体平均需要与 2.8 个办事窗口打交道，和全国平均所需的窗口数基本持平。商事制度改革后的两年中，需要交涉的窗口数量下降至 2.1 个，仍处于全国平均水平；2017 年回升至 2.8 个，比全国平均水平高出 1 个窗口；2018 年又下降至 2.1 个，略高于全国平均水平，与全国最佳水平差了 1 个窗口。总体来看，50% 的市场主体可以实现一窗登记。

（二）"多证合一"的情况

在陕西，市场主体登记注册所需办理证件数从商改前的 3.5 个下降至 2018 年的 2.2 个，始终多于全国平均水平。

图 15－3 显示，2014 年前，陕西省市场主体登记注册所需办理证件

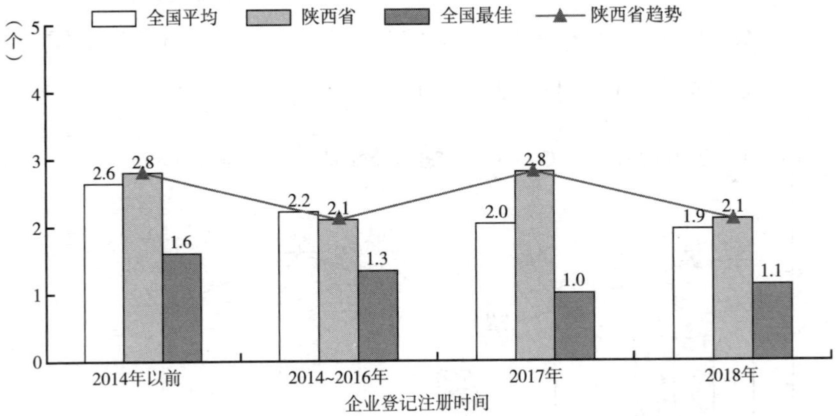

图 15 – 2　历年在陕西登记注册所需交涉的窗口数量

注：窗口数量越少，代表商改成效越好。

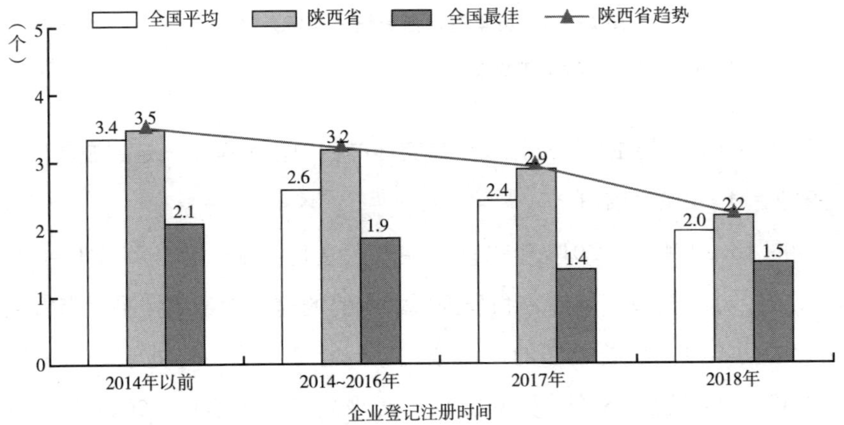

图 15 – 3　历年在陕西登记注册所需办理的证件数量

注：证件数量越少，代表商改成效越好。

数平均为 3.5 个，与全国平均水平相近。商事制度改革后，在陕西省登记注册所需办理证件的数量小幅下降。2014 年至 2016 年减少至 3.2 个证件，高于全国平均水平；2017 年下降至 2.9 个，仍高于全国平均水平；2018 年下降至 2.2 个，略高于全国平均水平。在调研之中，仅有

38%的市场主体反映登记注册时只需办理一个证件，这些表现说明陕西省市场主体在登记注册时，“多证合一”的成效还不是很明显，需要再加强。

（三）政府上门检查——“严监管”的情况

在陕西，85%的市场主体在过去一年间有被上门检查的经历。对于企业而言，成立的时间越早被检查的可能性越高，与全国大致同步。

整体而言，陕西省有85%的市场主体反馈过去一年间被上门检查过，这一比例略高于79%的全国平均水平。我们还发现，市场主体成立的时间越早，被上门检查的可能性越高。2014年以前成立的市场主体中87%反馈有被检查，比全国平均水平低了1个百分点；2014～2016年成立的市场主体中93%反馈有被检查，比全国平均水平高了11个百分点；2017年成立的市场主体中92%反馈有被检查，比全国平均水平高了10个百分点；2018年成立的市场主体中68%反馈有被检查，比全国平均水平高了12个百分点。

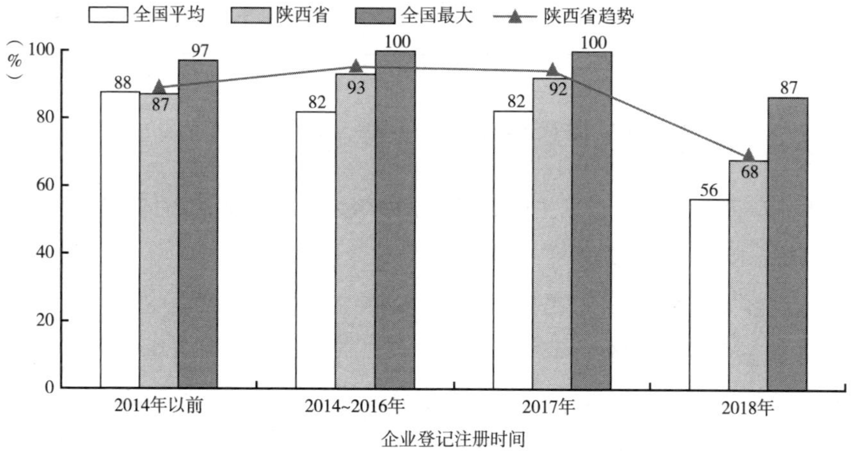

图15－4　陕西市场主体在过去一年被上门检查的经历

（四）国家企业信用信息公示系统与网上办事大厅的使用情况

1. 在陕西，75%的市场主体使用国家企业信用信息公示系统

图 15－5 是将所有年份注册登记的全样本汇总后，针对国家信用信息系统的使用情况做出的图。其中，75% 的陕西省市场主体表示会去查看国家信用信息系统，这一水平高出全国平均水平 10 个百分点；12% 的市场主体不会特意查看，低于全国平均水平 6 个百分点；9% 的市场主体表示不知道这方面的信息，高于全国平均水平 3 个百分点；还有 4% 的市场主体会通过其他渠道查看相关市场主体的信用信息。

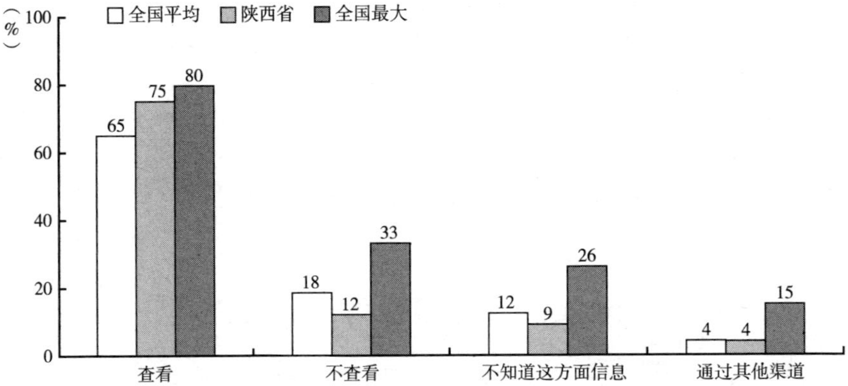

图 15－5　陕西市场主体使用国家信用信息系统情况

2. 在陕西，76%的市场主体知道网上办事大厅，68%的市场主体使用网上办事系统，接近全国最高水平

“互联网＋政务服务”是商事制度改革的主要内容之一，这一点则是陕西省突出的强项。省内 76% 的市场主体知道其所在地有网上办事大厅，比全国平均水平高出 17 个百分点，仅低于全国最佳水平 6 个百分点（见图 15－6）。

在知道网上办事大厅的市场主体中，陕西有 10% 的市场主体常用网上办事系统个数为 0，全国平均水平是 28%。简单计算可知，陕西省有 68%（76% × 90%）的市场主体会使用网上办事系统，全国平均水平则是 42%（59% × 72%），陕西省足足高出全国平均水平 26 个百分点，取得了名副其实的改革成果。

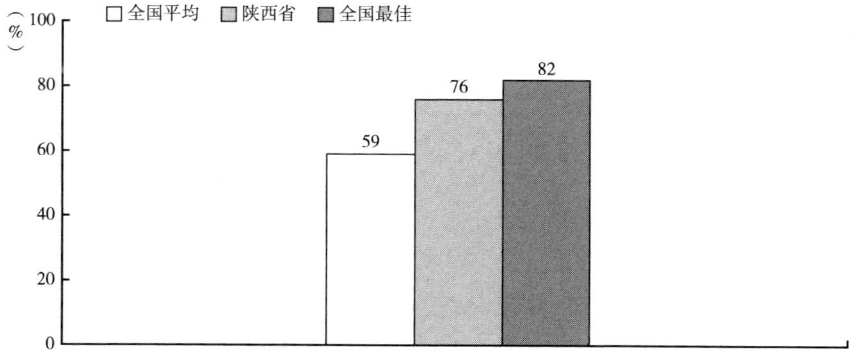

图 15 －6　陕西市场主体知道网上办事大厅的比例

注：知道网上办事大厅的市场主体比例越大，代表商改成效越好。

从不知道有网上办事大厅的市场主体年龄构成来看，省内各年龄段市场主体均比较了解工商局红盾网、天眼查等相关的办事系统，每一年龄层均能高出全国平均水平 10 个百分点以上（见图 15 －7）。这也说明，陕西省网上办事大厅的宣传与使用是其商事制度改革的亮点。

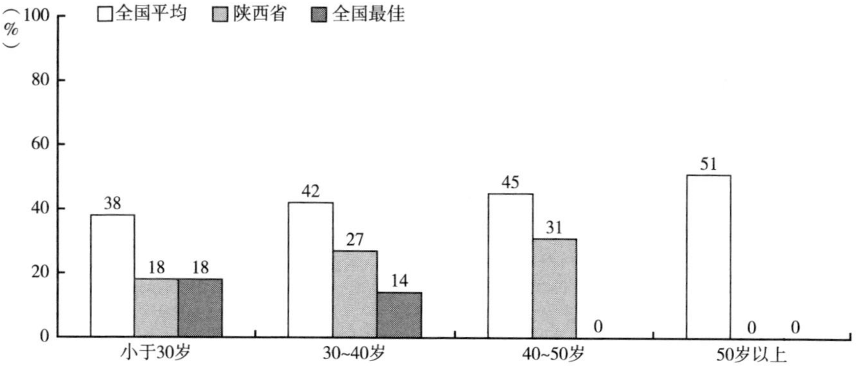

图 15 －7　各年龄段不知道有网上办事大厅的比例

此外，在知道网上办事大厅的市场主体中，陕西有 55% 的市场主体常用 1 个网上办事系统；22% 常用 2 个办事系统，整体明显高于全国平均水平。平均而言，陕西省市场主体常用的网上办事系统为 1.7 个，已经基本实现“一网通办”。

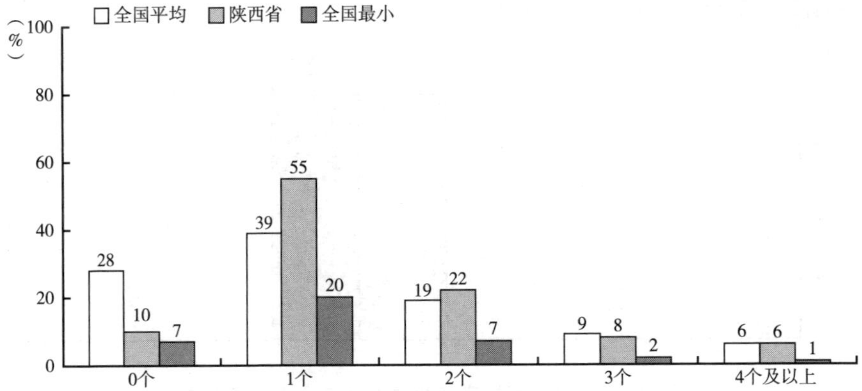

图 15－8　在陕西知道有网上办事系统的市场主体中不使用情况

二　陕西省营商环境建设的成效

（一）2018年，全国市场主体投票结果显示，陕西省营商环境位居全国第19名，处于中游

图 15－9 报告了市场主体对全国各地营商环境的主观评价，在全国 16 个省份 84 个地市，每一位受访者都给出了其所认为的“做生意环境相对较

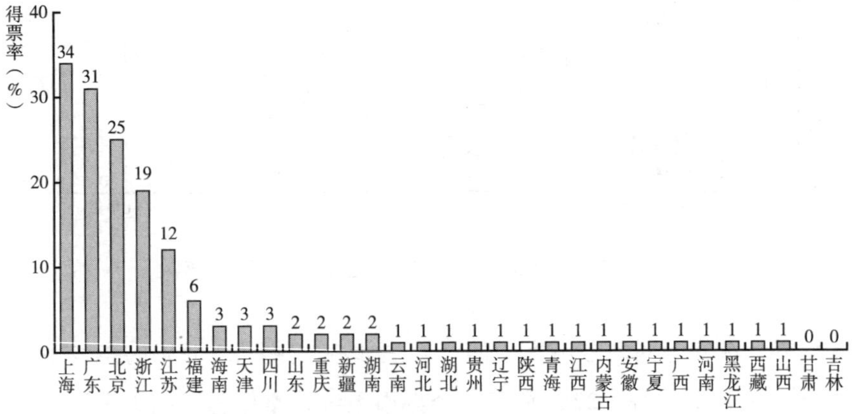

图 15－9　陕西省在全国营商环境排名

注：得票率越高，代表商改成效越好。

好的三个省份”。从全国各地的得票情况来看，上海第一、广东第二、北京第三、浙江第四。陕西共获得 26 票，全国约 1% 的市场主体认为陕西做生意的环境相对较好。这一结论虽然未必精准，但也从某种角度反映了全国西北地区和东部沿海地区的差距。

（二）2018年，80%的陕西市场主体认为商改对其经营有积极影响，达到了全国最佳水平

陕西省的市场主体对商事制度改革的认可度，在全国范围内名列前茅。其中，80% 的市场主体认为商改对经营有积极影响，比全国平均水平高 20 个百分点，是全国最佳水平。18% 的市场主体认为对经营没有影响，比全国平均水平低了 20 个百分点；2% 的市场主体认为对经营有消极影响，与全国平均水平相同。这些数据表明，陕西商事制度改革对市场主体的经营有很大的积极影响。

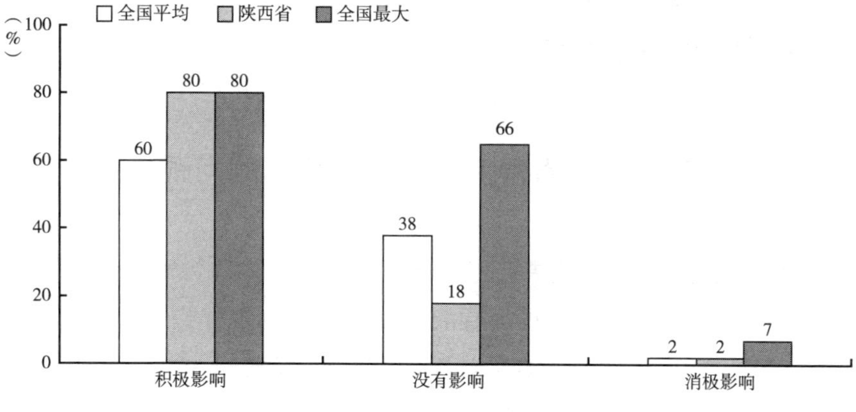

图 15－10　2018 年陕西市场主体认为商改对市场主体经营的影响

（三）2018年，93%的陕西市场主体认为商事制度改革减少了与政府打交道的时间，86%的市场主体认为降低了与政府打交道的费用，两项指标均是全国最高水平

如图 15－11 所示，陕西省有 93% 的市场主体认为商改措施能够减少市

场主体与政府打交道的时间，比全国平均水平高了 7 个百分点，是全国最佳水平。另外，86% 的市场主体认为商改措施能够降低市场主体与政府打交道的费用，比全国平均水平高了 22 个百分点，也是全国最佳水平。这表明陕西的商事制度改革在降低市场主体的时间和金钱成本上做得十分突出。

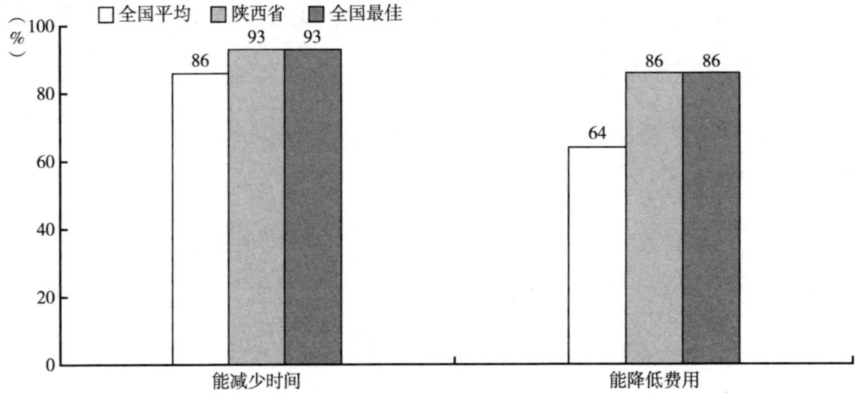

图 15－11　2018 年陕西市场主体认为商改的成效

注：认可比例越高，代表商改成效越好。

三　陕西省营商环境建设面临的问题

目前，陕西省的商改成果突出表现在“一网通办”方面，在降低市场主体与政府打交道的成本上也很有成效，但不容忽视的是，“一窗通办”“只跑一次”“多证合一”这些关于大厅办事效率的表现还与全国平均水平有些差距。随着商事制度改革的不断深化，课题组认为省内市场主体经营的阻力已经不只停留在商事制度层面，更多是来自市场主体倍增导致的竞争压力与持续上涨的运营成本。

（一）2018年，陕西的“一窗通办”“只跑一次”改革仍与全国平均水平有较大差距

如图 15－12 所示，在 2018 年，57% 的陕西市场主体办成一件事只需要

与1个窗口打交道，比全国平均水平低了11个百分点，比全国最佳水平低了26个百分点；31%的市场主体办成一件事需要与2个窗口打交道，高于全国平均水平7个百分点，比全国最佳水平高了15个百分点；所需办事窗口数超过2个的比例基本与全国平均水平接近。

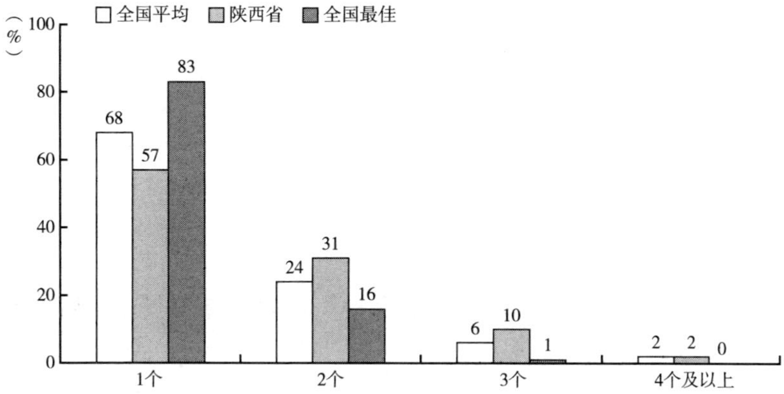

图15－12　2018年陕西市场主体实现“一窗通办”的比例

除了图15－12表现出的陕西省“一窗通办”的推行力度不够的问题，图15－13还揭示了“只跑一次”方面的差距。在2018年，有32%的陕西市场主体办成一件事只需跑1次，比全国平均水平高了2个百分点，比全国最佳水平低了23个百分点；35%的市场主体办成一件事需要跑2次，比全

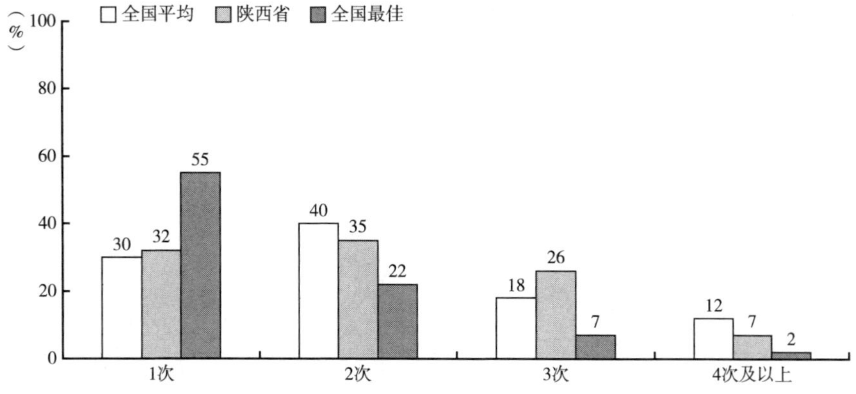

图15－13　2018年陕西市场主体实现“只跑一次”的比例

国最佳水平高了 13 个百分点；跑大厅次数超过 2 次的比例比全国平均水平高 3 个百分点，比全国最佳水平高 24 个百分点。

“一窗通办”推行的阻碍在于开放窗口的业务种类过于分散，登记注册的全部流程被拆成了若干个窗口，这也就导致了市场主体办理注册要来回跑好几个窗口才能办成。

而“只跑一次”的问题则体现在两个方面：一是省内政务大厅的办事流程清晰度有待提高，据调研员反映，很多大厅内部没有公开承诺具体的办结时间，部分市区的办事大厅在材料填写的模板和办事流程的公示上做得也有所欠缺；二是省内地区间的服务效率差异较大，这一点将在图 15－18 和对应的建议中详细阐述。

（二）2018年，陕西的“多证合一”改革落后于全国平均水平，登记注册的证件数多于全国平均水平

在图 15－14 中，42% 的陕西市场主体认为登记注册的证件数变少了，比全国平均水平高 6 个百分点，比全国最佳水平低了 23 个百分点；35% 的陕西市场主体认为登记注册的证件数不变，比全国平均水平低 15 个百分点，比全国最佳水平高了 7 个百分点；23% 的陕西市场主体认为登记注册的证件数变多了，比全国平均水平高 9 个百分点，比全国最佳水平高 20 个百分点。总体上，2018 年陕西市场主体登记注册证件数达到 2.2 个，略高于 1.5 个

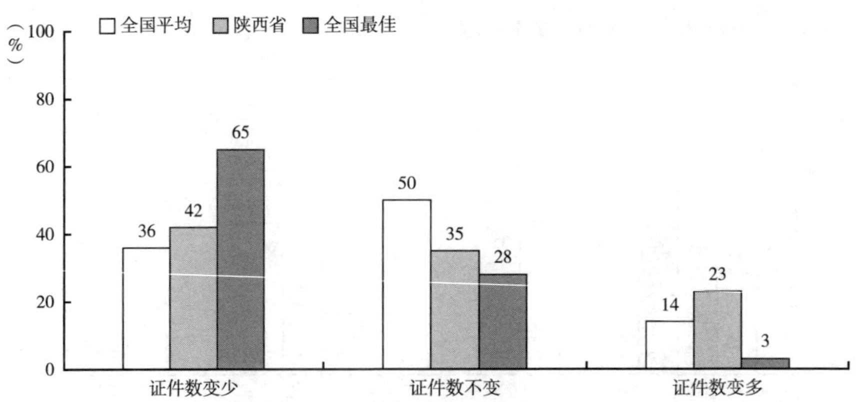

图 15－14　2018 年陕西市场主体登记注册证件数变化

的全国最佳水平。“多证合一”的推行虽然被市场主体认可，但近年来又有部分群众反映出现了新类型的证件要办理，实质上注册所需的证件数基本保持不变。这个问题也给陕西省的“多证合一”带来了新的挑战。

（三）目前的陕西市场主体中，合资企业和大型企业经营受商改的积极影响低于全国平均水平

虽然商事制度改革在整体层面对企业经营有积极影响，但在不同类型企业的反馈中也存在不均衡的问题。这主要表现为以下两点。

1. 合资企业受商改的积极影响低于全国平均水平

如图 15 - 15 所示，从所有制看，认为有积极影响的私营、国有和个体户企业比例均超过全国平均水平，相较之下，合资企业认为有积极影响的比例不仅比全国平均水平略低 1 个百分点，更是大幅低于其他所有制类型企业。这表明，商事制度改革对陕西合资企业经营的积极影响不明显。

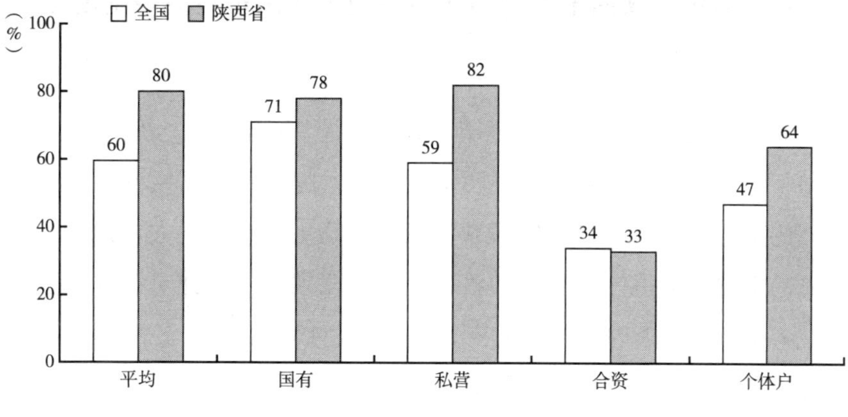

图 15 - 15　商改对各类型企业经营的积极影响

2. 大型企业经营受商改的积极影响低于全国平均水平

从市场主体规模看，四组 500 人以下规模的公司认为商改有积极影响的比例均超过全国平均水平，而 500 人以上的大型公司只有 50% 认为商改对经营有积极影响，低于全国平均水平 16 个百分点，也低于陕西省整体

平均水平 30 个百分点。这表明商事制度改革对陕西大型企业经营的积极影响不大。

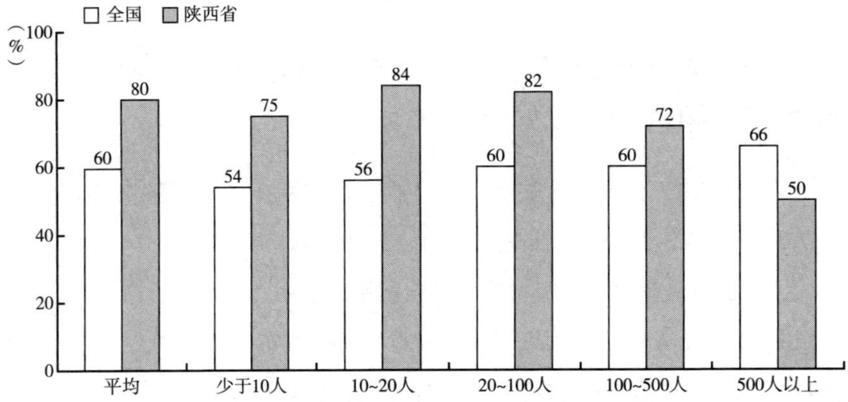

图 15－16　商改对各规模企业经营的积极影响

（四）目前，陕西市场主体所面临的主要困难在商事制度改革范围之外

从 2014 年至今，商事制度改革一直围绕着“办照难”“办证难”“退出难”等问题不断调整应对。经过四年的调整，这些问题已经不再是市场主体面临的主要困难。图 15－17 反映了陕西市场主体对于“在本地做生意目前遇到的主要困难是什么”的回答，开办企业难、办理许可证难、退出市场难、各类市场检查的比重分别为 5%、6%、4% 和 4%，在陕西这四个困难不再是市场主体目前的主要困难。

目前最主要的三个困难分别是市场竞争激烈、成本高和融资难，被提及的比重分别为 22%、19% 和 13%，这三个困难也是全国市场主体所普遍面临的主要困难。但是陕西成本高和融资难的情况略为严重些，两个指标的比重均高于全国平均水平 3 个百分点。显然，这些主要困难不是现行的商事制度改革能够直接解决的。这些问题一定程度上受限于地理区位上的劣势——地处内陆限制了进出口贸易和经济的发展，再加上产业结构优化的瓶颈，陕

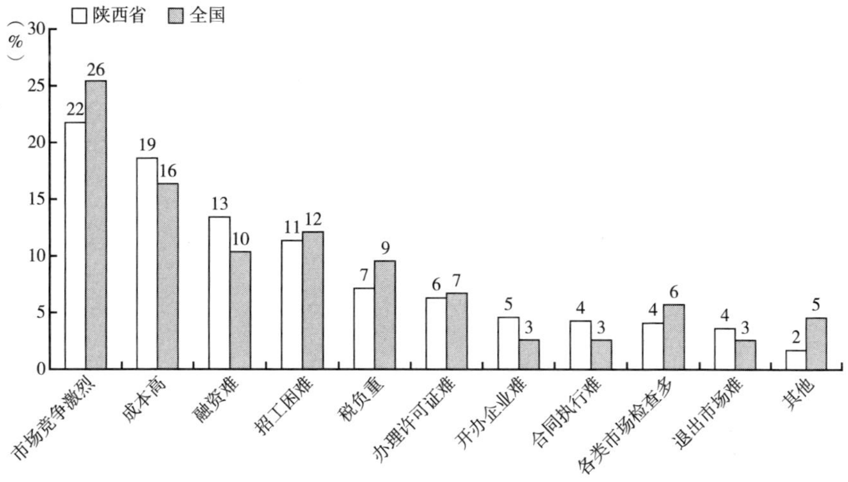

图 15－17　目前陕西市场主体经营面临的主要困难

北地区的很多城市还在探寻从煤矿业向第三产业转型的发展之路，全省的优质人才资源不是流向外省就是集中在西安，造成了地区间资源分配的不充分、不均衡。

需要指出的是，这些新困难是商事制度改革不断取得巨大成效过程中所伴随的必然现象。陕西市场主体从 2012 年底的 515 万户增加到 2018 年底的 1097 万户，翻了一番还多。市场主体的倍增，既是商事制度改革所取得的巨大成就，又对商事制度改革提出了新的挑战。因为市场主体的倍增意味着，在产品市场上市场供给可能是倍增的，必然导致产品市场上竞争越来越激烈；在生产要素市场上，市场需求可能是倍增的，必然导致生产要素价格不断上升，企业经营成本不断上升。

因此，陕西市场主体目前所面临的新困难，根植于商事制度改革带来的市场主体倍增。

四　陕西省完善营商环境建设的方向

陕西省各项指标的表现，展示出不同类型企业对商改带来的影响有着各不相同的感受，政府应关注大型企业与合资企业面临的经营问题，制定相关政策。在“一窗办理”“只跑一次”“多证合一”等热点话题上，各级市政府也需要做出适当调整，并且尝试开拓陕西商改的新领域。根据陕西省政务环境建设中面临的突出问题，我们提出以下四点建议。

（一）消除省内城市在“多证合一”和“只跑一次”改革上的地区间差异

“企业和群众办事力争只进一扇门，只跑一次”是中央政府 2018 年初所提出的商事制度改革的目标与承诺，更是市场主体的诉求。图 15 - 18 清晰地反映出，省内“只跑一次”改革的症结就在于最多跑 1 次的市场主体只有 32%。从图 15 - 18 中我们发现，实现“只跑一次”比例最高的是榆林市，最低的是安康市，差距达到了 26 个百分点。在图 15 - 19 所示的“多证合一”方面也出现了类似情况。由此可见，省政府应着重关注安康、汉中这些陕南城市的商改推行情况，确定当地登记注册的办事流程是否足够清晰简明、实际办理证件数是否减少，保证商事制度改革在全省都落在实处。

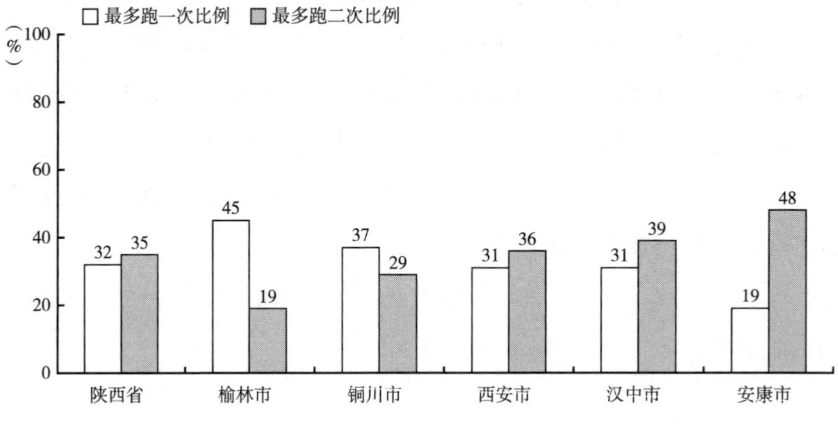

图 15 - 18　2018 年陕西各市实现“只跑一次”的比例

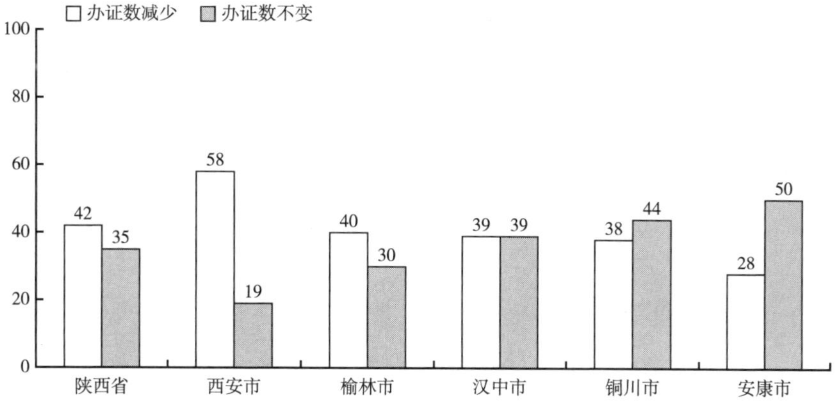

图 15-19　2018 年陕西各市实现"多证合一"的比例

（二）窗口业务集中化，加强"一窗通办"

无论是办理登记注册还是平常业务，陕西省的"一窗通办"都落后于全国平均水平。而解决交涉窗口数过多问题的关键，就在于窗口业务的种类不能过于分散。群众之所以要跑好几个窗口，就是因为一件事被拆成了好几个步骤，而不同的环节又要找不同的人完成。如果一个窗口的工作人员可以从头到尾地负责整个业务，那自然就能做到"一窗通办"。所以，提高工作人员的业务能力、集中工商业务窗口种类、减少开放窗口数量会是提高全省"一窗办理"水平的关键。

（三）着力解决市场主体经营成本高、税负重的困难

至于合资和大型企业没有感受到商改的积极影响，其背后原因可分为以下两点。

首先，由于合资和大型企业自身的规模较为庞大，资金流的支持与经营较为稳定，并且商改实行的时候企业可能已经成立多年，因此商改带来的影响不会太深。

其次，在实地调访中，有部分经商者反映"营改增"的减税政策没有

带来实际的积极影响。物价水平的上升使企业的运营成本也随之提高，经营的成本与实际税负压力并没有得到缓解。因此针对合资和大型企业，各市政府、工商局要适当制定惠商政策，降低税收成本或提高税收起征点，更有针对性地加强、深化营商环境的改革。

（四）转向“市场开放”，开拓陕西商事制度改革的新领域

随着商事制度等“放管服”改革，陕西市场主体从 515 万多户增加到 1097 万多户。倍增的市场主体既是全省商改取得的成绩，也对营商环境提出了更严格的要求。倍增的市场供给和需求，必然导致生产要素价格和企业经营成本不断上升，引起市场竞争激烈、融资难和成本高的问题。

这些新的困难，需要各市政府去开拓商事制度改革的新领域，更多根植于市场供求关系和市场范围。深化市场改革，加强全省的供给侧结构性改革，将有助于解决市场竞争激烈和各类成本高的问题，促进省内经济水平进一步提高，实现高质量、高效率的发展。

第十六章 甘肃省营商环境报告*

课题组在甘肃省随机抽取了 6 个市，分别为兰州市、嘉峪关市、张掖市、平凉市、酒泉市、陇南市，随机访谈成功的有效问卷是 207 份。调研结束后，课题组清理、整理了有关全国和甘肃商事制度改革的第一手数据资料与舆情反馈，并从全国视野考察甘肃商事制度改革的新进展、新挑战以及新方向。现将主要情况报告如下。

一 甘肃省营商环境建设的进展

（一）市场主体登记注册所需时间从商改前的12.1天下降至2018年的9.1天，但仍落后于全国平均水平

如图 16－1 所示，在 2014 年前（商事制度改革前），市场主体在甘肃省登记注册平均需要 12.1 天，比全国平均数（8.4 天）多 3.7 天，是全国调查样本中所需天数最多的省份。商事制度改革后，在甘肃省登记注册所需时间出现波动性变化。在 2014 年至 2016 年，下降至 11.6 天；2017 年却又上升至 15.3 天，再次成为全国所需天数最多的省份；2018 年则下降至 9.1 天。

---

* 本章执笔：樊承耕、林建浩、徐现祥。

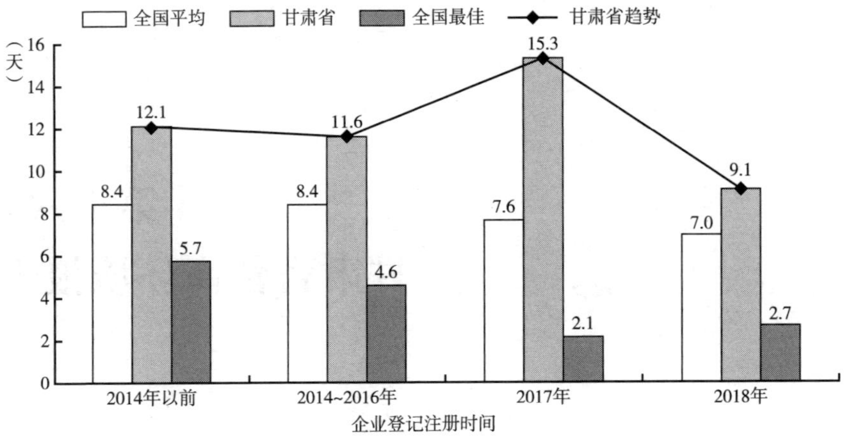

图 16－1　历年在甘肃登记注册所需时间

注：注册时间越短，代表商改成效越好。

2018 年，在甘肃省，仅 14% 的市场主体能在 2～3 天内完成登记注册，无市场主体能在 1 天内完成登记注册。平均需要 9.1 天，比 2018 年全国平均所需的 7.0 天慢了 2.1 天，与全国最佳水平 2.7 天相比更是差距明显。

（二）市场主体登记注册所需交涉的窗口数量从商改前的2.9个下降至2018年的2.0个，稍逊于全国平均水平

如图 16－2 所示，2014 年以前，在甘肃登记注册一家市场主体平均需要与 2.9 个办事窗口打交道，比全国平均所需的 2.6 个多了 0.3 个窗口，明显落后于全国最佳水平的 1.6 个。商事制度改革后，在甘肃省登记注册所需交涉的窗口数量出现波动性变化：在 2014 年至 2016 年，需要交涉的窗口数量下降至 2.5 个，仍落后于全国平均水平；2017 年下降至 1.6 个，首次领先于全国平均水平；2018 年则又上升至 2.0 个，再次落后于全国平均水平。

2018 年，甘肃省 47% 的市场主体实现一窗登记。平均需要跑 2.0 个窗

口，纵向比较看，与甘肃改革前的 2.9 个相比，下降幅度超过了 30%；横向比较看，略微落后于全国平均水平（1.9 个窗口），约是全国最佳水平（1.1 个窗口）的两倍。

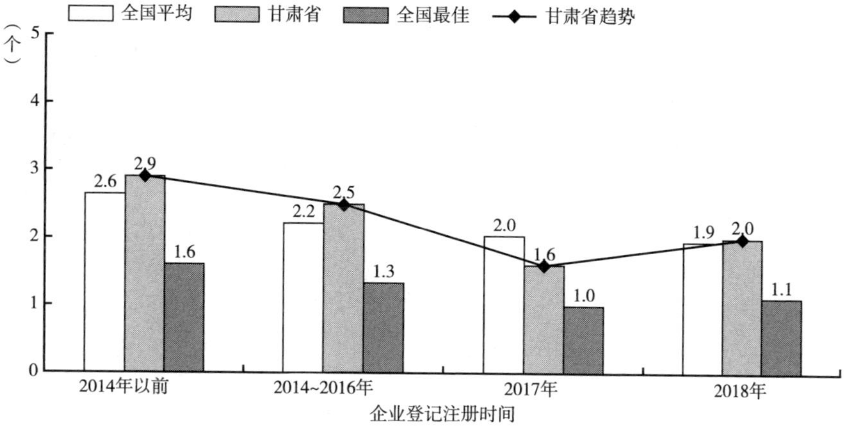

图 16－2　历年在甘肃登记注册所需交涉的窗口数量

注：窗口数越少，代表商改成效越好。

（三）市场主体登记注册所需办理证件数从商改前的3.9个下降至2018年的2.0个，与全国平均水平相当

如图 16－3 所示，2014 年前，市场主体在甘肃省登记注册所需办理证件数平均为 3.9 个，比全国平均数的 3.4 个多 0.5 个证件，大约是全国最佳水平的两倍。商事制度改革后，在甘肃省登记注册所需办理证件的数量呈现波动性变化。2014 年至 2016 年，减少至 2.7 个证件，仍落后于全国平均水平；2017 年下降至 1.8 个，首次领先于全国平均水平；2018 年略微上升至 2.0 个，接近全国平均水平。

2018 年，在甘肃，42% 的市场主体只需办理一个证件。平均只需要办理 2.0 个证件，与全国平均水平持平；与改革前的 3.9 个相比，下降幅度超过 45%。

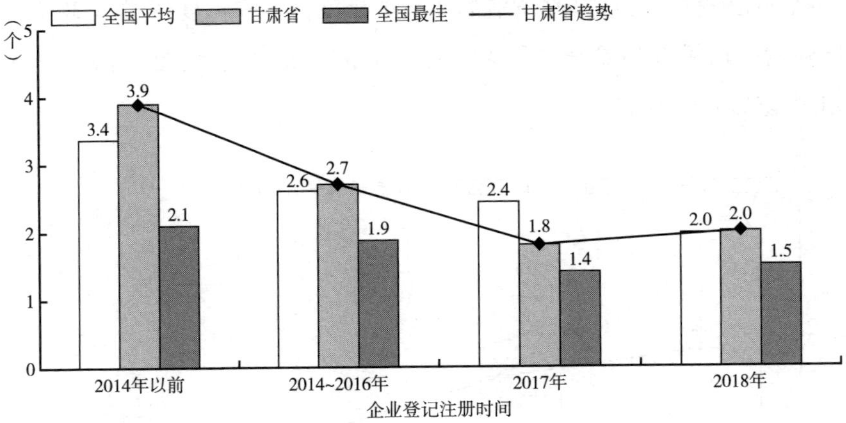

图 16－3　历年在甘肃登记注册所需办理的证件数量

注：证件数量越少，代表商改成效越好。

（四）79%的市场主体在过去一年间有被上门检查的经历，成立的时间越早被检查的可能性越高，与全国大致同步

如图 16－4 所示，整体而言，甘肃省 79% 的市场主体反馈在过去一年间有被上门检查的经历，与全国平均水平持平。在全国，79% 的市场主体反馈有被上门检查的经历。

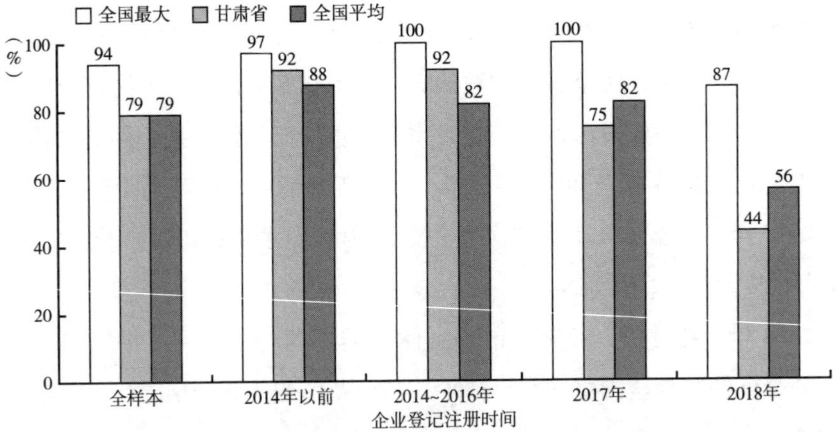

图 16－4　甘肃市场主体在过去一年被上门检查的经历

在甘肃省，市场主体成立的时间越早，被上门检查的可能性越高。2014年以前成立的市场主体，92%反馈有被检查，比全国平均水平高了4个百分点；2014～2016年成立的市场主体，92%反馈有被检查，比全国平均水平高了10个百分点；2017年成立的市场主体，75%反馈有被检查，比全国平均水平低了7个百分点；2018年成立的市场主体，44%反馈有被检查，比全国平均水平低了12个百分点。

（五）70%的市场主体使用国家企业信用信息公示系统，高于全国平均水平

信用监管的起点是市场主体到国家企业信用信息公示系统查看相关市场主体的信用信息。如图16－5所示，在甘肃省，有70%的市场主体选择到国家企业信用信息公示系统上查看交易对象的信用信息。这一比例，高于全国平均水平5个百分点，但仍与全国最高水平存在一定差距。在甘肃，仍有29%的市场主体不知道和不查看国家企业信用信息公示系统；1%的市场主体通过其他渠道查看交易对象的信用信息。

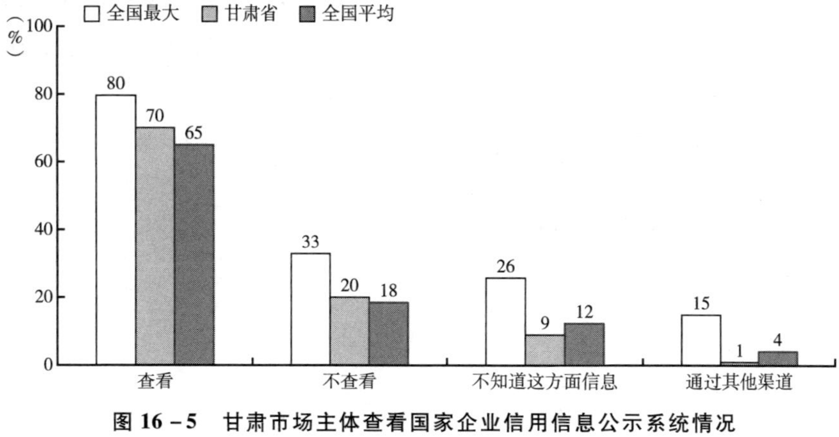

图16－5　甘肃市场主体查看国家企业信用信息公示系统情况

（六）78%的市场主体知晓网上办事大厅，约65%的市场主体使用网上办事系统，高于全国平均水平

“互联网＋政务服务”是商事制度改革的主要内容之一。如图16－6所

示，在甘肃省，有78%的市场主体明确反馈知晓其所在地有网上办事大厅（系统），高于59%的全国平均水平，与全国最佳水平的82%相差仅4个百分点。可见，从全国视野看，甘肃的网上办事大厅知晓率是处于领先水平的。

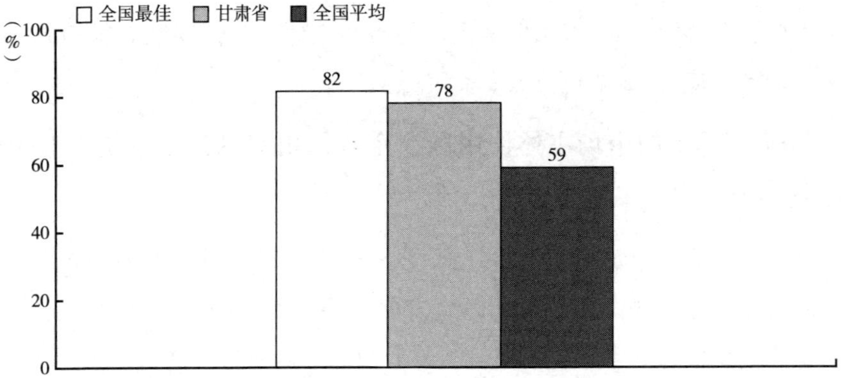

图16－6　甘肃市场主体对网上办事大厅的知晓情况

注：知晓比例越大，代表商改成效越好。

在知晓网上办事大厅（系统）的市场主体中，甘肃有16%的市场主体常用网上办事系统个数为0，全国平均水平是28%，如图16－7所示。通过简单计算可知，这意味着，在甘肃省，有约65%（78%×84%）的市场主体会使用网上办事系统，高于42%（59%×72%）的全国平均水平。

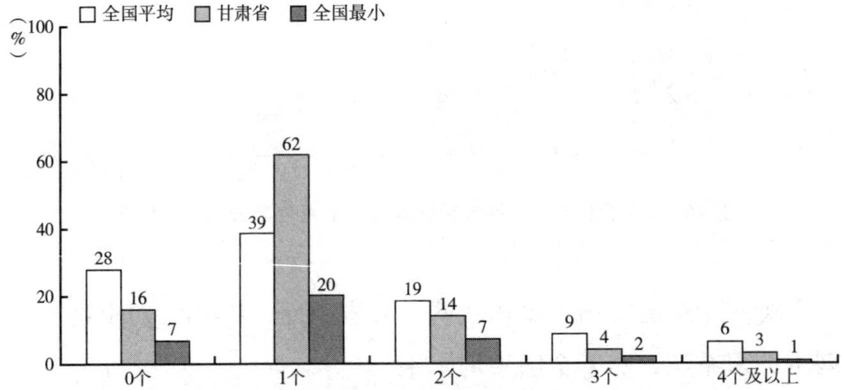

图16－7　在甘肃知晓有网上办事系统的市场主体中不使用情况

此外，在知晓网上办事大厅（系统）的市场主体中，甘肃有62%的市场主体常用一个网上办事系统，超出全国平均水平23个百分点。平均而言，甘肃省市场主体常用的网上办事系统为1.4个，尚未实现“一网通办”。

二　甘肃省营商环境建设的成效

（一）68%的市场主体认为商改对其经营有积极影响，高于全国平均水平，其中尤以中大型企业的评价最高

如图16－8所示，在甘肃，68%的市场主体认为商改对经营有积极影响，比全国平均水平高8个百分点，比全国最佳水平低了12个百分点。31%的市场主体认为对经营没有影响，比全国平均水平低了7个百分点；仅有1%的市场主体认为对经营有消极影响，比全国平均水平低1个百分点。这表明，从全国比较的角度看，甘肃商事制度改革对市场主体经营的影响较为显著，大多数市场主体均认为商改为经营带来了积极的影响。

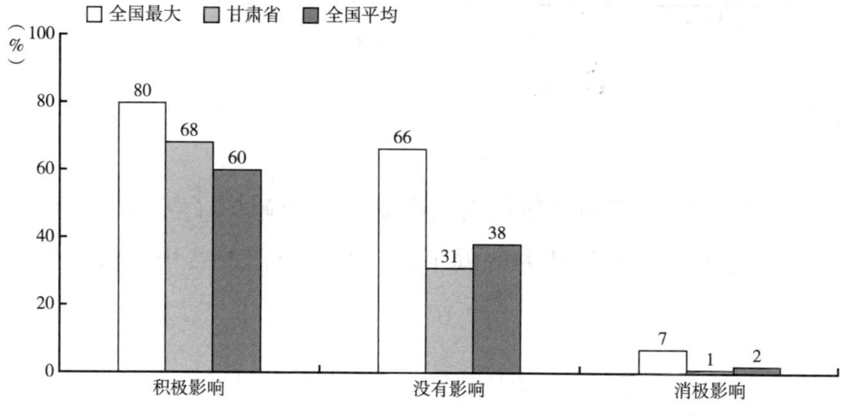

图16－8　2018年甘肃市场主体认为商改对经营的影响

进一步区分市场主体的规模，甘肃省不同规模的市场主体对于商改对经营有积极影响的认可度均高于全国平均水平。如图16－9所示，甘肃省规模小于10人的企业，68%认为商改对经营有积极影响，高于全国平均水平14

个百分点；10～20 人规模的企业，58%认为商改对经营有积极影响，高于全国平均水平 2 个百分点；20～100 人规模的企业，61%认为商改对经营有积极影响，高于全国平均水平 1 个百分点；100～500 人规模的企业，80%认为商改对经营有积极影响，高于全国平均水平 20 个百分点；500 人以上规模的企业，100%认为商改对经营有积极影响，高于全国平均水平 34 个百分点。这说明甘肃省各种规模的企业对商改的整体评价普遍较高，尤其是中大规模的企业认为商改对经营有积极影响的比例达到了全国最高的 100%。

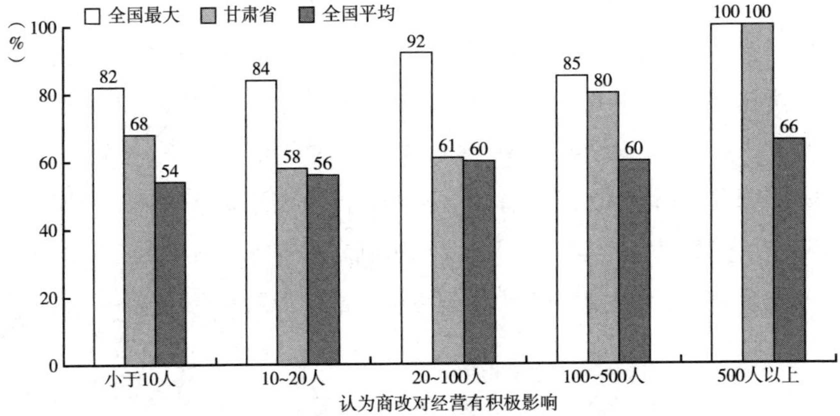

图 16－9　不同规模市场主体对商改的评价

（二）85%的市场主体认为商事制度改革减少了与政府打交道的时间；56%的市场主体认为降低了与政府打交道的费用，低于全国平均水平

如图 16－10 所示，在甘肃省，85%的市场主体认为商改措施能够减少市场主体与政府打交道的时间，比全国平均水平低了 1 个百分点，比全国最佳水平低 8 个百分点。

另外，56%的市场主体认为商改措施能够降低市场主体与政府打交道的费用，比全国平均水平低了 8 个百分点，比全国最佳水平低了 30 个百分点。这表明甘肃的商事制度改革在降低企业的时间成本与物质成本两方面都有待加强。

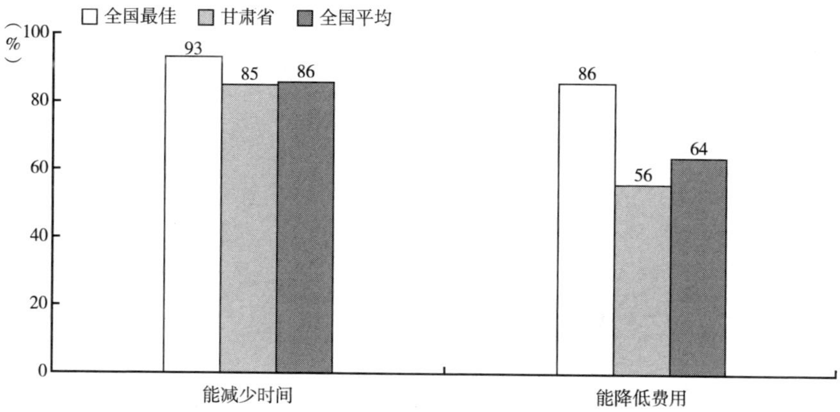

图 16－10　2018 年甘肃市场主体认为商改的成效

注：认同比例越大，说明商改反馈越好。

（三）办理业务方便程度和快捷程度的提高比例落后于全国平均水平

如图 16－11 所示，在 2018 年，仅有 68% 的甘肃市场主体认为办理营业执照等业务的方便程度有提高，比全国平均水平低了 8 个百分点，比全国最佳水平低了 21 个百分点。

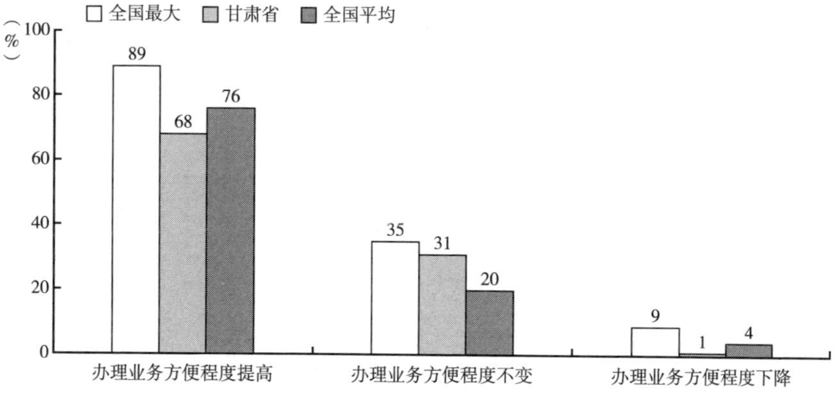

图 16－11　2018 年甘肃市场主体认为办理业务方便程度

如图 16－12 所示，在2018 年，仅有69%的甘肃市场主体认为办理营业执照等业务的快捷程度有提高，比全国平均水平低了 6 个百分点，比全国最佳水平低了 19 个百分点。

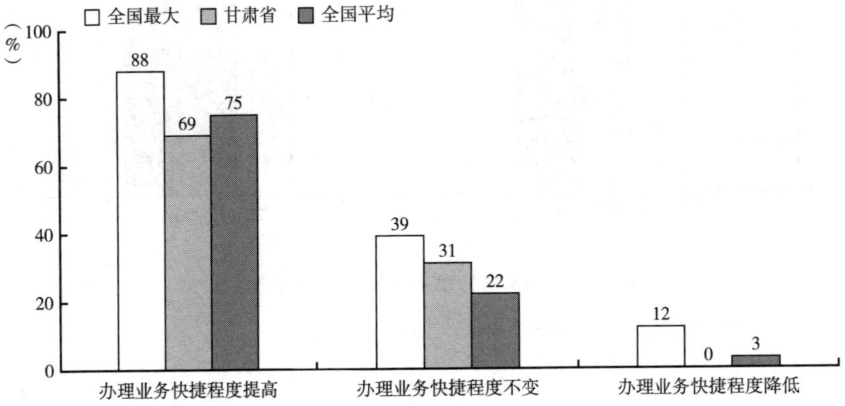

图 16－12　2018 年甘肃市场主体认为办理业务快捷程度

（四）67%的甘肃市场主体认为营商环境变差了，为全国最低水平

如图 16－13 所示，在甘肃，67%的市场主体认为做生意环境变差了，比全国平均水平高了 32 个百分点，为全国最低水平；20%的市场主体认为

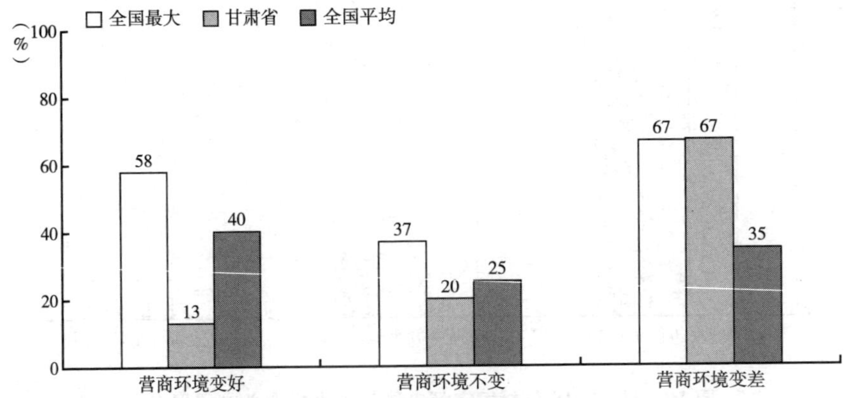

图 16－13　2018 年甘肃市场主体认为营商环境变化

没有改变，比全国平均水平低了 5 个百分点；仅有 13% 的市场主体认为变好了，明显低于 40% 的全国平均水平。这表明，在 2018 年，从全国横向比较的角度看，甘肃营商环境建设改善幅度较低。

（五）全国市场主体投票结果显示，甘肃营商环境为全国倒数第二名

除了甘肃本地市场主体，省外市场主体对于甘肃营商环境的整体评价也不高。图 16－14 报告了市场主体对全国各地营商环境的主观评价。在全国 16 个省份 84 个地市，每一位受访者都给出了其所认为的“做生意环境相对较好的三个省份”。从图形上看，上海第一、广东第二，吉林倒数第一、甘肃倒数第二。具体而言，全国仅有不到 0.5% 的非甘肃市场主体认为甘肃做生意的环境相对较好。

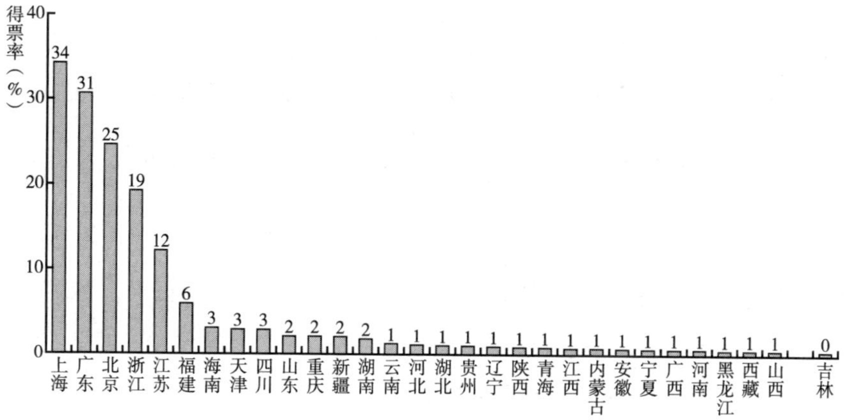

图 16－14　全国营商环境排名

三　甘肃省营商环境建设面临的问题

尽管 68% 的甘肃市场主体认为商改对其经营有积极影响，但与此同时，也有 87% 的甘肃市场主体认为甘肃省营商环境并未好转，许多群众并不认为

商改降低了与政府打交道的成本，认为办理业务方便程度、快捷程度有所提升的市场主体比例也低于全国平均水平，这背后隐含的新问题值得深思。本文认为主要存在以下新问题：第一，在商事制度的各种举措中，注册营业执照的效率整体落后于全国平均水平；第二，甘肃的“最多跑一次”改革建设不足，是深化商改的潜在着力点；第三，甘肃市场主体的获得感都不强，尤其是省会之外城市的市场主体，这是甘肃省目前面临的主要问题；第四，商改之外的问题成为影响营商环境的新问题，这些问题根植于商改，又超出商改。

（一）注册营业执照的效率低下是甘肃商改的最大短板

在商事制度改革的多项举措中，甘肃在国家企业信用信息系统以及网上办事大厅的普及率上，领先于全国平均水平；在“多证合一”以及市场监管强度上与全国平均水平相当，然而，注册营业执照的效率明显落后于全国平均水平。无论是注册登记所需时间，还是需要打交道的窗口数量，这些客观指标都表明甘肃在市场准入的便利化改革上力度不足、效果不佳，这也是导致市场主体对商改以及营商环境建设的获得感较低的直接原因。

（二）甘肃的“最多跑一次”改革落后于全国平均水平

“企业和群众办事力争只进一扇门，最多跑一次”，是中央政府2018年初所提出的商事制度改革的目标与承诺，更是市场主体的诉求。如图16－15所示，在2018年，25%的甘肃市场主体办成一件事需要跑一次，比全国平均水平低了5个百分点，不到全国最佳水平的一半。43%的市场主体办成一件事需要跑2次（见图16－15）。这意味着，甘肃在“最多跑一次”改革上明显落后了。

甘肃各市在这项改革上普遍进展不大。如图16－16所示，2018年，在调研的6个市中，只有平凉市和张掖市的改革成效较好，超过40%的市场主体可以实现“最多跑一次”，高于全国平均水平（30%），陇南市与全国平均水平大致相当，其他三市明显低于全国平均水平。比如酒泉市，只有12%的市场主体可以实现“最多跑一次”，不到全国平均水平的一半。

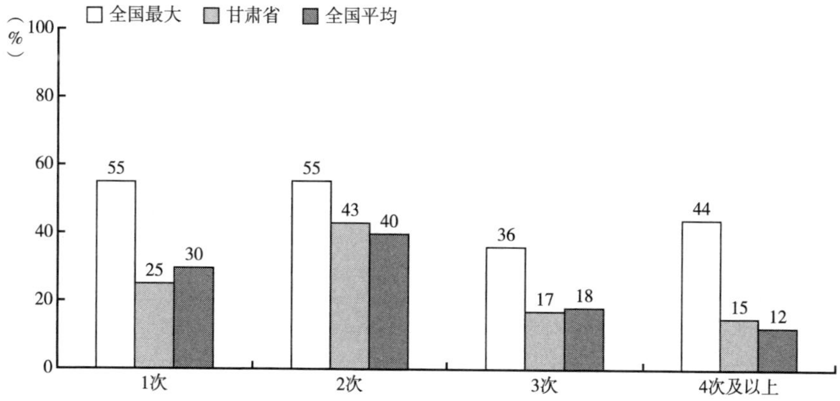

图 16－15 2018 年甘肃市场主体办成一件事需要跑几次的比例

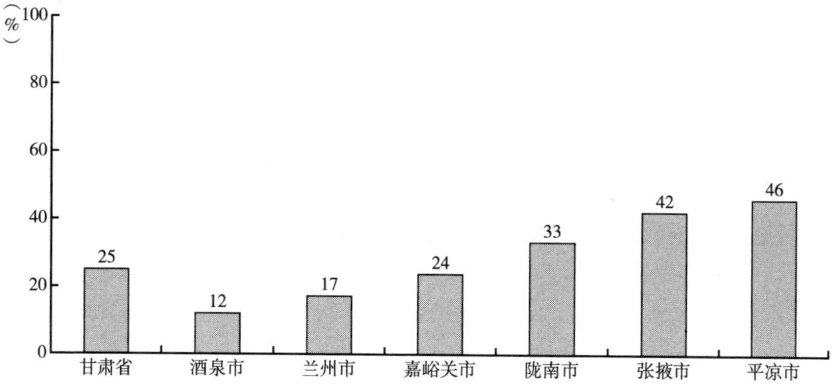

图 16－16 2018 年甘肃各市实现“最多跑一次”的比例

（三）除省会兰州之外，其余各市营商环境亟待改善

营商环境未见好转，是目前甘肃面临的最为严重的问题。总计有 87% 的市场主体认为营商环境未见好转，认为营商环境变差了的市场主体比例更是达到 67%，位居全国最低水平。

省会之外城市的群众对营商环境评价更差。如图 16－17 所示，尽管甘肃各市对营商环境的评价均不高，但在省会兰州市，认为营商环境变好了的市场主体比例还是明显高于其他城市，达到了 24%，领先排名第二的嘉峪

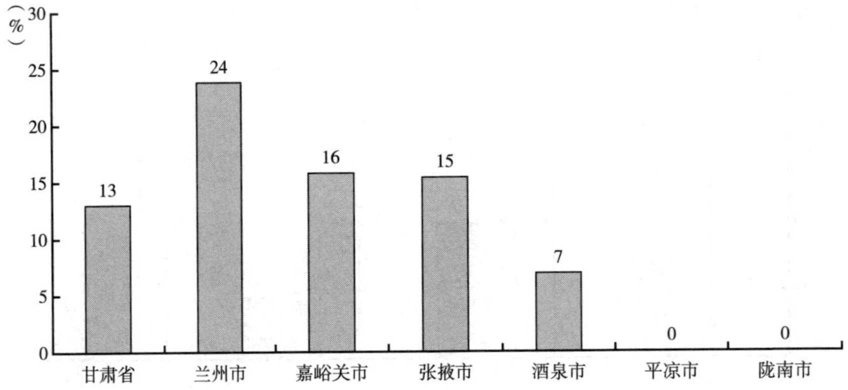

图 16－17　2018 年甘肃各市对营商环境的评价

关市 8 个百分点。这说明甘肃的很多商事制度改革措施，在省会更见成效，却尚未很好地辐射到其他地区。值得注意的是，在平凉市和陇南市，竟然没有任何一位受访的市场主体认为营商环境变好了。对于这两个城市，如何落实商事制度改革，如何提升当地市场主体的获得感，是两个亟须解决的问题。

（四）甘肃营商环境的主要困难在商事制度改革范围之外

商事制度改革一直围绕着解决“办照难”“办证难”“退出难”等问题不断深化，不过从市场主体的反馈看，这些问题已经不再是市场主体目前所面临的主要困难。目前，甘肃市场主体所面临的主要困难在商事制度改革范围之外。

如图 16－18 所示，对于“在本地做生意目前遇到的主要困难是什么”，在甘肃市场主体提及开办企业难、退出市场难、办理许可证难的比重分别仅为 2%、4%和 6%，已不再是市场主体目前所面临的主要困难。在全国范围内，这三个困难被提及的比重分别为 3%、3%和 7%，同样不再是市场主体目前所面临的主要困难。

甘肃市场主体反馈目前最主要的三个困难分别是市场竞争激烈、成本高和融资难，这三个困难被提及的比重分别为 26%、18%和 16%。这三个困难也是全国市场主体所普遍面临的主要困难，但是甘肃的情况更严重些。主

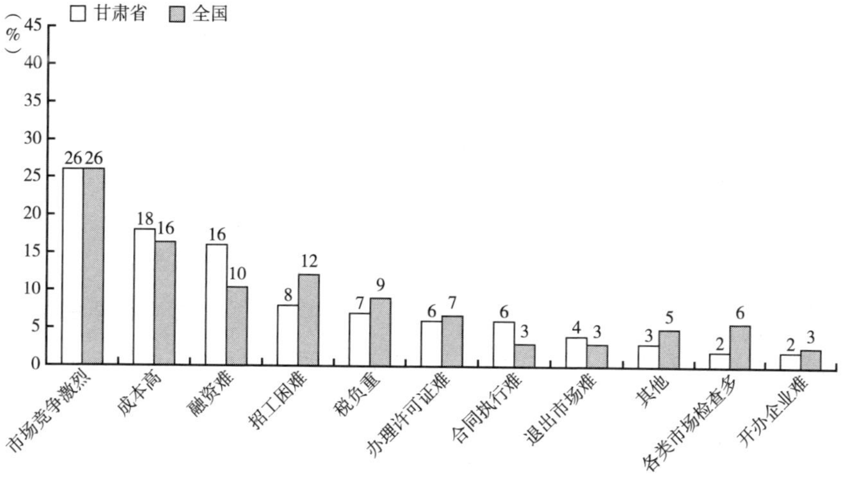

图 16－18　2018 年甘肃市场主体经营面临的主要困难

要表现为，甘肃市场主体提及成本高的比重高于全国平均水平 2 个百分点，提及融资难的比重高于全国平均水平 6 个百分点。显然，这些主要困难不是目前的商事制度改革能够直接解决的。

四　甘肃省完善营商环境建设的方向

根据甘肃省商事制度改革面临的新问题，结合社会经济新形势，我们提出以下三点建议。

（一）推进“最多跑一次”改革，补齐甘肃商事制度改革的短板

从全国视野看，甘肃商事制度改革中明显的短板是在“最多跑一次”改革上落后了。“最多跑一次”抓住了市场主体办事的核心诉求，是倒逼政府自身改革、转变职能的重要抓手。从全国 16 个省份调研情况看，2018 年大部分省份正在积极推进这项改革。目前，在甘肃省，25% 的市场主体办成一件事只需要跑一次，低于全国平均水平，成为甘肃商事制度改革中亟须补齐的短板，也是深化商改的着力点。

（二）持续推进营商环境改善，提升市场主体的评价

目前，市场主体对甘肃省营商环境的评价并不高，甘肃省平均仅有13%的市场主体认为甘肃的营商环境较之前改善了。若对省内各市的市场主体进行分类分析，则省会以外城市的群众对营商环境的评价更低，平凉市和陇南市甚至没有受访办事人员认为营商环境有所改善。究其根本，注册营业执照的效率落后与商改省内辐射范围小是影响甘肃市场主体获得感的两大因素。若想切实提升市场主体的评价，甘肃省必须突破区位不佳与商业基础薄弱的局限，从服务做起，从深化市场准入便利化改革做起，从各城市改革均衡发展做起，从而让办事群众提升对甘肃营商环境的评价。

（三）转向"市场开放"，开拓甘肃商事制度改革的新领域

随着商事制度等"放管服"改革，自2014年到2017年底，甘肃省市场主体数由55.3万户增至149.8万户，新增市场主体数量达到原市场主体数量的2倍以上。迅速增长的市场主体数量既是甘肃商事制度改革所取得的成绩，也对商事制度改革提出了更高的要求。因为，短期内倍增的市场主体必然带来市场竞争激烈、招工难和税负重的问题，这已经成为包括甘肃在内的全国市场主体所面临的主要困难，也正是商事制度改革进一步深化的方向。

第十七章 宁夏回族自治区营商环境报告*

课题组在宁夏随机抽取了3个市，分别为银川市、吴忠市和固原市，随机访谈成功的有效问卷是174份。调研结束后，课题组清理、整理了有关全国和宁夏商事制度改革的第一手数据资料与舆情反馈，并从全国视野考察宁夏商事制度改革的新进展、新挑战以及新方向。现将主要情况报告如下。

一 宁夏回族自治区营商环境建设的进展

（一）市场主体登记注册所需时间从商改前的5.8天下降至2018年的4.1天，明显优于全国平均水平

如图17－1所示，在2014年前（商事制度改革前），市场主体在宁夏登记注册平均需要5.8天，低于全国平均数（8.4天），接近全国最佳水平（5.7天）。商事制度改革后，在宁夏登记注册所需时间小幅度上升，在2014年至2016年，上升至6.3天；于2017年下降至5.5天，与未实施商事制度改革之前的5.8天相比，减少了0.3天；2018年则下降至4.1天，比全国平均所需天数快了2.9天；与宁夏改革前的5.8天相比，下降幅度约

* 本章执笔：蒋孟芸、林建浩、徐现祥。

30%。整体而言，宁夏市场主体登记注册所需时间一直短于全国平均水平，但改革步伐与全国最佳省份相比，仍有提速空间。

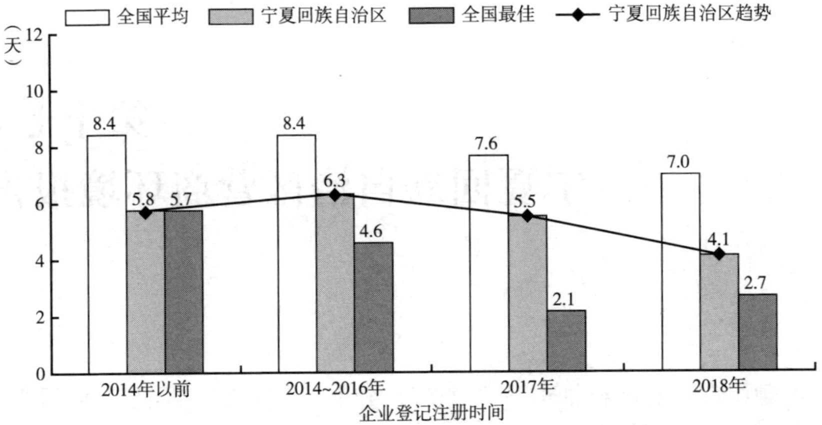

图 17－1　历年在宁夏登记注册所需时间

注：注册时间越短，代表商改成效越好。

图 17－2 是 2018 年市场主体中登记注册仅需 1 天以及仅需 2～3 天的占比。2018 年，宁夏 38% 的市场主体在 1 天内完成登记注册，31% 的市场主体在 2～3 天完成注册，横向比较可知，在宁夏登记注册仅需 1 天及仅需2～3 天的市场主体比例皆高于全国平均水平。

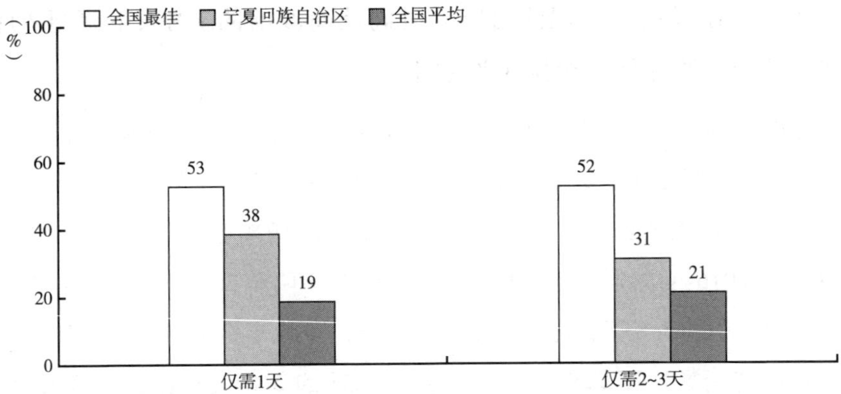

图 17－2　2018 年宁夏市场主体中登记注册时间占比

注：注册时间越短，代表商改成效越好。

（二）市场主体登记注册所需交涉的窗口数量从商改前的1.6个下降至2018年的1.1个，处于全国最佳水平，“一窗通办”基本实现

如图 17-3 所示，2014 年以前，在宁夏登记注册一家市场主体平均需要与 1.6 个办事窗口打交道，已经是全国最佳水平，相较全国平均水平（2.6 个）少了 1 个窗口，明显超越全国平均水平。商事制度改革后，在宁夏登记注册所需交涉的窗口数量呈现先上升后下降的趋势：2014 年至 2016 年需要交涉的窗口数量小幅上升至 1.9 个，优于全国平均水平（2.2 个）；2017 年下降到原来的 1.6 个；2018 年则再度下降至 1.1 个，达到全国最佳水平。

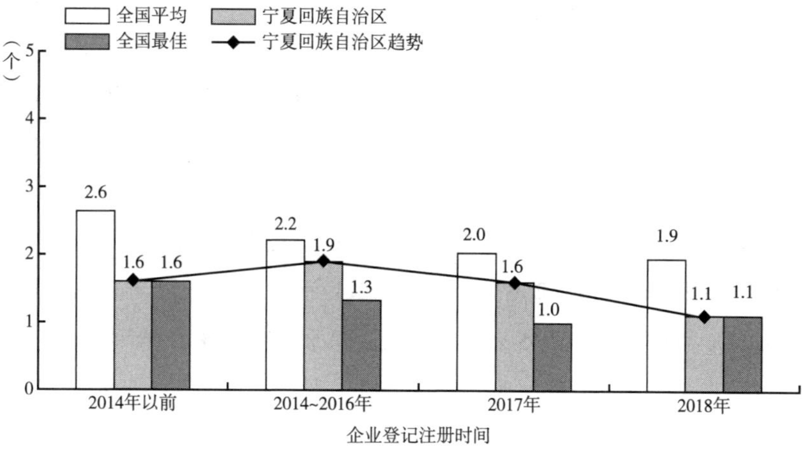

图 17-3 历年在宁夏登记注册所需交涉的窗口数量

注：窗口数越少，代表商改成效越好。

图 17-4 是 2018 年登记注册的市场主体中仅需与 1 个窗口打交道的市场主体占所有市场主体的比例。宁夏为全国最佳水平，高达 92%，大幅度领先于全国平均水平的 46%。

（三）市场主体登记注册所需办理证件数从商改前的2.2个下降至2018年的1.8个

如图 17-5 所示，2014 年前，在宁夏市场主体登记注册所需办理证件

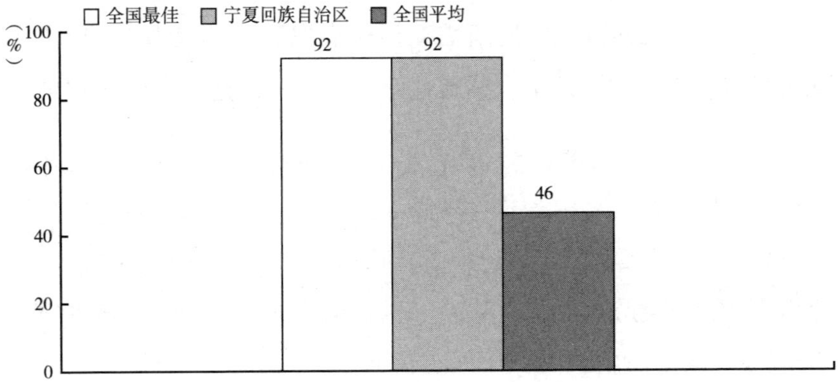

图 17－4　2018 年市场主体中登记注册仅需与 1 个窗口打交道占比

注：窗口数越少，代表商改成效越好。

数平均为 2.2 个，比全国平均数（3.4 个）少了 1.2 个证件，优于全国平均水平。商事制度改革后，2014 年至 2016 年，在宁夏登记注册所需办理证件的数量上升至 3.1 个，高于全国平均水平（2.6 个）；2017 年小幅下降至 2.8 个，仍然高于全国平均水平（2.4 个）；而在 2018 年则下降至 1.8 个，已经优于全国平均水平（2.0 个），尤其是目前宁夏登记注册只需办理一个证件的市场主体占比达到 45%，与全国最佳水平（45%）持平。

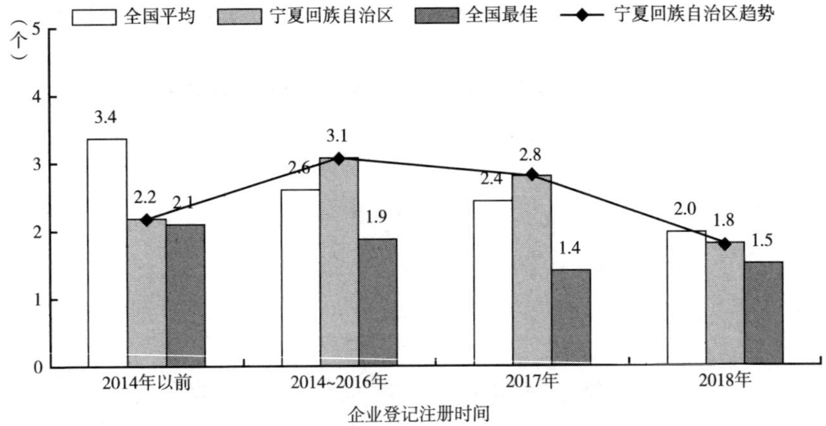

图 17－5　历年在宁夏登记注册所需办理的证件数量

注：证件数量越少，代表商改成效越好。

（四）严格监管落实到位，受访市场主体被上门检查比例高达94%，达到全国最大值

如图 17－6 所示，宁夏回族自治区 94% 的市场主体表示在过去一年间有被上门检查的经历，高于全国平均水平的 79%，高于其他所有省份。

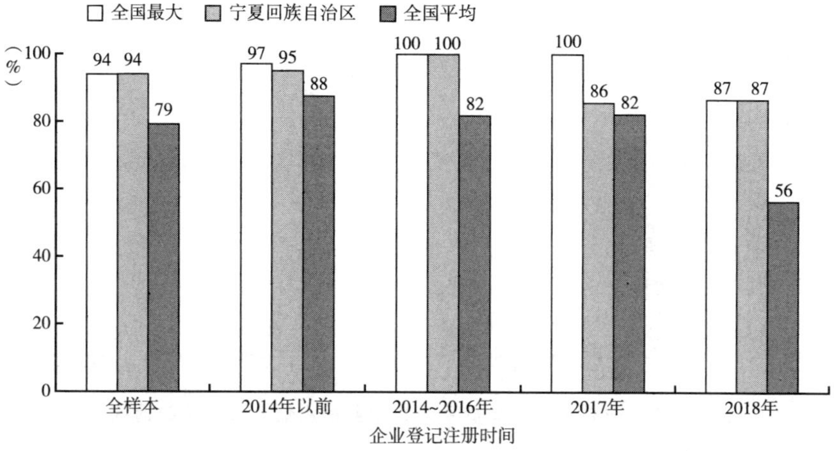

图 17－6　宁夏市场主体在过去一年被上门检查的经历

如图 17－6 所示，在宁夏，无论是哪个年份成立的企业，其在过去一年被上门检查的比例，都较为接近，且高于全国平均水平，甚至达到全国最大值。其中，2014 年以前成立的市场主体，95% 表示曾被检查，比全国平均水平（88%）高了 7 个百分点；2014～2016 年成立的市场主体，100% 反馈曾被检查，比全国平均水平（82%）高了 18 个百分点；2017 年成立的市场主体，86% 表示有被检查，接近全国平均水平（82%）；2018 年成立的市场主体，87% 表示有被检查，为全国最大值。

（五）54%的市场主体使用国家企业信用信息公示系统，低于全国平均水平的65%

如图 17－7 所示，在宁夏，只有 54% 的市场主体使用国家企业信用信息

公示系统查看交易对象的信用信息。这一比例低于全国平均水平（65%），与全国最高水平（80%）更是相差了26个百分点。约39%的市场主体不查看和不知道国家企业信用信息公示系统；此外，约7%的市场主体还通过其他渠道查看交易对象的信用信息。整体而言，在宁夏，国家企业信用信息公示系统的普及率仍然有较大的提升空间，如何有效利用这些信息是信用监管的重要内容。

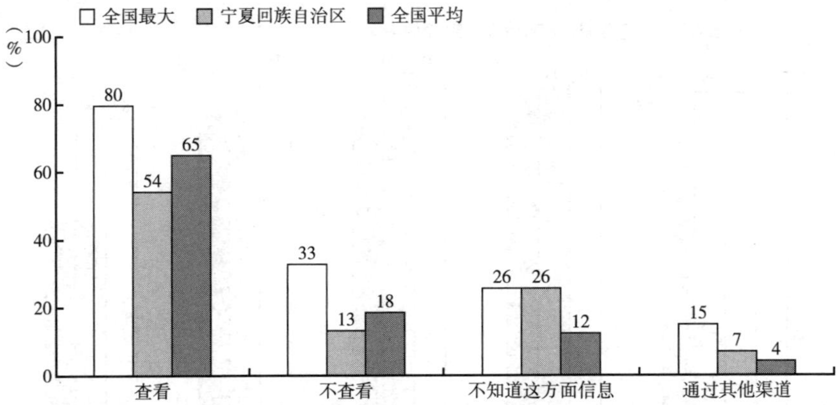

图17－7　宁夏市场主体查看国家企业信用信息公示系统情况

（六）32%的市场主体知道网上办事大厅，约24%的市场主体使用网上办事系统，知晓率和使用率均远低于全国平均水平

如图17－8所示，在宁夏，只有32%的市场主体明确表示知道其所在地有网上办事大厅（系统），比59%的全国平均水平低了27个百分点，比全国最佳水平（82%）更是低了50个百分点。

如图17－9所示，在知道网上办事大厅（系统）的市场主体中，宁夏有26%的市场主体常用网上办事系统个数为0个，而全国平均水平是28%。借由简单计算可以发现，在宁夏，仅有约24%（32%×74%）的市场主体知道并且会使用网上办事系统，而全国平均水平则是42%（59%×72%）。整体而言，宁夏网上办事大厅（系统）的知晓率和使用率仍然远远落后于全国平均水平。

此外，在宁夏知道网上办事大厅（系统）的市场主体中，有46%的市

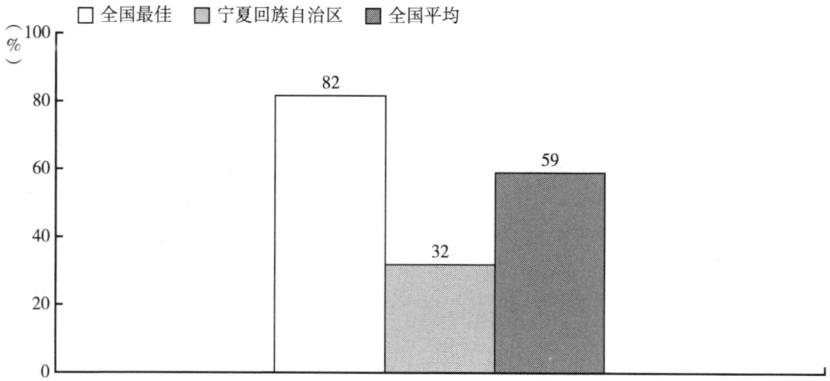

图 17－8　宁夏市场主体对网上办事大厅的知晓情况

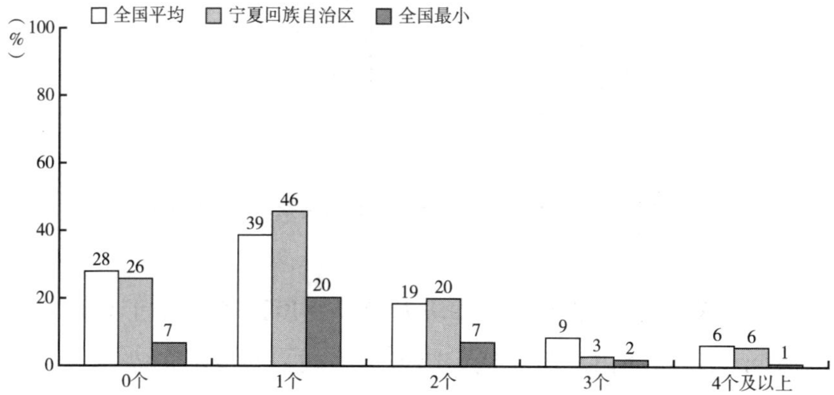

图 17－9　在宁夏知道有网上办事系统的市场主体中不使用情况

场主体常用 1 个网上办事系统；20% 常用 2 个办事系统，超出全国平均水平（19%）。平均而言，宁夏市场主体常用的网上办事系统为 1.7 个，与全国平均水平基本持平，也是尚未实现“一网通办”。

二　宁夏回族自治区营商环境建设的成效

（一）65% 的市场主体认为商改对其经营有积极影响，高于全国平均水平

如图 17－10 所示，在宁夏，65% 的市场主体认为商改对经营有积极影

响，比全国平均水平（60%）高5个百分点。35%的市场主体认为对经营没有影响，比全国平均水平（38%）低了3个百分点；没有市场主体认为对经营有消极影响，比全国平均水平（2%）低了2个百分点。这表明，从全国比较的角度看，宁夏商事制度改革对市场主体经营的积极影响还是领先的。

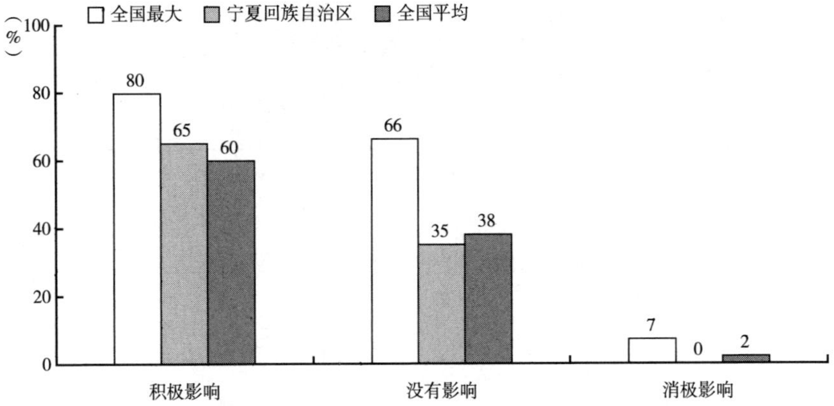

图17－10　2018年宁夏市场主体认为商改对经营的影响

（二）77%的宁夏市场主体认为商事制度改革减少了与政府打交道的时间；56%的市场主体认为降低了与政府打交道的费用，两者皆低于全国平均水平

从图17－11可以看出，在宁夏，77%的市场主体认为商改措施能够有效减少市场主体与政府打交道的时间，与全国平均水平（86%）相比还是有差距，低了9个百分点。

56%的市场主体认为商改措施能够降低市场主体与政府打交道的费用，比全国平均水平（64%）低了8个百分点，比全国最佳水平（86%）低30个百分点。

（三）37%的宁夏市场主体认为营商环境有改善，低于全国平均水平

如图17－12所示，在宁夏，37%的市场主体认为营商环境有所改善，

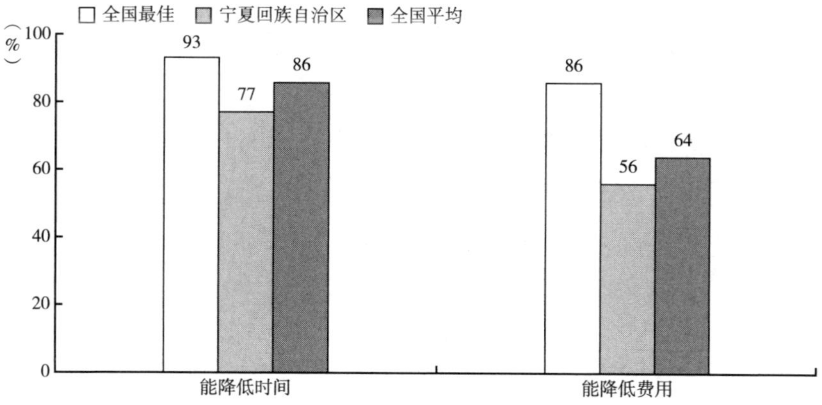

图 17－11　2018 年宁夏市场主体认为商改的成效

注：认同比例越多，说明商改反馈越好。

比全国平均水平（40%）只低了 3 个百分点；28% 的市场主体认为没有改变，接近全国平均水平（25%）；34% 的市场主体认为营商环境反而变差了，与全国平均水平（35%）大致持平。可见，在 2018 年，宁夏营商环境改善幅度略低于全国平均水平。

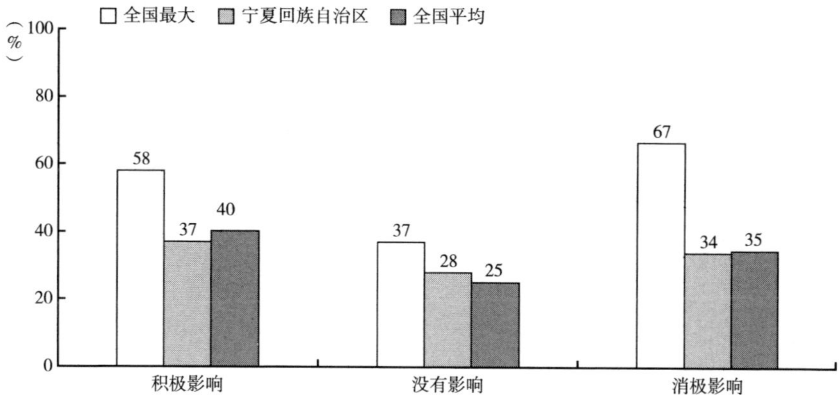

图 17－12　2018 年宁夏市场主体认为商改对当地营商环境的影响

三　宁夏回族自治区营商环境建设面临的问题

在宁夏商事制度改革各项举措中，注册营业执照的效率处于全国领先水平，其中，市场主体登记注册时间短于全国平均水平，所需打交道的窗口更是处于全国最佳水平，基本实现“一窗通办”。然而，市场主体对此的获得感反而落后于全国平均水平，对于营商环境改善效果的认可度不高，这些都意味着宁夏有诸多需要进一步提升的地方，主要体现在以下几个方面。

（一）全国市场主体投票结果显示，宁夏营商环境处于全国后段

在全国 16 个省份 84 个地市的调查中，每一位受访者都给出了其所认为的“做生意环境相对较好的三个省份”，图 17－13 排序出市场主体对全国各地营商环境的主观评价，直观呈现了全国各地的得票情况以及排名。其中，上海、广东、北京和浙江分列前四名，宁夏则位列全国第 24 名，即使在西部地区，也是倒数第四。可见，虽然本地市场主体对于宁夏商改和营商环境有着不错的评价，但在全国其他地区市场主体的主观评价中仍然落后，这对于进一步招商引资形成巨大挑战，也是需要进一步着力解决的重点问题。

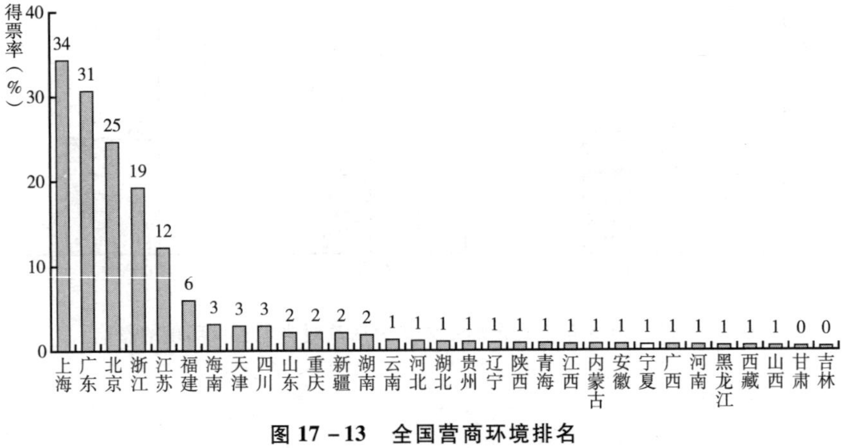

图 17－13　全国营商环境排名

（二）“互联网＋政务服务”建设明显落后于全国平均水平

在宁夏，网上办事大厅的知晓率和使用率都低于全国平均水平。68%的市场主体不知道网上办事大厅，而全国平均水平是41%。网上信用信息系统使用率也稍低，在宁夏，只有约24%的市场主体使用网上办事系统，低于全国平均水平的42%。从整体市场主体的反馈来看，宁夏市场主体“互联网＋政务服务”的使用率低。

进一步对办事人员分年龄层分析，由图17－14可以发现，在宁夏，在所有年龄层中，不知道其所在地有网上办事大厅（系统）的比例皆高于全国平均水平。其中，即使是小于30岁的年轻办事人员，仍然有过半未曾听说网上办事大厅；30～40岁、40～50岁以及50岁以上这三个年龄层更甚，不知晓率均高于70%。可见，宁夏网上办事大厅（系统）普及率偏低，一个重要原因可能是宣传力度不够，未能惠及大部分市场主体。

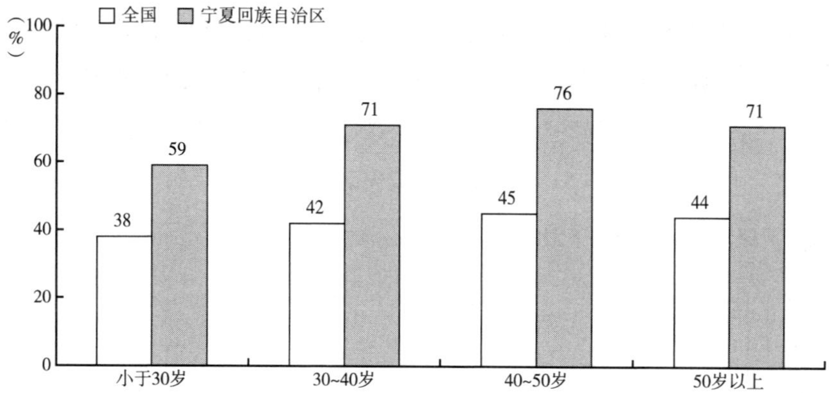

图17－14　不知道有网上办事大厅的年龄构成

另一个可能原因就是系统不好用。在银川市的调研中发现，尽管绝大多数市民都知道银川市有网上办事大厅，但是使用的人数并不多。受访者甚至表示：“网上办事大厅业务很少，都是告知提交材料再来现场办理”，“在网上办事慢，而且不放心，还不如来现场办理”。

在银川金凤区工商业务办事窗口的调研发现，虽然40多个窗口同时开放办公，但是大厅里仍然有大量等待的办事市民。有多位市民表示很早就来到办事窗口排队取号，然而仍需等待100多号；与此同时，来办事的市民几乎都不知道银川市民大厅提供预约服务，而是来到现场排队取号。可见，宁夏市场主体各种便民举措的使用率低下是一个普遍现象。2017年11月底就有“银川政务掌上通”手机APP，实现了网上办事、中介服务以及政务服务的“掌上通办”，但大部分市场主体仍然不采纳这种形式。网上办事系统以及其他基于网络的便民举措没有被市民普遍接受，就没有起到预期的分流作用。

（三）宁夏市场主体所面临的主要困难在商事制度改革范围之外

如图17－15所示，在调研问卷中，对市场主体目前在本地做生意遇到的主要困难进行了调查。商事制度改革一直围绕着解决“办证难”“退出难”“市场监管”等问题不断深化，而在市场反馈中可以发现，这三种问题被提及的比例分别是10%、5%、8%。虽然仍比全国平均水平要高，但是对于宁夏来说，这些问题已经不再是市场主体目前所面临的主要困难。调研发现，宁夏市场主体经营遇到的前三大困难分别是市场竞争激烈、成本高和融资难，其占比分别是51%、32%、22%，皆大幅度超过全国平均水平。

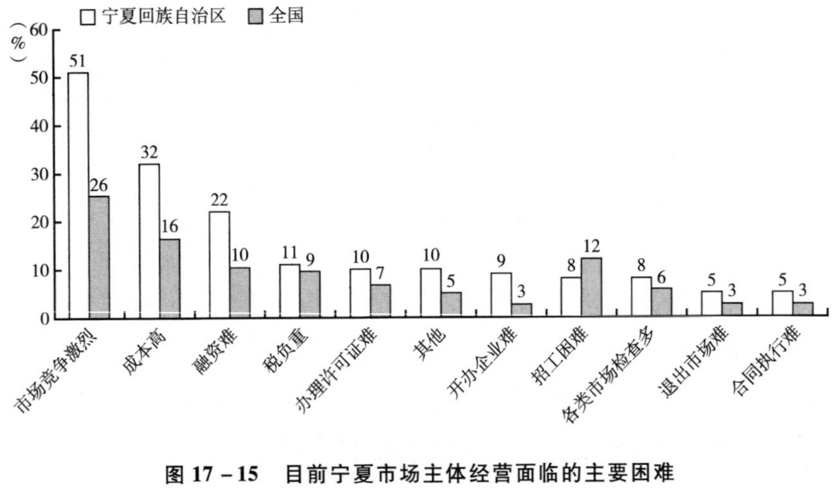

图17－15　目前宁夏市场主体经营面临的主要困难

这三个困难也是全国市场主体所普遍面临的主要困难，但是宁夏的情况相对其他地区严重许多，皆高出全国平均水平 10 个百分点以上。这些主要困难不是目前的商事制度改革能够直接解决的，而是商事制度改革不断取得巨大成效过程中所伴随的必然现象。

四　宁夏回族自治区完善营商环境建设的方向

宁夏的商事制度改革直面长期以来困扰“放管服”领域的突出问题与关键难题，坚持以人民为中心的发展思想，深化改革，做到老百姓关心什么、期盼什么，改革就要抓住什么、推进什么，注定是一场攻坚战和持久战。根据宁夏商事制度改革面临的新问题，结合社会经济新形势，我们提出以下建议。

（一）加强宣传并完善网办系统，提高其知晓率和使用率

首先，在系统的使用上，可以从以下几个方面改进：一是着力打造便捷、更加完善的网上办事大厅，整合并优化内部业务信息系统和服务模块，扩大网上办事大厅涉及业务的覆盖面；二是设置线上服务员，解答群众所提出的问题，并对其使用方法进行必要的说明甚至培训；三是改善审核速度过慢的问题，发展网上办事群体，有效达到分流实体大厅业务的效果。“好用”才能真正发挥网上办事大厅的功能，为市场主体提供更有吸引力的办事方式选择。其次，应该进行必要的宣传，提高市场主体对于网上办事系统的知晓率。

（二）优化窗口服务，提升服务效率，做到“门好进、脸好看、事好办”

在银川市的实地调研中发现，人流量大的金凤区和兴庆区，受访者表示一些工作人员态度一般或较差，在办事业务量大、等待时间长的情况下，无论是前来办事的市场主体，还是窗口工作人员，情绪管理都是有待解决的重

要问题，这是事关商改获得感的直接因素。为此，需要一方面增加现场核准和现场咨询的人员，提高当场发照率，确保登记窗口的高效运转，提高行政审批效率；另一方面提高窗口人员的业务素质及服务意识，以积极热情的服务面对办事群众，让办事民众在第一线就感受到商事制度改革所带来的改变，久久为功，提升各地市场主体对于宁夏营商环境的评价。

（三）把握宁夏商事制度改革优势，突破历史成绩，并开拓宁夏商事制度改革的新领域

目前，宁夏商事制度改革在市场准入便利度上，比如登记注册所需时间、所需交涉窗口数量等，一直低于全国平均水平。应该强化已有的成功做法，并持续开拓宁夏的改革新领域，尤其是针对市场主体所面临的“新三难”，开放更多市场领域，落实降低成本、减税的政策，构建有利于宁夏经济转型升级、实现高质量发展的政策支持体系。

第三部分

附　录

附录一
抽样方法

本文使用分层随机抽样方法在全国层面进行抽样。调查对象是16个省级行政区划单位（含12个省、2个直辖市、2个自治区）、84个地市级行政区划单位（含72个地级市、12个直辖市市辖区）、182个区县级行政区的办事大厅。

首先，在省级行政区划层面抽取样本，遵循三条规则。一是考虑到下辖地市级和区县级政务服务大厅的数量以及省内交通等因素，我们剔除了新疆、西藏、内蒙古、青海和海南等5个省级行政单位，在26个省级单位中抽取16个省级单位。二是区分直辖市与非直辖市，至少抽中一半的直辖市。三是抽中的16个省级单位与未抽中的15个省级单位在2015年的名义GDP以及规上工业总产值上不存在显著差异。

基于以上三点，我们抽取了16个省级行政区划单位。具体包括2个直辖市，北京和天津；12个省，吉林、浙江、安徽、福建、山东、河南、湖南、广东、贵州、云南、陕西、甘肃；2个自治区，广西壮族自治区、宁夏回族自治区。其中，北京、天津、浙江、福建、山东、广东属于东部地区，安徽、河南和湖南属于中部地区，贵州、云南、陕西、甘肃、广西和宁夏属于西部地区，吉林属于东北地区。

然后，在抽中的省级行政单位中，抽取地级及副省级城市，遵循四条规则。一是省级行政单位下辖地级及副省级城市数量如果不高于12个，则抽取一半；如果高于 12 个，则抽取 6 个。二是确保抽中省会城市。三是在省级行政单位内部，抽中的城市与未抽中的城市，在 2015 年的名义 GDP 以及规上工业总产值上不存在显著差异。四是在全国范围内，抽中的城市与未抽中的城市，在 2015 年的名义 GDP 以及规上工业总产值上不存在显著差异。

最后，在 72 个市中随机抽取区，遵循三条规则。一是只抽取市辖区作为调研区域。二是市下辖区的个数，如果不超过 8 个，则抽取一半；如果超过 8 个，则抽取 4 个。三是在调研市内，抽中的区与未抽中的区在 2015 年名义 GDP 和总人口上无显著差异。

基于以上的分层抽样方法，报告调查对象覆盖 16 个省级行政区划单位（含 12 个省、2 个直辖市、2 个自治区）、84 个地市级行政区划单位（含 72 个地级市、12 个直辖市市辖区）、182 个区县级行政区。

（资料来源“深化商事制度改革研究”课题组）

附录二
调研过程

一　前期准备

（一）工作人员招募

2018 年 5～6 月，历经简历筛选、面试筛选、培训考核及预调研筛选，项目组最终招募督导 4 名、调研员 29 名、检查人员 2 名。中山大学深化商事制度改革研究暑期全国调研队正式成立。

（二）调研方案确立

2018 年 6 月，“深化商事制度改革研究”项目的指导老师、团队成员在中山大学社会科学调查中心的帮助下，经历多方讨论，确定调研方案、制定调研规则及调研方法。

（三）问卷系统及电子问卷系统调试

2018 年 6 月，在中山大学社会科学调查中心的帮助下，完成问卷设计及电子问卷系统调试，电子问卷系统满足实时上传调研信息需求。

（四）人员培训

2018 年 6～7 月，前后开展 4 次调研员培训，组织调研员熟悉调研流程、调研问卷及电子问卷系统。在中山大学社会科学调查中心的帮助下，对督导和检查人员前后进行了3次培训，使得督导及检查人员熟悉工作流程及工作标准。

二 预调研

2018年6月28日至29日，项目组组织调研队全体成员分组在广州市海珠区、越秀区、黄埔区、白云区进行预调研，了解实际的调研工作流程及实地调研情况，实现训练工作人员、检查问卷设计是否合理、检查电子问卷系统能否正常工作的目的，为全国正式调研做好准备。

三 全国正式调研

2018年7月19日至8月20日，中山大学深化商事制度改革研究暑期全国调研队赴全国16个省份、84个地市、182个区县进行实地调研。2~3位调研员为一组，负责一个省份的全部调研工作。

（一）调研对象

182个调研区的政务大厅工商窗口。

前来工商窗口办事的市场主体工作人员。

（二）调研内容

以政务大厅工商窗口的硬件、软件设施及服务为切入点，调研各地的政务环境。

调研各地市场主体前来窗口办事的效率。

（三）实地调研方法及过程

调研员进入被调研市区的政务大厅后，根据问卷内容亲自观察及感受政务大厅工商窗口的硬件、软件及服务情况，如实填写调查问卷。

调研员根据调研规则访问一定数量的市场主体工作人员，询问办事效率的有关问题。

（四）替代方案

如果在调研过程中，调研员的工作受到了干扰，无法完成调研，则按照调研规则的要求，选择邻近的非调研区作为替代。

四　质量保障

（一）政务大厅拍照、定位上传

调研规则要求调研员在规定的时间到达政务大厅后，先在政务大厅门口与政务大厅正门合影，并将所拍照片及微信上的 GPS 定位信息上传给督导进行检验，以确保调研地点、调研人员准确无误。

（二）督导及检查人员审核

调研规则要求督导在调研员开始调研前核对调研员上传的照片以及 GPS 定位信息，确保调研地点、调研时间准确无误。调研规则要求督导及检查人员在每天晚上审核调研员上传的调研数据，确保调研信息准确无误。

（三）检查人员质量控制

调研规则要求检查人员在收到调研员的调研数据后，根据检查规则，对检查不合格的数据与调研员进行双向核对，进行质量控制。出现调研数据不合格的情况，要求调研员重新调研，确保调研质量。

图书在版编目(CIP)数据

中国营商环境报告. 2019 / 徐现祥，林建浩，李小瑛编著. -- 北京：社会科学文献出版社，2019.9

（中国商事制度改革丛书）

ISBN 978 - 7 - 5201 - 4948 - 8

Ⅰ. ①中… Ⅱ. ①徐… ②林… ③李… Ⅲ. ①投资环境 - 研究报告 - 中国 - 2019 Ⅳ. ①F832.48

中国版本图书馆 CIP 数据核字（2019）第 102204 号

中国商事制度改革丛书

中国营商环境报告（2019）

编　　著 / 徐现祥　林建浩　李小瑛

出 版 人 / 谢寿光

责任编辑 / 张　媛

出　　版 / 社会科学文献出版社 · 皮书出版分社（010）59367127

地址：北京市北三环中路甲 29 号院华龙大厦　邮编：100029

网址：www.ssap.com.cn

发　　行 / 市场营销中心（010）59367081　59367083

印　　装 / 三河市龙林印务有限公司

规　　格 / 开 本：787mm × 1092mm　1/16

印 张：18.25　字 数：277 千字

版　　次 / 2019 年 9 月第 1 版　2019 年 9 月第 1 次印刷

书　　号 / ISBN 978 - 7 - 5201 - 4948 - 8

定　　价 / 89.00 元

本书如有印装质量问题，请与读者服务中心（010 - 59367028）联系

装帧设计 Telephone 社科文献设计中心 010-59367109

本书从市场主体的视角系统评价中国商事制度改革进展，从工商营业执照、各类许可证、市场监管以及“互联网+政务服务”等方面考察全国商事制度改革的新进展、新挑战以及新方向。

本书基于对全国代表性政务办事大厅的市场主体的实地访谈，通过定量分析发现，市场准入改革进展较大，市场监管改革进展不大，“互联网+政务服务”进展一般。

本书在全国视野下考察北京、天津、吉林、浙江、安徽、福建、山东、河南、湖南、广东、贵州、云南、陕西、甘肃、广西和宁夏等16个省份的商事环境，分析其市场准入、市场监管以及“互联网+政务服务”等在全国所处的位置，提出深化改革的方向。

出版社官方微信

www.ssap.com.cn

ISBN 978-7-5201-4948-8

定价：**89.00** 元